JN412137

첫 번째 미술관 북마크

첫 번째 미술관 북마크

초판 1쇄 발행 2026년 3월 20일

지은이 김상래 | 책임편집 류정화

펴낸이 윤주용
편집 도은주, 류정화 | 마케팅 조명구 | 홍보 박미나

펴낸곳 초록비책공방
출판등록 2013년 4월 25일 제2013-000130
주소 서울시 마포구 동교로27길 53 308호
전화 0505-566-5522 | 팩스 02-6008-1777

메일 greenrainbooks@naver.com
인스타 @greenrainbooks @greenrain_1318
블로그 http://blog.naver.com/greenrainbooks

ISBN 979-11-24126-22-6 (03600)

정가는 책 뒤표지에 있습니다.
파손된 책은 구입처에서 교환하실 수 있습니다.

어려운 것은 쉽게 쉬운 것은 깊게 깊은 것은 유쾌하게
초록비책공방은 여러분의 소중한 의견을 기다리고 있습니다.
원고 투고, 오탈지 제보, 제휴 제안은 greenrainbooks@naver.com으로 보내주세요.

첫 번째 미술관 북마크

✦ 도슨트와 함께하는 프랑스·영국·네덜란드 ✦
♣ 미술관 여행 ♣

김상래 지음

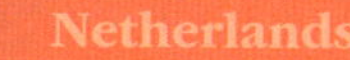

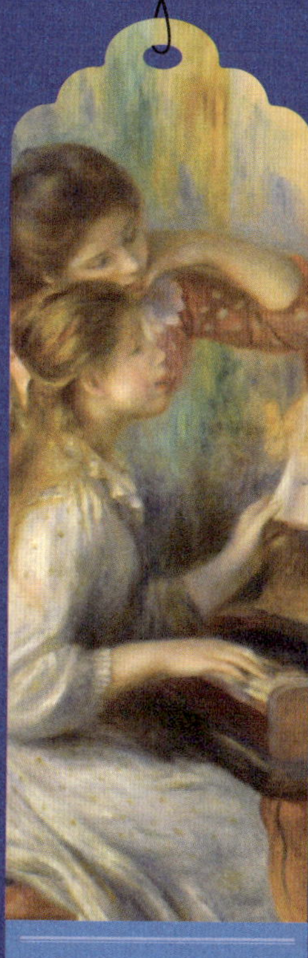

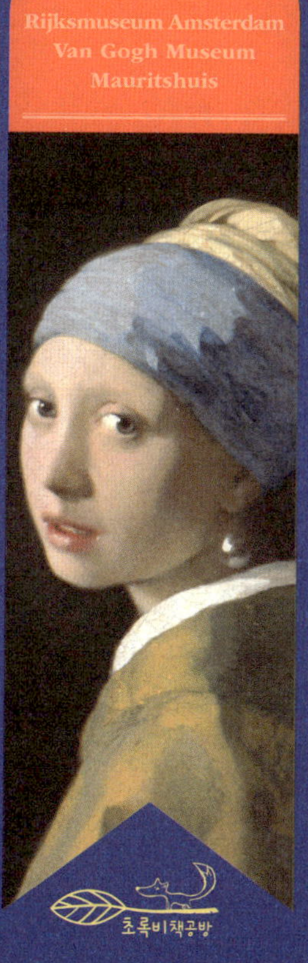

France
Musée du Louvre
Musée d'Orsay
Musée Rodin
Musée de l'Orangerie

England
National Gallery
Tate Britain
Courtauld Gallery

프롤로그

•••

1988년 봄, 미술밖에는 모르던 나를 위해 선생님은 '미술관'이라는 낯선 세계로 데려가셨습니다. 문을 연 지 몇 해 되지 않은 국립현대미술관 과천관 앞에서 까닭 없이 들뜨고 속절없이 웃던 초등학교 5학년의 그날. 지금 돌아보면 그날이 현재의 나를 만들었습니다.

이 책의 여정은 3년간 머물렀던 프랑스에서 시작되었습니다. 수업이 끝나면 홀린 듯 미술관으로 향했습니다. 파리의 미술관들은 교과서이자 쉼터였고, 낯선 도시에서 길을 잃지 않게 해주는 지도였습니다. 그곳에서 작품 앞에 머물며 마음이 평온해지는 걸 느끼곤 했습니다.

그 후로 수원시립미술관에서 도슨트로 활동하며 관람객과 작품 사이를 잇는 일을 해왔습니다. 어린이와 청소년을 대상으로 미술 수업을 진행하며 미술이 지식에 머물지 않고 삶으로 이어지는 순간을 지켜보았습니다. 학교와 연계한 예술 교육 프로그램에서 강사로 활동하며 예술이 일상 공간에서 살아 움직이는 경험을 나누어 왔습니다. 그 시간은 나를 '미술을 좋아하는 사람'에서 '미술을 설명하는 사람'으로 성장시켰고, 작품을 쉽게 풀어내는 법과 한 장면에 오래 머무는 감각을 현장에서 익히게 해주었습니다.

가정을 이루고 다시 찾은 유럽의 미술관에서 이번에는 아이의 눈높이로 그림을 바라보았습니다. "이 그림은 왜 이렇게 그렸을까?"라는 질문을 아이와 나누며 문득 이런 생각이 스쳤습니다. '내 아이 또래의 가족이 나란히 앉아 함께 읽을 수 있는 책이 있다면 얼마나 좋을까?'

바로 그런 필요를 마주하며 이 책을 쓰기 시작했습니다. 실제 미술관에서 관람객과 나누었던 설명과 질문의 흐름을 따라 구성했습니다. 낯선 작품보다는 교과서에서 보던 그림을 실제 공간에서 만나는 기쁨을 전하고 싶어 여행자가 가장 많이 찾는 미술관과 놓치지 말아야 할 장면들만 골랐습니다.

이 책은 해설집이 아니라 '북마크'입니다. 여행 가방 속에 넣어두었다가 미술관 입구에서 펼쳐보는 작은 안내서이자 어디에 먼저 시선을 둘지 알려주는 친절한 표시등입니다. 작품을 모두 이해하지 않아도 좋습니다. 한두 작품의 이야기만 알아도 미술관은 훨씬 다정해집니다. 미술 입문자로 혼자 떠나는 여행자에게도 이 책은 충분한 동행이 되어줄 것입니다.

『첫 번째 미술관 북마크』에는 프랑스, 영국, 네덜란드의 대표 미술관을 담았습니다. 이어질 『두 번째 미술관 북마크』에서는 독일, 오스트리아, 스페인, 이탈리아로 발걸음을 옮겨 유럽 미술의 연결고리를 완성해 나갈 예정입니다.

작품 선정 기준은 명확합니다.

• 교과서에서 한 번쯤은 보았을 것.

• 미술관에서 꼭 봐야 할 작품일 것.

• 청소년의 눈높이에서 생각을 확장할 수 있으면서 어른에게도 새롭게 읽힐 것.

각 장의 마무리에 있는 '예술과 나를 이어 보기'를 통해 "나는 무엇을 느끼는가?"라는 질문을 스스로에게 던져보시길 바랍니다. 질문 하나만으로도 미술관은 우리 삶에 성큼 다가옵니다.

어린 시절 제가 느꼈던 그 설렘을 아이도 알기를 바랐습니다. 아이와 부지런히 미술관을 찾았던 것은 아마 나의 유년과 아이의 현재를 잇고 싶었기 때문일 것입니다. 이제 중학교 3학년이 되는 나의 아이에게 그리고 같은 시기를 지나는 청소년들에게 이 책을 선물하고 싶습니다. 내가 처음 느꼈던 떨림이 아이들의 시선과 만나 각자의 마음속에 새로운 북마크 하나씩을 남길 수 있다면 더할 나위 없겠습니다.

미술관으로 향하는 문은 생각보다 가까운 곳에 있습니다. 그 길 위에서 그림은 언제나 여러분을 기다리고 있습니다. 여러분의 여행길에 『첫 번째 미술관 북마크』가 함께하길 바랍니다.

김상래

차 례

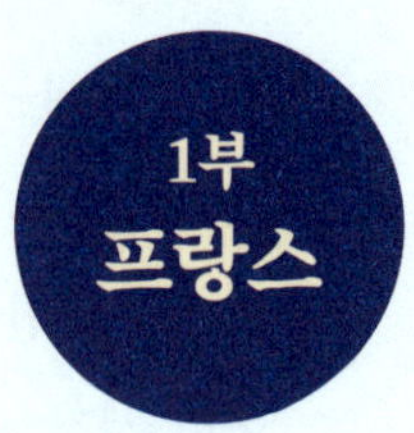

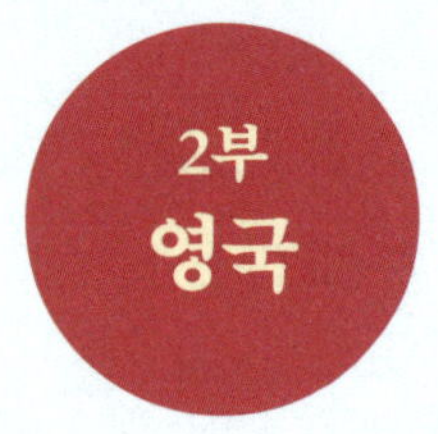
2부
영국

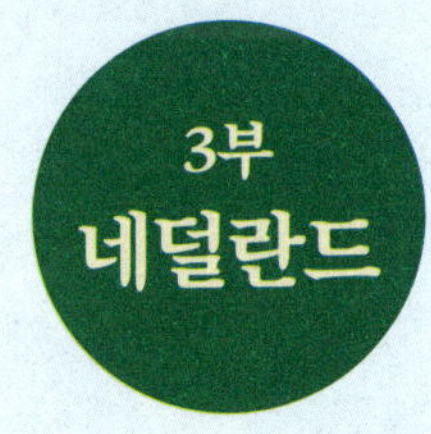
3부
네덜란드

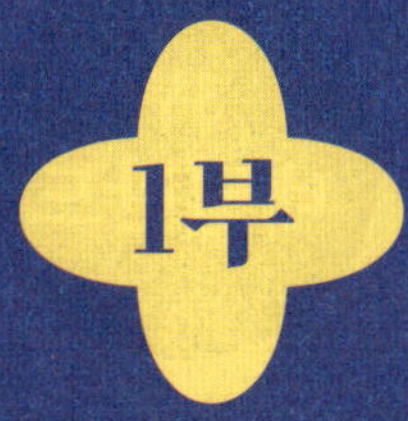

France

Musée du Louvre
Musée d'Orsay
Musée Rodin
Musée de l'Orangerie

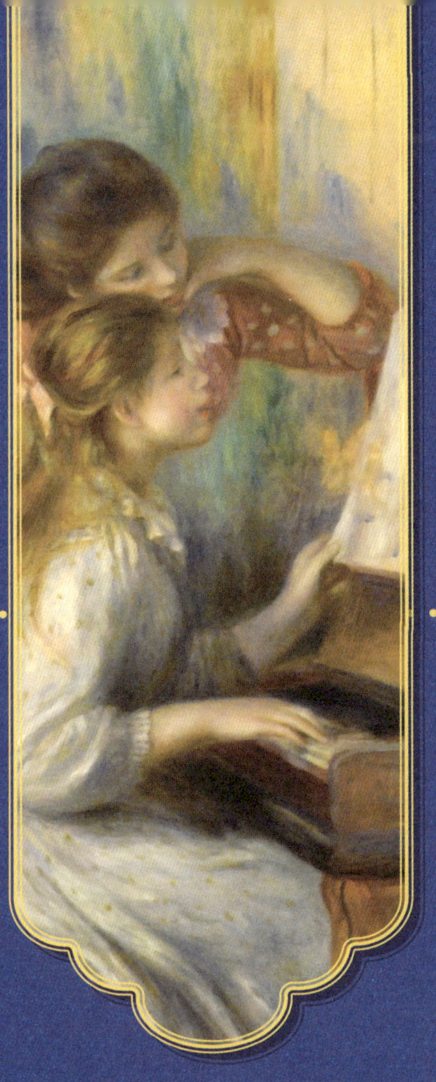

프랑스

루브르박물관

Musée du Louvre

루브르박물관의 역사

•••

우리나라에 국립중앙박물관이 있다면 프랑스에는 루브르박물관이 있습니다. 고대 이집트부터 근대 유럽까지 인류사의 자취를 담은 유물을 만날 수 있는 곳이지요. 루브르는 전시뿐 아니라 보존, 연구와 교육을 담당하는 학술 기관으로도 역할을 톡톡히 하고 있습니다. 영국의 대영박물관, 바티칸박물관과 함께 '세계 3대 박물관' 중 하나로 꼽혀요.

루브르박물관이 처음부터 박물관이었던 건 아닙니다. 12세기, 프랑스 왕 필립 2세가 파리를 침입하려는 앵글로 노르만족(당시 영국 왕실 세력)의 공격에 대비해서 센강 오른쪽 강변에 방어용 요새를 세운 것이 루브르의 시작입니다. 파리는 외부 위협이 많아서 도시를 지킬 견고한 방어막이 필요했습니다.

그때의 흔적은 루브르박물관 지하 '중세 루브르*Médiéval Louvre*'라는 전시실에서 만날 수 있어요. 이곳에는 과거 요새의 성벽과 망루, 해자(도랑)가 그대로 남아 있습니다. 거칠게 쌓아 올린 두꺼운 석회암 벽에서는 중세 건축 특유의 투박한 기개가 느껴집니다. 감시탑이었던 원형 망루의 기초와 복원된 해자 자리를 따라가면 파리를 지키던 요새의 모습을 절로 상상하게 되지요.

시간이 지나면서 루브르는 요새에서 왕궁으로 바뀌게 됩니다. 그 변화를 이끈 인물은 예술을 사랑했던 프랑수아 1세입니다. 1546년 프랑수아 1세는 낡은 요새를 허물고 예술과 문화가 숨 쉬는 궁전을 짓기 시작했습니다. 그 후로 여러 왕들이 루브르를 조금씩 확장하며 가꾸어 갔지만 1682년 루브르는 왕궁의 역할을 다하게 됩니다. '태양왕' 루이 14세가 파리 남쪽에 '베르사유 궁전*Château de Versailles*'을 화려하게 짓고 거처를 옮겼거든요.

왕이 떠난 루브르 궁전은 어떻게 되었을까요? 루브르는 왕실의 예술품을 보관하는 수장고로 활용되었습니다. 왕립 예술 아카데미가 이곳에 둥지를 틀며 예술가를 길러내는 교육의 장이 되기도 했지요.

요새에서 출발해 왕궁을 거쳐 예술의 중심지로 거듭난 과정이 지금 우리가 알고 있는 루브르박물관의 모습이 된 거예요. 800년이 넘는 긴 역사만큼이나 루브르박물관의 탄생 이야기가 흥미롭지요?

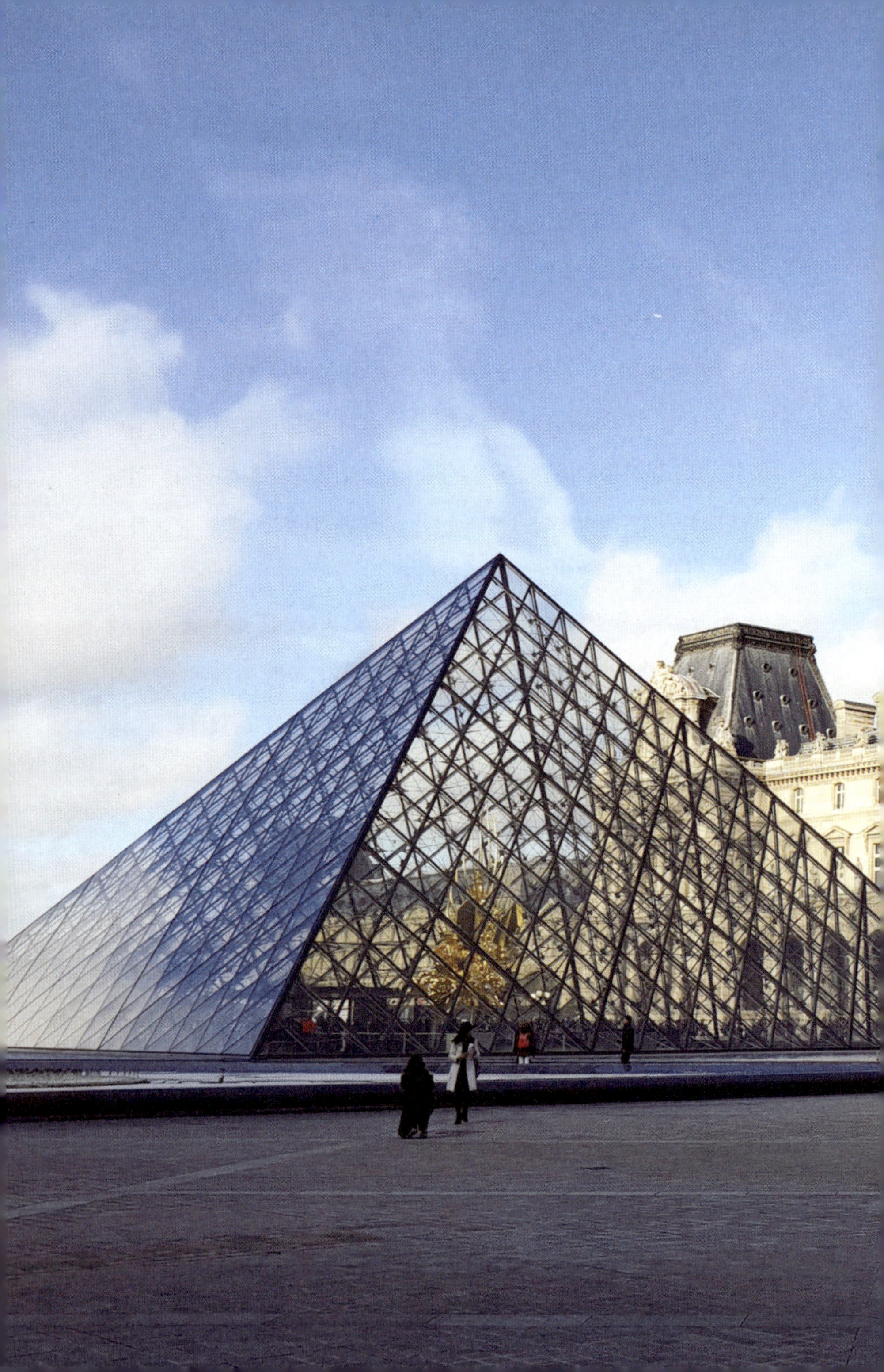

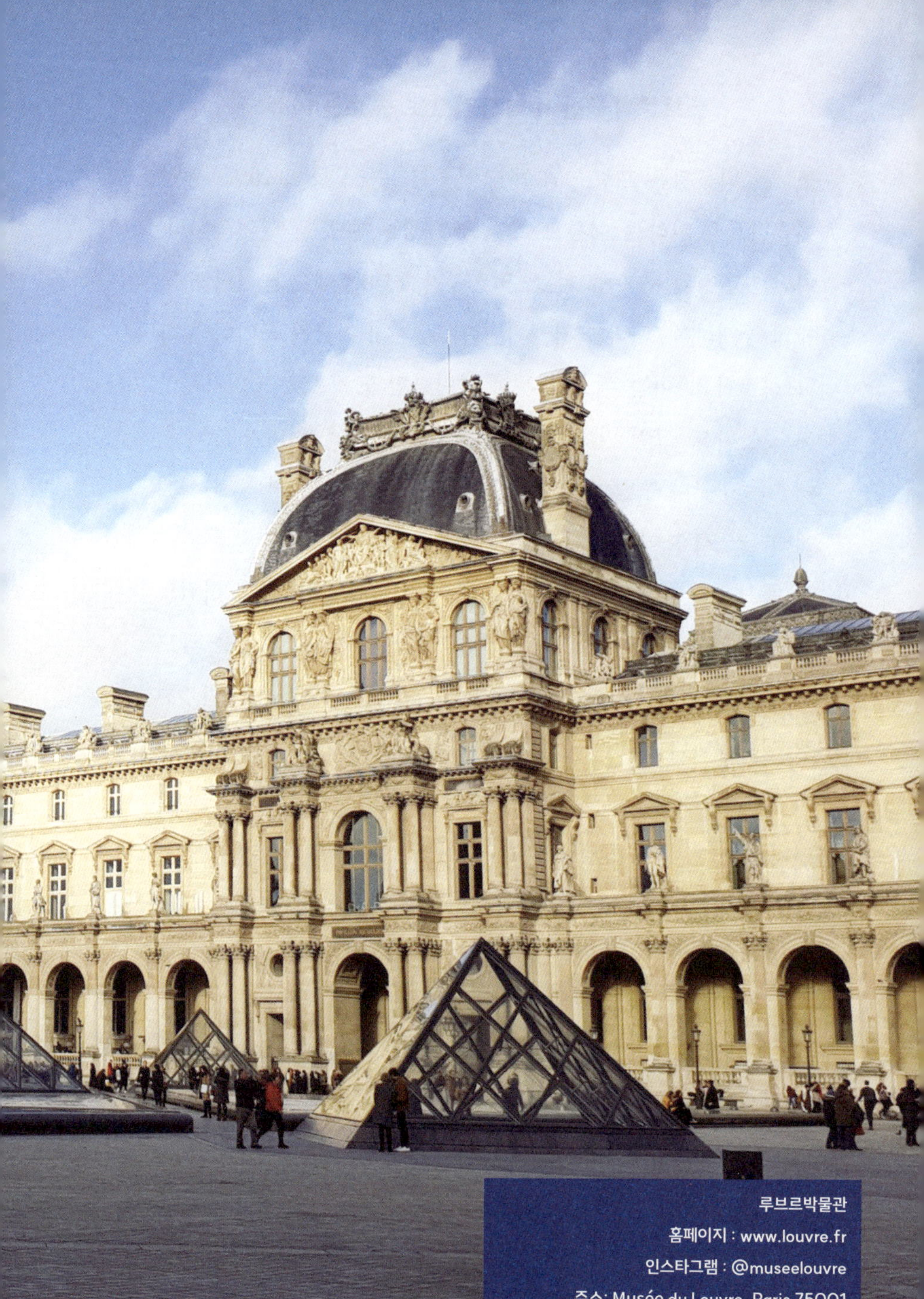

루브르박물관

홈페이지 : www.louvre.fr

인스타그램 : @museelouvre

주소: Musée du Louvre, Paris 75001

루브르박물관이 역사적으로 중요한 이유

•••

루브르 박물관은 프랑스 대혁명 이후인 1793년 8월 10일, '중앙 예술박물관'이라는 이름으로 처음 대중에게 문을 열었습니다. 이전까지 왕과 귀족, 교회 등 특권층만 누리던 예술을 시민 모두에게 공개하며 그 벽을 허문 것이지요. 흔히 미술관 문턱이 높다고 하잖아요. 이는 예술이 특정 사람들만의 것으로 느껴져서일지도 몰라요. 그런 면에서 루브르박물관은 더욱 의미가 큽니다. 예술은 누구나 누릴 수 있는 모두의 것이라는 메시지를 전 세계에 처음으로 보여준 거니까요.

루브르가 품은 보물은 약 50만 점에 달합니다. 고대 이집트의 신비로운 유물부터 근대 회화까지 인류 문명의 흐름을 담고 있지요. 하지만 우리가 한 번에 만날 수 있는 작품은 약 3만 5천 점 정도입니다. 나머지 작품은 어디에 있느냐고요? 소장품은 기획 전시나 특별한 주제에 맞춰 번갈아 가며 세상 구경을 나온답니다. 작품의 수와 보존 상태를 세심히 관리하며 교대로 관람객을 맞이하는 것이지요. 워낙 볼거리가 방대하다 보니 작품을 모두 보려면 한 달이 넘게 걸린다는 말이 나올 정도입니다.

루브르박물관의 유리 피라미드

•••

루브르박물관 하면 빼놓을 수 없는 게 하나 더 있죠? 바로 '유리 피라미드'입니다. 단순히 멋진 입구라고만 보기에는 아쉬울 정도로 루브르의 현대성과 혁신을 상징하는 건축물입니다. 1980

년대 프랑스의 미테랑 대통령은 고전적인 루브르를 현대적인 공간으로 탈바꿈하려는 '그랑 루브르' 프로젝트를 추진합니다. 그 첫 번째 결과물이 1989년에 공개된 유리 피라미드입니다.

설계는 MIT와 하버드에서 건축을 공부한 세계적인 거장 이오 밍 페이가 맡았습니다. 유리 피라미드는 마름모 603장과 삼각형 70장의 유리 조각과 알루미늄 같은 현대 재료로 만들어져 지하 2층까지 쭉 연결되어 있습니다. 지상에 우뚝 솟은 피라미드가 있다면 지하에는 그 모양을 거꾸로 뒤집어 놓은 듯한 '역피라미드'가 내려와 있어요. 투명한 유리를 통과한 햇살이 지하 바닥에 쏟아져 내리는데, 그 아래 서 있으면 탁 트인 광장에 서 있는 기분이 든답니다. 루브르에 유리 피라미드가 생기면서 지하는 빛이 가득한 '빛의 통로'가 되었어요.

처음 유리 피라미드가 들어선다고 했을 때 파리 시민의 반대가 엄청났다고 합니다. 이유는 '전통 파괴'였어요. 고풍스럽고 우아한 루브르 앞마당에 유리와 금속 같은 차가운 재료로 만든 피라미드가 말이 안 된다는 거였죠. 파리의 이미지와 어울리지 않는 흉물이 될 거라며 거세게 반대했어요. 게다가 프랑스의 자존심인 루브르를 새롭게 바꾸는 건축가가 프랑스인이 아닌 외국인이라는 점도 논란의 이유 중 하나였습니다. 하지만 반대를 무릅쓰고 완성된 피라미드는 '과거와 현대가 만난 완벽한 걸작'이라는 찬사를 받고 있습니다.

프랑스의 상징인 '에펠탑' 역시 유리 피라미드와 비슷한 수난을 겪었습니다. 1889년 파리 만국박람회를 기념해 세워진 에펠탑은 당시 파격적인 설계 탓에 '파리의 미관을 해치는 철골 괴물'이라는 비판이 쏟아졌어요. 특히 소설가 모파상은 에펠탑이 싫어서 일부러 에펠탑 안에 있는 식당에서 밥을 먹었다고 해요. 그곳이 파리에서 에펠탑이 보이지 않는 유일한 장소였기 때문이죠. 원래 박람회가 끝나면 철거될 운명이었던 에펠탑은 무선 통신 기술의 발달과 함께 송신탑으로 활용되면서 극적으로 살아남게 되었습니다.

에펠탑처럼 유리 피라미드도 처음엔 '전통을 망치는 흉물'이라는 취급을 받았어요. 지금은 어떤가요? 루브르의 고풍스러운 건물과 현대적인 유리가 환상적으로 어우러진, 전 세계인이 사랑하는 파리의 랜드마크가 되었죠. 혁신적인 변화는 처음엔 낯설고 불편할 수 있지만 시간이 흐르면 세상을 바꾸는 법이지요.

루브르박물관에서 꼭 봐야 할 작품들

루브르박물관은 크게 드농관*Denon*, 리슐리외관*Richelieu*, 쉴리관*Sully*이라는 세 개의 큰 건물로 나뉘어 있습니다.

유리 피라미드 아래 지하 로비에서 왼쪽으로 길게 뻗은 건물이 바로 '드농관'이에요. 이곳은 루브르의 초대 관장이자 나폴레옹과 함께 이집트 원정을 떠났던 '도미니크 드농'의 이름을 따서 지어졌습니다. 드농관에는 교과서에서 보던 유명한 작품들이 몰려 있어 언제나 세계 각지에서 온 관람객으로 활기가 넘칩니다. 루브르에서 가장 인기 있는 곳인 만큼 먼저 둘러보시는 것을 추

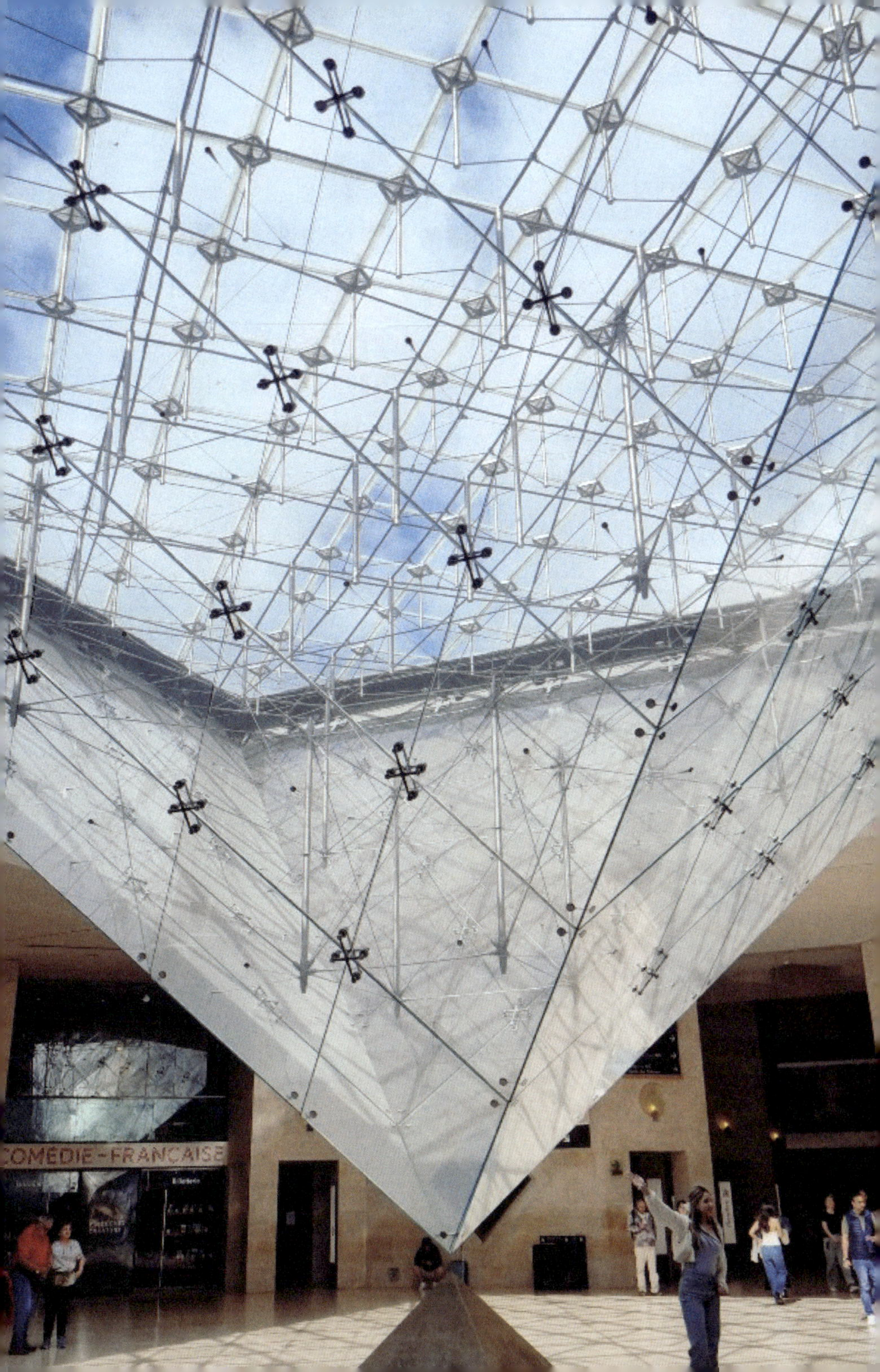
COMÉDIE-FRANÇAISE

천합니다.

드농관에서 제일 먼저 만나야 할 작품은 단연 레오나르도 다 빈치의 〈모나리자〉입니다. 수많은 인파가 이 그림 하나를 보기 위해 몰려드는 걸 보면 '세계에서 가장 유명한 초상화'라는 사실을 단번에 실감하게 되지요. 여기에서 시선을 조금만 옆으로 돌리면 자크 루이 다비드의 〈나폴레옹의 대관식〉이 있습니다. 가로 10미터에 달하는 큰 캔버스 앞에 서면 당시의 열기가 그대로 전해지는 듯합니다. 다비드의 또 다른 걸작인 〈호라티우스 형제의 맹세〉도 놓치지 말고 감상해 보세요. 세 형제가 나라를 위해 목숨을 걸겠다고 다짐하는 장면은 시대를 넘어 지금의 시대를 살아가는 우리에게도 묵직한 울림을 전해 줍니다. 외젠 들라크루아의 〈민중을 이끄는 자유의 여신〉 앞에도 서 봅니다. 깃발을 높이 들고 전진하는 여신의 모습은 금방이라도 함성이 터져 나올 듯 생생하지요. 반면 테오도르 제리코의 〈메두사호의 뗏목〉은 우리를 처절한 생존의 현장으로 몰아넣습니다. 삶을 향한 절박한 몸부림이 보는 이의 마음을 시리게 하지요. 이어 장 오귀스트 도미니크 앵그르의 〈그랑 오달리스크〉를 만나보세요. 기묘할 정도로 길게 늘어진 등 라인이 인상적입니다. '아름다움이란 무엇일까?'라는 궁금증이 생기는 작품이죠.

마지막으로 드농관 계단 위 역동적인 자태의 〈사모트라케의 니케〉는 승리의 환희를 전하기에 충분하지요. 바람을 가르며 비상하는 순간을 담은 이 조각은 드농관 여정의 피날레를 장식해 줍니다.

루이 13세 시대의 리슐리외 추기경의 이름을 딴 '리슐리외관'에서는 메소포타미아 문명의 흔적을 만날 수 있습니다. 수메르와 바빌로니아를 거쳐 아시리아로 이어지는 고대 도시들의 유물이 차례로 펼쳐지지요. 그중에서도 '눈에는 눈, 이에는 이'라는 법칙으로 유명한 메소포타미아 유물관의 〈함무라비 법전〉은 꼭 챙겨 봐야 할 인류의 보물입니다.

1층으로 올라가면 나폴레옹 3세 시대 궁정의 화려한 가구와 장식품이 전시되어 있습니다. 이어 2층 회화실에는 얀 판 에이크의 〈롤랭 대법관의 성모〉, 렘브란트의 〈자화상〉은 물론, 과학에 대한 호기심을 그린 〈천문학자〉와 섬세함이 인상적인 〈레이스 뜨는 여인〉 같은 페르메이르의 작품을 만날 수 있습니다. 특히 메디치스 갤러리 벽면을 가득 채운 루벤스의 연작 〈마리 드 메디치의 생애〉 24점은 그 압도적인 규모로 감탄을 자아냅니다.

마지막으로 루브르의 역사가 시작된 '쉴리관'입니다. 앙리 4세 시절 루브르를 요새에서 궁전으로 바꾼 재상 '쉴리 백작'의 이름에서 따왔지요. 루브르에서 제일 오래된 건물답게 지하로 내려가면 앞서 설명했던 중세 요새 시절의 성벽 기초와 흔적을 볼 수 있습니다. 박물관이 되기 전, 루브르가 얼마나 단단한 요새였는지 박물관의 과거를 만날 수 있는 장소입니다. 쉴리관 위층으로 올라가면 이집트의 미라와 파라오 석상, 메소포타미아의 신비로운 유물들이 가득합니다. 무엇보다 고대 그리스의 완벽한 아름다움을 상징하는 〈밀로의 비너스〉도 쉴리관에서 우리를 기다리고 있답니다.

루브르박물관을 제대로 감상하려면 며칠을 꼬박 투자해도 모자랍니다. 하지만 여행자의 시간은 여유롭지 않지요. 그래서 고대 문명에서 시작해 르네상스, 신고전주의와 낭만주의까지 이어지는 인류 예술의 흐름을 제대로 보면서도 지치지 않게 즐길 수 있는 '초집중 동선'을 추천해 봤습니다.

도슨트 해설을 가장 간편하게 듣는 방법은 공식 애플리케이션을 이용하는 것입니다. 기기를 빌려주는 오디오 가이드 서비스나 전문가와 함께하는 가이드 투어를 사전에 예약하는 것도 좋은 방법입니다. 상황에 맞게 선택해서 루브르박물관에서 잊지 못할 시간을 만들어 보세요.

세상에서 제일 유명한 그림

모나리자 (1503)
Mona Lisa / La Gioconda
레오나르도 다 빈치
Leonardo di ser Piero da Vinci (1452-1519)
53×77cm, 패널에 유채

#르네상스 회화 #초상화 #세계에서 가장 유명한 그림 #르네상스의 천재 레오나르도 다빈치 #스푸마토 기법 #대기 원근법 #신비로운 미소 #누구의 얼굴일까? #영원한 수수께끼 #어느 쪽에서 봐도 나를 쳐다보는 것 같아 #웃는 듯 웃지 않는 듯 어떤 얼굴이 진짜일까?

〈모나리자〉를 마주하기 전 우리가 몰랐던 이야기

•••

〈모나리자〉가 있는 전시실은 언제나 사람들로 북적입니다. 가로 53, 세로 77센티미터밖에 안 되는 이 그림을 조금이라도 가까이에서 보려고 까치발을 들고 있어요. 막상 그림 앞에 서면 '어? 생각보다 작은데?'라는 생각이 들지도 몰라요. 사람들은 기대가 컸던 만큼 소박한 크기에 실망 섞인 감탄사를 내뱉기도 하지요. 명성에 비해 첫인상은 소박해 보이기 때문이에요. 하지만 그림 속에 숨겨진 이야기를 알고 나면 왜 이 작품이 세계를 뒤흔든 걸작인지 깨닫게 됩니다.

먼저 제목의 의미부터 살펴볼까요? 〈모나리자〉에서 '모나

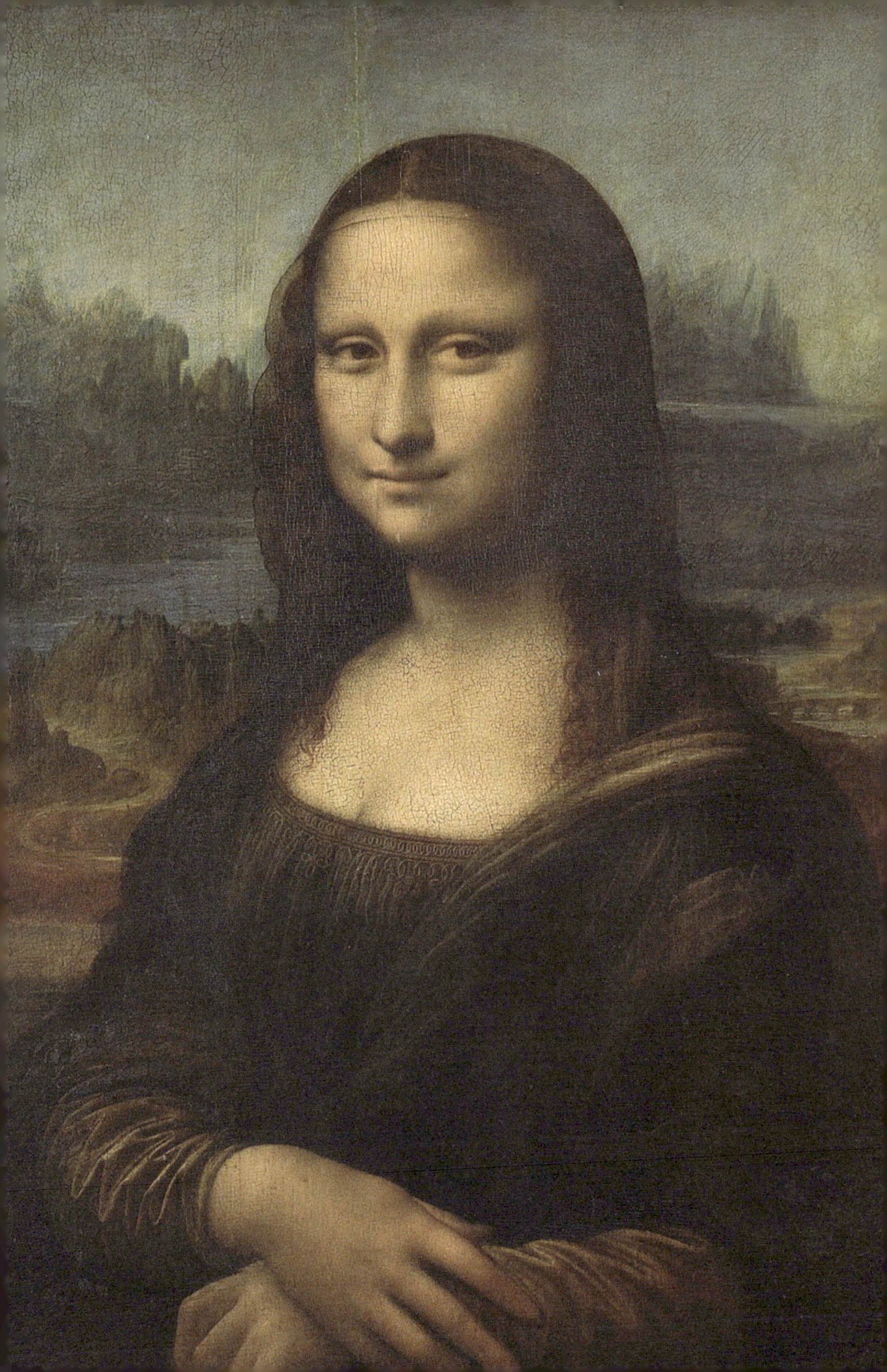

Mona'는 이탈리아어로 귀부인을 뜻하는 '마돈나Madonna'의 줄임 말입니다. '리자Lisa'는 인물의 이름이죠. '리자 부인'을 부르는 정중한 명칭입니다. 르네상스 시대의 기록가 조르조 바사리에 따르면 그림 속 주인공은 피렌체의 부유한 상인이었던 프란체스코 델 조콘도의 아내 '리자 게라르디니'라고 합니다.

재미있는 사실은 남편의 성인 '조콘도Giocondo'가 이탈리아어로 '즐거운, 유쾌한'이라는 뜻이라는 겁니다. 그래서 이 작품을 이탈리아에서는 〈라 조콘다La Gioconda〉라고 부르기도 하는데요. 이는 '조콘도 가문의 부인'이라는 뜻과 함께 '미소 짓는 여인'이라는 이중적인 의미를 담고 있습니다.

물론 〈모나리자〉의 주인공이 누구인지 지금도 추측이 오가고 있습니다. 하지만 우리가 정답을 찾아내야 하는 건 아니에요. 그저 그림 속 인물이 지닌 신비로운 미소가 우리에게 건네는 이야기에 마음의 귀를 열고 감상하는 것으로도 충분합니다.

연기처럼 피어오르는 신비, 스푸마토의 마법

•••

〈모나리자〉 속 부인은 고개를 살짝 돌려 우리를 바라보고 있습니다. 머리 위에서 어깨까지 부드럽게 내려앉은 얇은 베일과 망토 아래로 보이는 차분한 드레스가 인상적이지요. 수수한 차림이지만 시원하게 드러난 목선에서는 감출 수 없는 기품이 느껴집니다. 두 손을 단정히 포개고 앉아 있는 모습이 사진관에서 찍은 인물 사진처럼 안정되어 보입니다.

이제 부인의 뒤편, 배경으로 시선을 옮겨볼까요? 안개가 자욱한 푸른 산과 구불구불한 길, 멀리 고요해 보이는 강이 펼쳐져 있습니다. 배경은 튀는 부분 없이 부드럽게 이어져 주인공인 부인과 완벽하게 어우러집니다. 이렇듯 인물과 배경이 경계 없이 녹아들어 꿈속 풍경 같은 분위기를 풍기는 비결은 무엇일까요? 바로 '스푸마토*Sfumato*' 기법 덕분입니다.

'연기처럼 사라지다'라는 뜻의 이탈리아어 '스푸마레*sfumare*'라는 단어에서 유래한 이 기법은 사물의 형태가 안갯속에서 뿌옇게 보이는 것처럼 색을 아주 얇게 겹겹이 쌓아 올려 경계를 흐릿하게 만드는 방식입니다. 실제로 다 빈치는 붓뿐만 아니라 손가락 끝으로도 물감을 미세하게 펴 바르는 과정을 수천 번 반복했다고 합니다. 그래서 그림 곳곳에 그의 지문 흔적이 훈장처럼 남아 있다고요.

먼 곳을 푸르게 그리는 대기 원근법

•••

다 빈치는 평면적인 캔버스 위에 실제와 같은 입체적 공간을 구현하기 위해 끊임없이 연구했습니다. 찾아낸 비결 중 하나가 '대기 원근법'입니다. 원리는 생각보다 간단해요. 멀리 있는 사물일수록 흐릿하고 색이 옅게 보이는 현상을 그림에 반영하는 것이죠. 가까운 산은 진하고 선명하지만 먼 산은 푸르스름하고 경계가 뭉개져 보이곤 하니까요.

다 빈치는 공기와 안개가 빛을 산란시켜 색을 변하게 한다는 사실을 간파했습니다. 〈모나리자〉 배경에 그려진 안개 낀 산과 신비로운 강줄기가 바로 이 기법의 정수라고 할 수 있지요. 이러한 다 빈치의 통찰은 훗날 루벤스와 윌리엄 터너 같은 거장들에게 이어지며 서양 풍경화의 기초가 되었습니다.

〈모나리자〉가 세계인의 마음을 훔친 이유

〈모나리자〉를 들여다보면 누구나 한 번쯤 품게 되는 의문이 있습니다. 바로 눈썹이에요. 휑하게 비어 있는 눈썹을 보면 고개를 갸웃하게 되지요. 이에 대해 미술계에서는 오랫동안 세 가지 흥미로운 가설이 전해져 왔습니다.

첫 번째는 당시 피렌체 여성들 사이에서 넓은 이마를 강조하려고 눈썹을 미는 게 유행이었다는 설입니다. 두 번째는 다 빈치가 완벽에 완벽을 다 하려다가 눈썹을 그리기 직전에 멈춘 미완성 작품이라는 주장이지요.

하지만 가장 설득력 있는 가설은 바로 '시간'입니다. 스푸마토 기법으로 섬세하게 그려 넣은 눈썹이 오랜 기간 보존과 복원 과정을 거치며 조금씩 닦여 나갔다는 것이죠. 실제로 특수 카메라로 분석해 보니, 과거에는 아주 얇은 눈썹 선이 존재했다는 사실이 밝혀지기도 했습니다.

수수께끼는 눈썹만이 아닙니다. 부인의 미소 또한 신비롭지요. 슬며시 올라간 입꼬리를 보면 웃는 것 같다가도, 깊은 눈매를 보면 또 진지해 보입니다. 옥스퍼드 대학교의 미술사학자 마

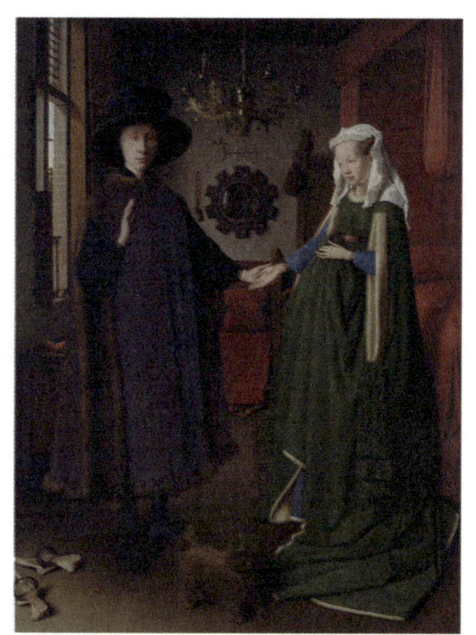

〈아르놀피니 부부의 초상〉(1434), 얀 판 에이크 / 런던 내셔널 갤러리 소장

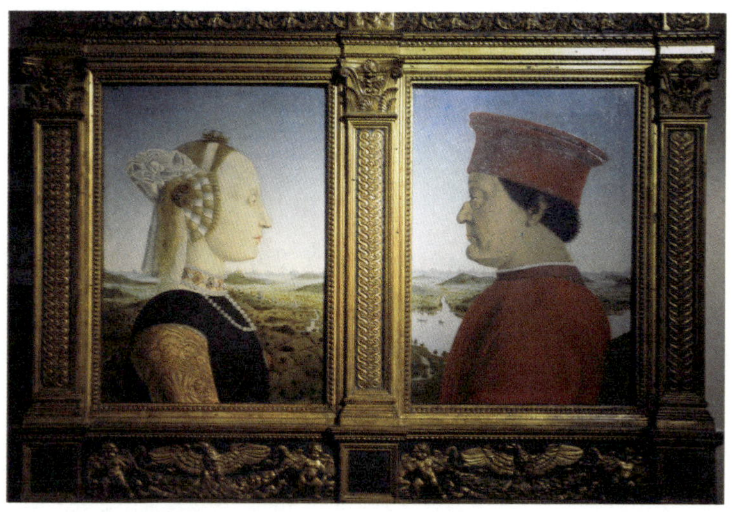

〈우르비노 공작과 공작부인의 초상〉(1472), 피에로 델라 프란체스카 / 피렌체 우피치 미술관 소장

틴 켐프는 이를 과학적으로 계산된 '시각적 트릭'이라고 설명합니다. 다 빈치는 해부학과 광학에 능통한 천재였어요. 그래서 보는 사람의 시선이 머무는 위치나 각도에 따라 표정이 달라 보이도록 설계한 것입니다.

하지만 무엇보다 〈모나리자〉가 특별한 이유는 초상화에 인물의 '감정'을 불어넣었기 때문입니다. 얀 판 에이크의 〈아르놀피니 부부의 초상〉이나 피에로 델라 프란체스카의 〈우르비노 공작과 공작부인의 초상〉를 이 작품과 비교하며 살펴보세요. 이전 시대의 초상화는 감정보다 부와 권위를 드러내는 데 집중했습니다. 배경에 신분을 나타내는 소품을 나열하거나 얼굴은 무표정하고 경직된 모습이 대부분이었죠. 하지만 다 빈치는 은은한 미소로 인간의 내면을 표현했습니다. 인간의 살아있는 감정을 담아낸 이 작품을 기점으로 서양 미술사는 새로운 시대의 막을 올리게 됩니다.

정답이 없어서 더 아름다운, 나만의 모나리자

•••

모두가 감탄하는 '세계적인 걸작'이라는 부담감을 안고 〈모나리자〉에 다가가면 어렵게만 느껴질 수 있습니다. 그럴 땐 한발 물러서서 질문을 던져 보세요. "이 그림은 나에게 어떤 말을 건네고 있을까?"라고 말이죠.

나는 온화한 미소와 다소곳이 포개진 두 손을 보며 '무엇이든 품어줄 넉넉한 마음'을 떠올렸습니다. 그러다 보니 세상이 나를 몰라준다고 원망스러울 때 토닥토닥 위로해 준 엄마의 얼굴이 생각났습니다. 나아가 '나도 누군가에게 따뜻한 사람이 되고 싶다'라는 다짐도 하게 되었고요.

그림 한 점이 사람의 마음을 어루만지고 삶의 태도까지 변화시킬 수도 있다니, 여러분은 어떤 생각이 들었나요? 혹시 아무런 느낌이 없었나요? 괜찮습니다. 그것 또한 솔직하고 소중한 감상입니다. "다들 좋다는데 나는 왜 감동이 없지?"라는 의문이 생기는 순간 이미 여러분과 그림 사이의 대화는 시작된 것이니까요. 중요한 건 타인의 시선이 아니라 내가 어떻게 느꼈는가입니다. 그림 앞에 선 '나'와 그림 속 '인물'이 서로를 조금씩 알아가는 그 과정이 바로 예술이니까요.

〈모나리자〉가 걸린 자리에는 늘 사람들의 발걸음이 끊이지 않습니다. 여유 있게 감상하고 싶다면 박물관 문이 열리자마자 가장 먼저 방문하는 것을 추천해요!

완벽한 아름다움이 있다면

밀로의 비너스 (BC 160-110년경)
Venus de Milo / Vénus de Milo
안티오크의 알렉산드로스
Alexandros of Antioch (BC 2세기-BC 1세기)
높이 204cm, 조각(대리석)

#고대 그리스 조각 #헬레니즘 시대 #팔이 없는 조각 #균형 잡힌 비례 #아프로디테(비너스) #이상적 미의 기준 #원래 팔은 어떤 모습이었을까? #왜 팔을 복원하지 않았을까? #고대 사람들이 생각하는 '아름다움'을 어떤 모양일까? # 〈사모트라케의 니케〉 와 비교

여신이 건네는 환영 인사

•••

고대 그리스와 로마의 유물이 가득한 쉴리관, 그 중심에는 시선을 한 몸에 받는 〈밀로의 비너스〉가 서 있습니다. 2미터가 넘는 이 여신상은 관람객의 눈높이보다 높이 세워져서 자연스럽게 경외심을 담아 바라보게 됩니다.

〈밀로의 비너스〉에는 묘한 생동감이 느껴집니다. 왼쪽 다리를 내밀고 상체를 살짝 뒤로 젖힌 자세는 차가운 돌덩이임에도 불구하고 살아 움직이는 듯한 리듬감이 있습니다. 하반신을 부드럽게 감싼 옷자락은 금방이라도 바람에 날려 흘러내릴 듯 가벼워 보이지요. 살짝 옆을 향한 얼굴의 굳게 다문 입술과 고요

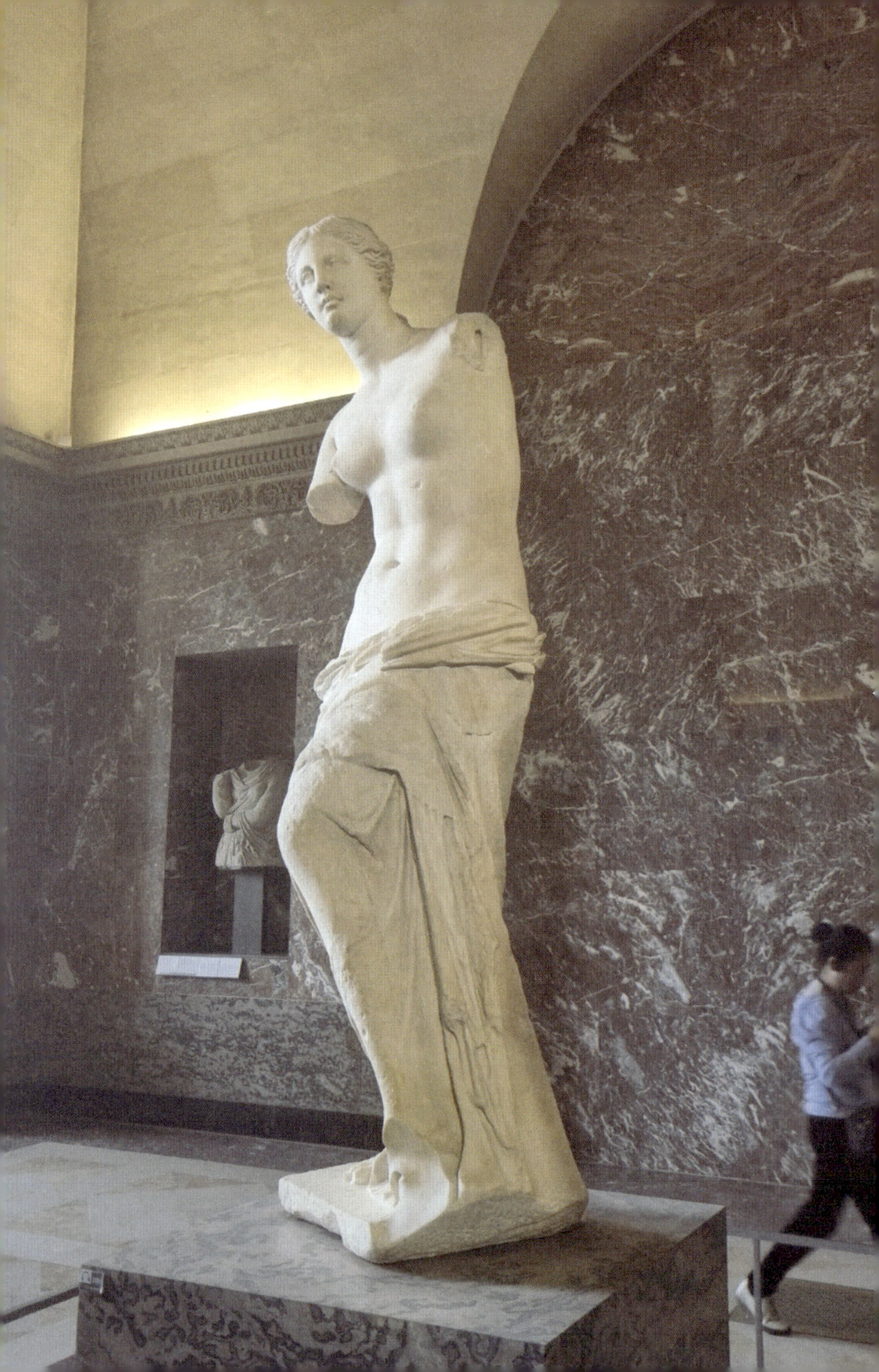

해 보이는 눈빛은 당당한 존재감을 드러냅니다. 전시실 창가에서 쏟아지는 빛이 대리석의 매끄러운 곡선을 따라 흐를 때면 더욱 극적인 아름다움을 뽐냅니다. 그 앞에 서 있으면 여신이 우리를 내려다보며 따뜻한 환영의 인사를 건네는 듯한 기분마저 듭니다.

밭에서 태어난 여신 흩어진 조각의 비밀

〈밀로의 비너스〉는 1820년, 그리스 에게해의 '밀로스' 섬에서 세상에 처음 모습을 드러냈습니다. 한 농부가 밭을 갈다 우연히 단단한 대리석 덩어리를 발견했는데, 흙 속에는 조각상의 몸통과 다리, 얼굴이 곳곳에 흩어진 채 묻혀 있었습니다. 발견될 당시 이미 두 팔은 사라진 상태였고 주변에 몇몇 파편만 뒹굴고 있었다고 해요. 그래서 비너스가 원래 어떤 자세를 취하고 있었는지는 수수께끼로 남아 있습니다.

왜 여신의 몸이 조각조각 나뉘어 있었던 걸까요? 비밀은 고대 그리스의 조각 기술에 있습니다. 당시 조각가들은 작품을 만들 때 커다란 바위 하나를 통째로 깎는 대신 여러 개의 돌을 나누어 조각했습니다. 몸통과 다리, 팔과 발을 각각 따로 만든 뒤 그 사이에 금속 말뚝을 박아 단단히 이어 붙였던 거지요.

루브르에서 〈밀로의 비너스〉를 가까이 들여다보면 허리와 다리 사이, 또 발목 부분에서 대리석 두 덩어리를 정교하게 이어 붙인 흔적을 찾을 수 있습니다. 수천 년 전 고대 그리스 예술가들이 여신의 곡선을 만들기 위해 얼마나 치밀하게 돌을 다듬고 조립했는지 그 기술의 흔적을 엿볼 수 있습니다.

상상으로 채우는 사라진 팔

〈밀로의 비너스〉는 '완벽한 비율'의 조각으로 꼽히며 '황금비율의 미인상'이라고 부르기도 합니다. 고대 그리스 사람들은 균형과 조화를 우주의 질서라고 믿었고 인간의 몸을 표현할 때도 안정감과 편안함을 주는 조화로운 비례를 중요하게 생각했습니다.

사실 우리가 알고 있는 황금비율(1:1.618)은 후대에 체계적으로 정리된 개념입니다. 따라서 이 작품이 황금비율에 맞춰 제작되었다는 명확한 근거는 없습니다. 하지만 부드러운 몸의 곡선과 균형 잡힌 자세를 보면 이상적인 인체 비례를 눈앞에서 보는 생생함이 있지요. 고대 그리스 미술의 정점인 '헬레니즘 시대'를 대표하는 걸작입니다. 조화로운 비율과 아름다운 자태는 자연스레 미의 여신 '아프로디테'•를 떠오르게 합니다. 비록 두 팔이 사라지고 없으니 어떤 신이었는지 정확히 알 순 없으나 그저 미의 여신이 아닐까 짐작할 뿐입니다.

만약 〈밀로의 비너스〉의 두 팔이 온전했다면 어떤 모습이었을까요? 역설적으로 사라진 두 팔은 보는 이의 상상력을 자극하

• 그리스 신화 속 미의 여신 이름은 아프로디테(Aphrodite)입니다. 이 이름이 로마로 전해지면서 비너스(Venus)가 되었지요.

며 작품에 생명력을 불어넣습니다. 학자들은 여신이 방패를 들고 있었을 것이라거나, 흘러내리는 옷자락을 붙잡고 있었을 것이라거나 혹은 손바닥 위에 사과를 올리고 있었을 것이라는 등 다양한 추측을 내놓았습니다. 하지만 정답은 아무도 알 수 없지요. 덕분에 저마다 자신만의 비너스를 그려보게 됩니다. 어쩌면 두 팔이 온전히 남았다면 지금 느끼는 이 신비로운 매력은 조금 덜했을지도 모릅니다.

여기서 잠깐, 박물관에서 유용한 감상 팁을 하나 소개할게요. 미술관에서 그리스·로마 신화를 주제로 한 수많은 작품 중에서 아프로디테(비너스)를 어떻게 한눈에 알아볼 수 있을까요? 보통은 사랑의 화살을 든 꼬마 '에로스(큐피드)'가 옆에 있거나 바다 거품 속에서 태어난 신화에 걸맞게 조개껍데기 같은 바다 상징물과 함께 등장하곤 합니다. 이런 힌트를 알면 누가 아프로디테인지 쉽게 맞힐 수 있어요. 아프로디테는 사과를 들고 있는 모습으로도 자주 그려지는데, 이는 '황금 사과 사건'과 관련이 있습니다.

불화의 여신 에리스가 '가장 아름다운 여신에게'라고 적힌 황금 사과를 헤라, 아테나, 아프로디테가 모인 자리에 던졌습니다. 세 여신이 서로 자신이 사과의 주인이라고 다투게 되자 제우스는 파리스에게 그 심판을 맡겼지요. 파리스는 권력을 약속한 헤라도, 지혜를 제안한 아테나도 아닌, 세상에서 가장 아름다운 여인을 아내로 맞게 해주겠다는 아프로디테를 선택했습니다. 결국 아프로디테가 황금 사과를 차지하게 되면서 훗날 '트로이 전쟁'의 불씨가 되었습니다.

시대에 따라 옷을 갈아입는 아름다움의 기준

• • •

〈밀로의 비너스〉가 미의 여신을 형상화한 것이라면 그 안에는 당대 사람들이 꿈꾸던 '아름다움'의 이상향이 담겨 있을 것입니다. 고대 그리스인에게 아름다움이란 수학적으로 계산된 '비례와 균형' 그 자체였습니다. 중세 유럽에는 신을 향한 '경건한 신앙심'을 최고의 가치로 여겼지요. 지금 이 시대는 어떤가요? 아름다운 사람을 똑같이 닮으려 노력하기보다는 '개성과 다양성'이 새로운 기준이 되었습니다. 이처럼 아름다움은 고정된 것이 아니라 우리가 살고 있는 세상의 가치관과 함께 숨 쉬며 변해갑니다. 그렇다면 미래에는 또 어떤 기준으로 아름다움을 정의하게 될까요?

루브르에는 〈밀로의 비너스〉만큼 존재감을 뽐내는 또 다른 여신상이 있습니다. 바로 〈사모트라케의 니케〉입니다. 기원전 2세기 무렵, 그리스 사모트라케섬에서 만들어진 이 조각은 승리의 여신 '니케'를 형상화한 것입니다. 머리와 두 팔은 사라지고 없지만 그 빈자리가 느껴지지 않을 만큼 생동감이 있습니다. 뱃머리에 막 내려앉은 듯 한 발 내디딘 자세, 거친 바닷바람에 몸에 찰싹 달라붙은 옷자락의 섬세한 묘사는 돌로 만들었다는 사실이 믿기지 않을 정도예요. 드농관의 계단 꼭대기에서 날개를 활짝 펴고 서 있는 니케를 향해 걸어 올라가다 보면 여신이 우리를 승리의 세계로 이끄는 벅찬 감동이 느껴집니다.

〈밀로의 비너스〉, 〈사모트라케의 니케〉, 앞서 살펴본 〈모나리자〉는 루브르박물관을 대표하는 이른바, '루브르의 3대 여인'으

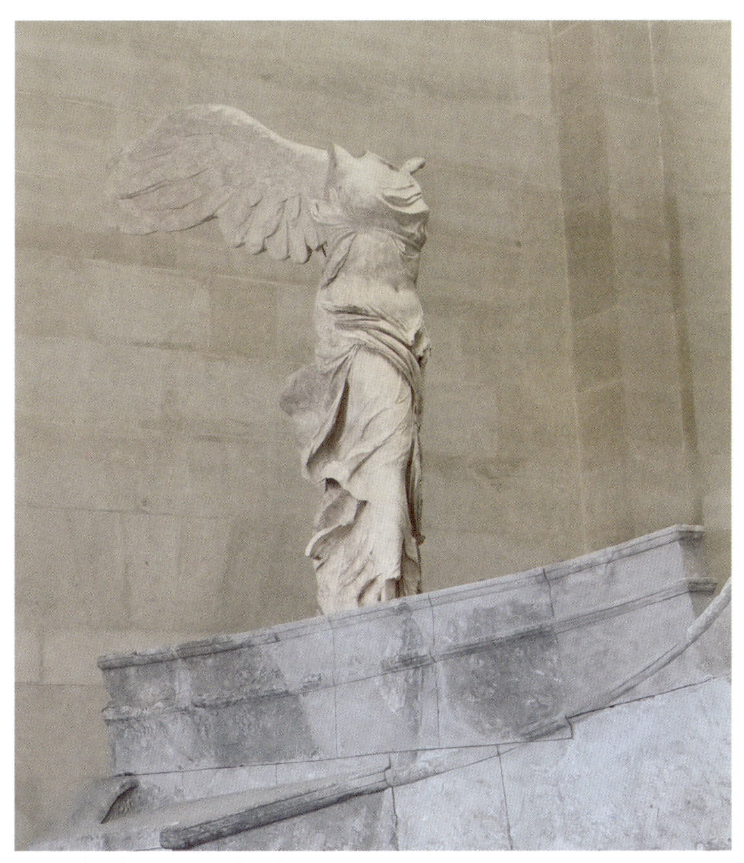
〈사모트라케의 니케〉(기원전 200-175 년경), 작가 미상

로 불립니다. 신화 속 완벽한 여신의 모습부터 르네상스 시대 부인의 신비로운 미소까지 세 작품은 각 시대와 문화가 '여성'을 어떤 시선으로 바라봤는지 보여줍니다. 루브르를 방문한다면 시대를 초월해 우리에게 말을 거는 세 작품을 꼭 눈에 담아보길 바랍니다.

나폴레옹에 의한 나폴레옹을 위한 그림

나폴레옹의 대관식 (1805-1807)
The Coronation of Napoleon / Le Sacre de Napoléon
자크 루이 다비드
Jacques-Louis David (1748-1825)
979×621cm, 캔버스에 유채

#신고전주의 회화 #역사화 #노트르담 대성당 #황제 즉위식 #왜 나폴레옹은 스스로 왕관을 썼을까? #사실과 연출의 차이 #나폴레옹 #교황 비오 7세 #조제핀 황후 #군중 속 인물 찾기 #그림으로 만든 역사

영웅은 영웅답게

•••

흰말을 타고 망토를 휘날리며 험준한 산맥을 넘는 나폴레옹. 말은 힘차게 뒷발로 땅을 박차고 일어나 금방이라도 캔버스 밖으로 튀어나올 듯 역동적입니다. 화면 가득 용맹함이 넘칩니다. 오른손을 높이 들어 "나를 따르라!" 하고 외치는 듯한 이 장면은 프랑스 화가 자크 루이 다비드가 그린 〈생베르나르 고개를 넘는 보나파르트〉입니다.

이 그림은 나폴레옹이 병사들을 이끌고 알프스산맥을 넘어 이탈리아 북부로 진격했던 실제 사건을 배경으로 하고 있습니다. 여기에 감춰진 이야기가 하나 있습니다. 실제 나폴레옹은 험

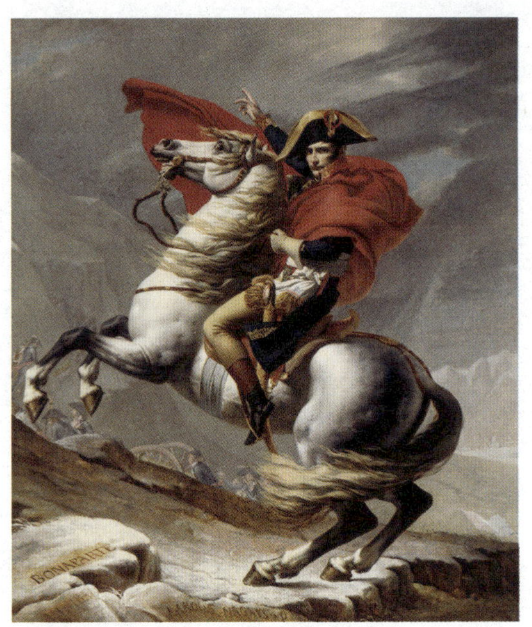

〈생베르나르 고개를 넘는 보나파르트〉(1801), 자크 루이 다비드 / 베르사유 국립박물관 소장

하고 가파른 산길을 오르기 위해 발이 튼튼하고 끈기 있는 노새를 타고 산을 넘었다고 합니다. 하지만 다비드는 위엄 있게 표현하려고 일부러 멋진 백마를 탄 모습으로 바꾸어 그렸지요. 화가의 설정 덕분에 이 그림은 우리가 '나폴레옹' 하면 떠올리는 전설적인 이미지가 되었습니다.

다비드는 나폴레옹을 위대한 영웅이자 품격 있는 지도자로 묘사하며 그의 권위를 세워주는 작품을 많이 남겼습니다. 그중에서도 다비드 예술의 정점이자 나폴레옹 시대의 화려함을 극적으로 보여주는 작품이 〈나폴레옹의 대관식〉입니다. 이제 역사의 한 페이지로 들어가 볼까요?

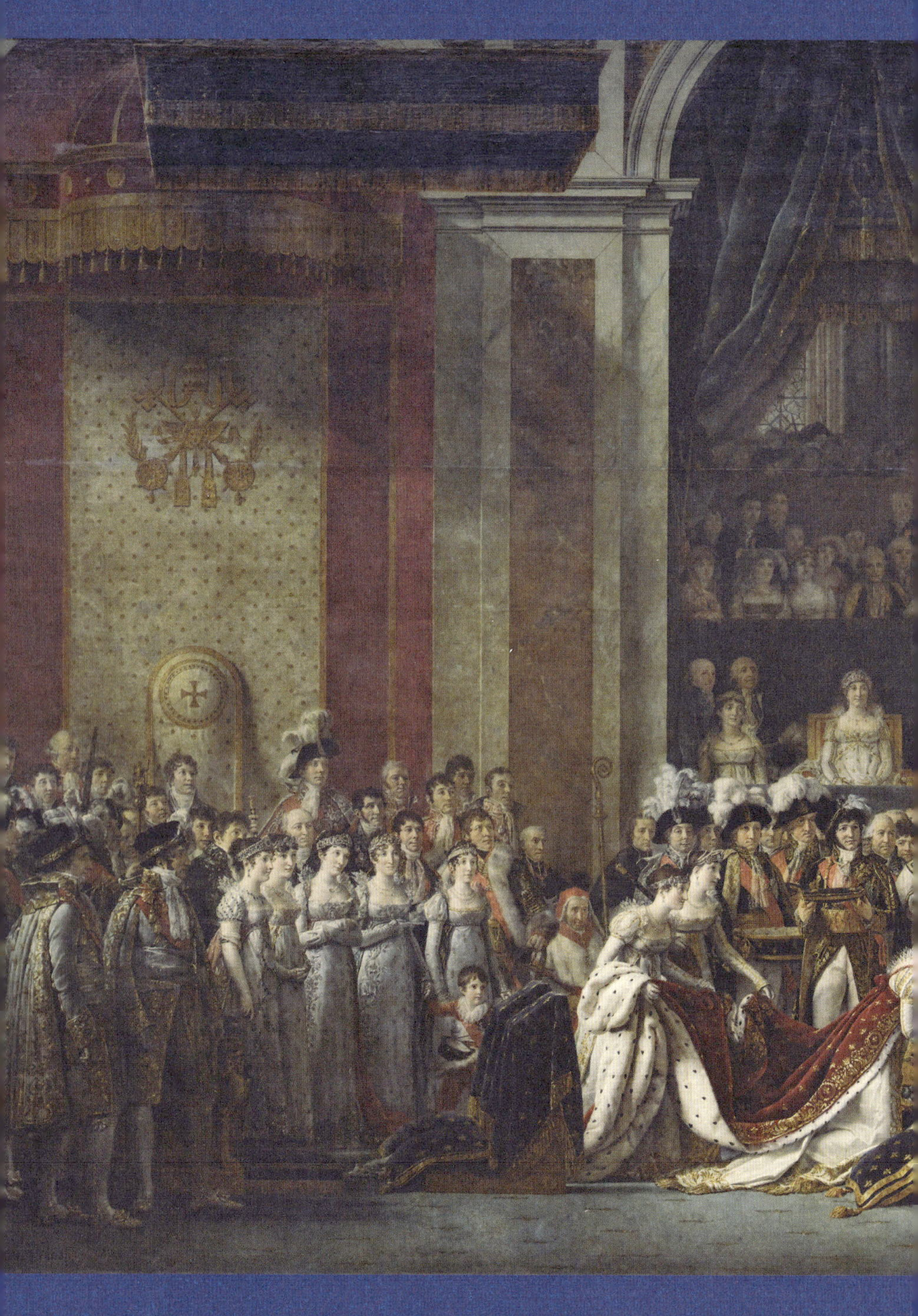

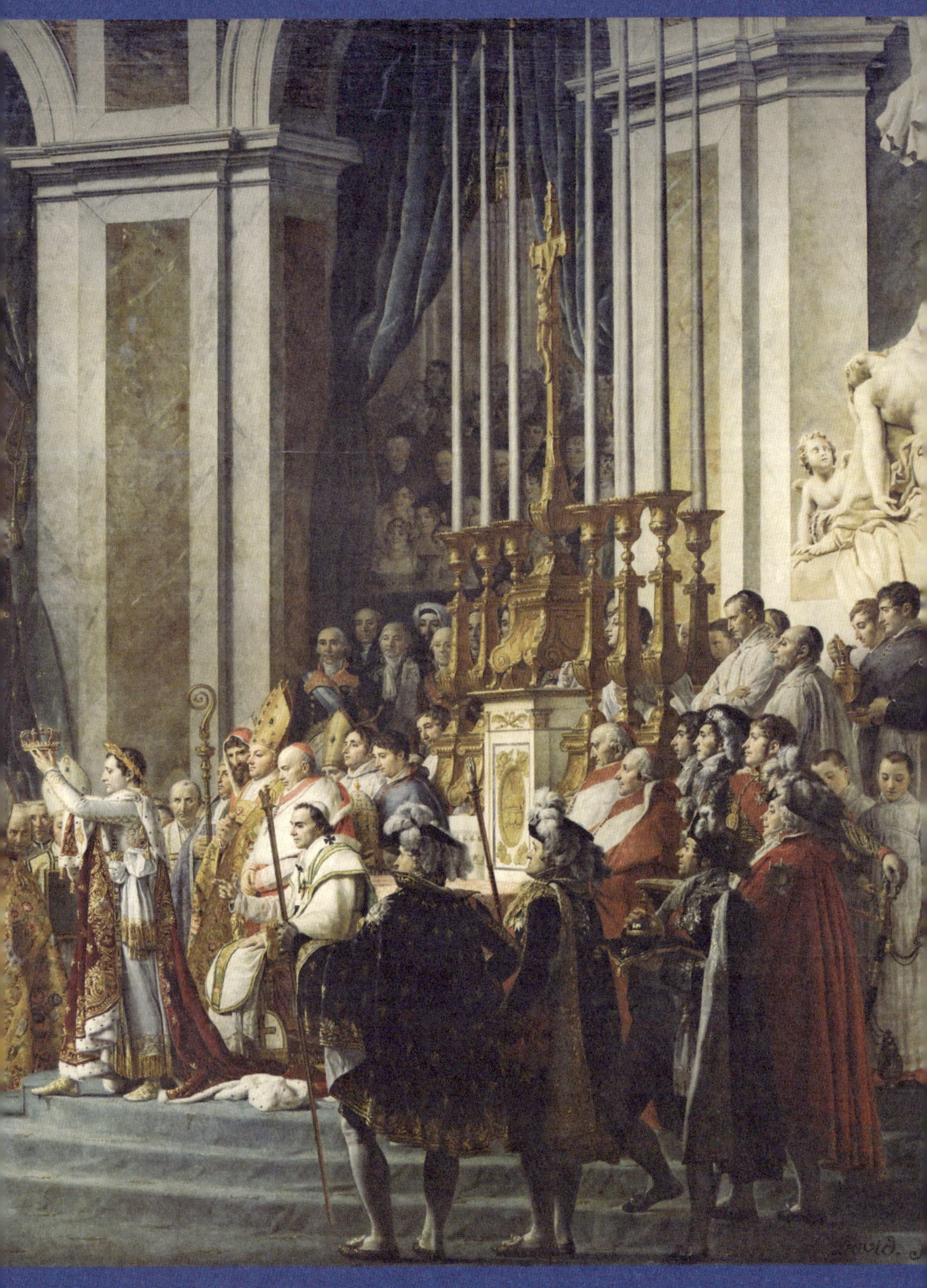

내 왕관은 내가 쓴다! 역사를 바꾼 대관식

1804년 12월, 파리 노트르담 대성당에서는 전 유럽을 놀라게 한 파격적인 역사의 한 장면이 펼쳐졌습니다. 바로 나폴레옹의 황제 즉위식이었죠. 본래 유럽의 전통에 따르면 황제의 왕관은 신을 대리하는 로마 교황이 씌워주어야 했습니다. '신으로부터 받은 정통성 있는 권력'을 인정받는 중요한 절차였기 때문입니다.

하지만 나폴레옹은 스스로 왕관을 들어 자기 머리에 얹었습니다. 이어 무릎을 꿇은 아내 조제핀에게 직접 왕관을 씌워주었죠. 이는 "이 권력은 하늘이나 교황이 준 것이 아니라 내 힘으로 쟁취한 것이다!"라는 정치적 선언이었습니다. 화가 다비드는 이 역사적인 순간을 캔버스에 옮겼습니다.

그림 속 나폴레옹은 고대 로마 황제를 상징하는 황금빛 월계관을 쓴 채 당당하게 서 있습니다. 원래 대관식의 주인공이어야 할 교황 비오 7세는 나폴레옹의 뒤편에 앉아 있습니다. 이 작품은 나폴레옹의 리더십을 담은 역사화이며 교황청과의 긴장 관계까지 드러냅니다.

스포트라이트는 나폴레옹에게

〈나폴레옹의 대관식〉은 나폴레옹이 얼마나 치밀하게 자기 이미지를 연출했는지 그리고 다비드가 그 의도를 얼마나 잘 살려 완성했는지를 보여주는 작품입니다. 다비드는 실제 역사를 극적으로 재구성하여 장면을 연극 무대처럼 만들었지요.

여기에 다비드의 연출력이 드러납니다. 교황을 뒤로 배치해 관람객의 시선이 나폴레옹에게 집중되도록 설계한 것이죠. 이는 교황의 권위보다 자신의 권력을 앞세우려 했던 나폴레옹의 의지를 보여줍니다. 다비드는 또한 나폴레옹이 오만하게 보일까 봐 고민했습니다. 교황 앞에서 조제핀에게 왕관을 씌워주는 모습이 권력 과시로 비칠 수 있었기 때문이죠. 그래서 그는 나폴레옹을 정면이 아니라 약간 비스듬히 그렸습니다. 표정도 엄숙하고 품위 있게 조절해 권위보다는 품격이 느껴지도록 했지요.

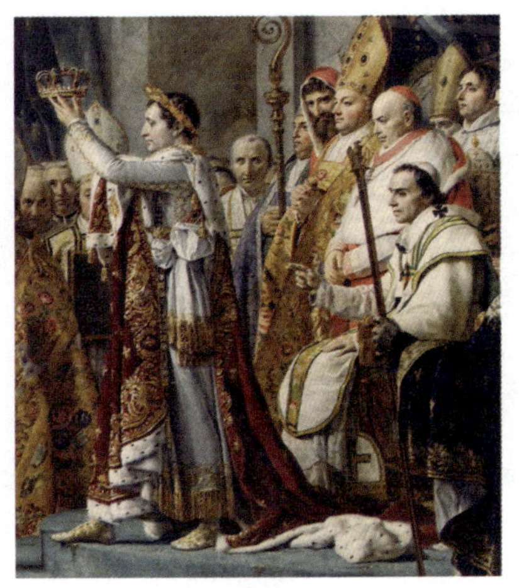

〈나폴레옹의 대관식〉 나폴레옹과 교황

그림 속 인물 배치 또한 세심합니다. 다비드는 대관식에 참석한 190여 명의 인물을 관찰해 표정과 옷차림, 동작까지 꼼꼼히 담았습니다. 덕분에 그림 앞에 서면 현장에 들어온 듯한 생생함이 느껴집니다. 그럼에도 시선의 중심은 나폴레옹과 조세핀입니다. 나폴레옹의 월계관과 왕관, 조세핀의 흰 드레스가 빛을 받아 선명하게 강조되며 주변 인물들의 시선 또한 이들을 향합니다. 우리의 눈길도 자연스럽게 두 주인공에게 모이게 됩니다.

그림 속에 흥미로운 요소가 있습니다. 중앙 발코니에는 나폴레옹의 어머니, 마리아 레티치아가 앉아 있습니다. 사실 그녀는

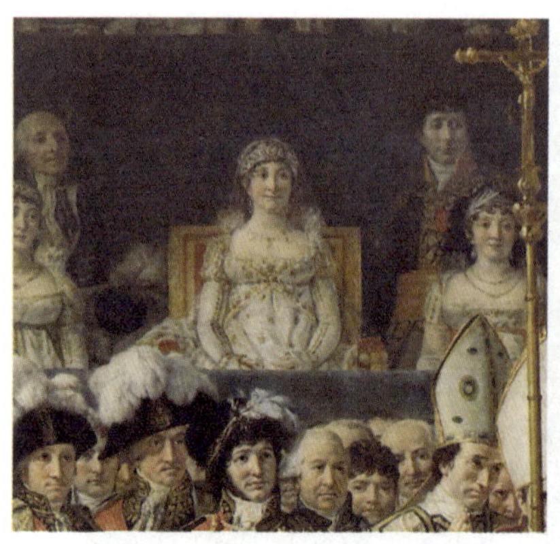
〈나폴레옹의 대관식〉 나폴레옹의 어머니 마리아 레티치아

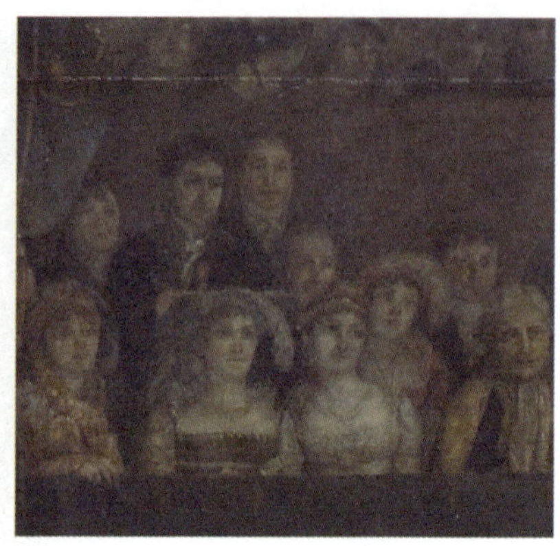
〈나폴레옹의 대관식〉 스케치하는 다비드

대관식에 참석하지 않았지만, 다비드는 가문에 대한 예우와 존경을 담아 그녀를 그려 넣었습니다.

또한 2층 군중 속에는 스케치북을 든 인물이 보이는데 이를 다비드 자신으로 해석하기도 합니다. 화가가 자신의 모습을 작품에 은근슬쩍 남기는 방식은 당시 흔한 관습이었습니다.

그림으로 권력을 디자인한 화가

〈나폴레옹의 대관식〉은 가로 10미터에 달하는 거대한 작품입니다. 전시실 벽면을 가득 채운 작품에 압도되지요. 그런데 베르사유 궁전에 이 그림과 똑같은 크기의 복제본이 있습니다.

두 그림 사이에는 궁금증이 생기는 차이점이 있습니다. 조제핀 뒤에 선 나폴레옹의 여동생, 폴린 보나파르트의 드레스 색을 보세요. 루브르에 있는 장면에는 흰색 드레스이지만 베르사유에

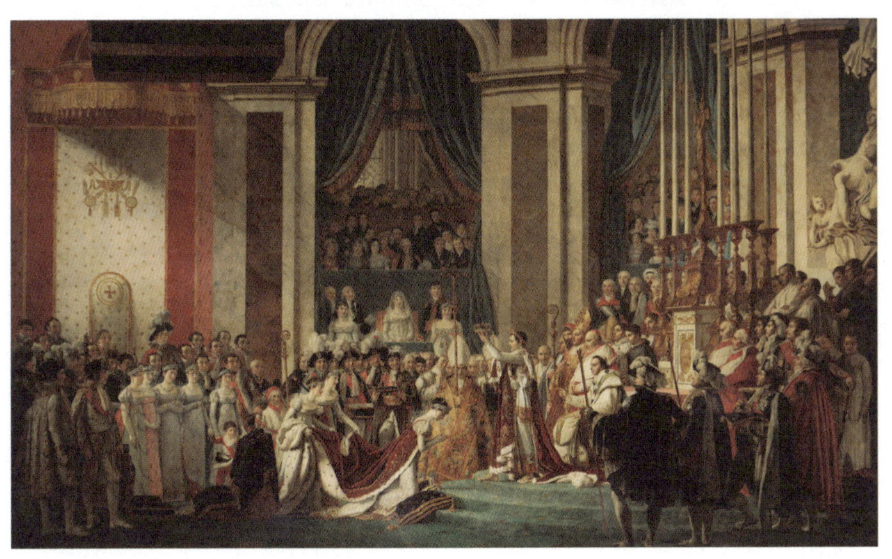

베르사유 궁전에 있는 〈나폴레옹의 대관식〉

있는 그림 속 그녀는 분홍색 드레스를 입고 있답니다. 다비드가 왜 색을 바꿨는지 확실한 기록은 없지만 학자들은 그가 아꼈던 폴린에게 남긴 은밀한 표식이라 해석하기도 합니다. 우리에겐 두 그림을 비교하며 감상하는 소소한 재미가 하나 생긴 셈이죠.

실제와는 다른 인물 배치부터 드레스 색깔의 미묘한 변화까지 〈나폴레옹의 대관식〉은 사진이 없던 시대에 권력을 시각적으로 디자인한 '정치 언어'였습니다. 그렇다면 사진과 영상이 넘치는 지금, 우리는 어떤 이미지를 통해 자신의 권위나 정체성을 보여주고 있을까요? 여러분은 어떤 모습으로 기억되고 싶나요?

학교 졸업 사진을 찍을 때 내 표정이랑 제일 닮은 이미지를 골라보세요.

① 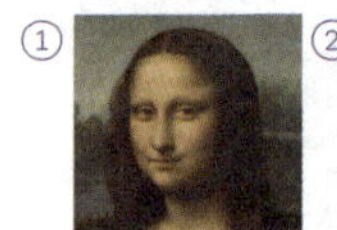 ② 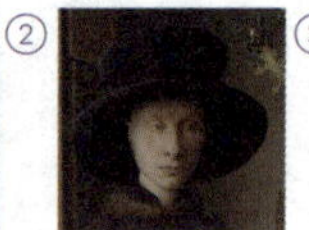 ③ 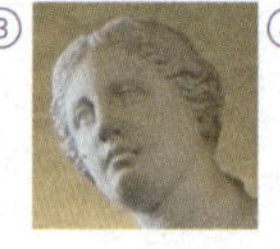 ④ 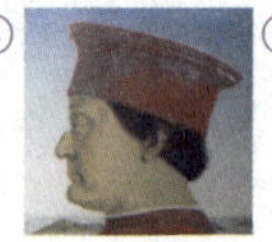 ⑤ 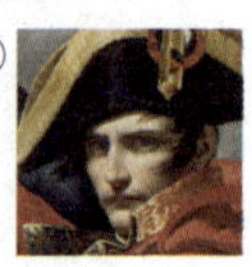

아름다운 여신의 대표 〈밀로의 비너스〉가 지금 태어난다면 어떤 직업이 어울릴까요?

① 광고에 나오면 바로 기억나는 글로벌 브랜드 앰배서더
② 아름다움을 해석하는 미술관 전시 기획자
③ 화려하지 않아도 제일 눈에 띄는 아이돌 그룹의 센터
④ 자기만의 스타일이 있는 패션 유튜버
⑤ 아름다움과 몸에 관한 이야기를 쓰는 작가

다음 중 〈나폴레옹의 대관식〉 작품 속 나폴레옹의 손을 찾아보세요.

① 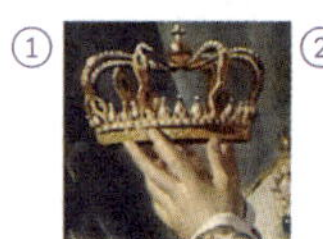 ② 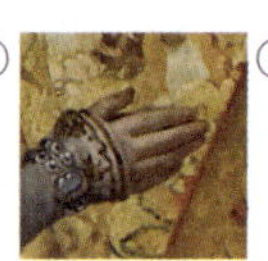 ③ 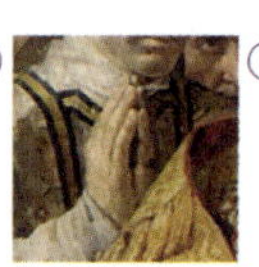 ④ 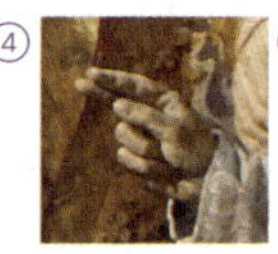 ⑤ 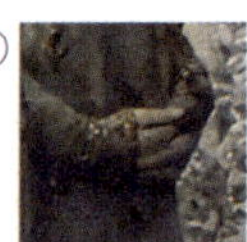

나폴레옹이 인스타그램이나 틱톡에 대관식 장면을 올린다면 어떤 필터를 고르고 어떤 자막을 넣었을까요? 배경 음악은 뭐가 어울릴까요?

① 흑백 필터, 자막: 나는 역사를 따라간 것이 아니라, 역사가 나를 따라왔다 / 배경 음악: 베토벤 〈교향곡 3번 '영웅'〉 도입부
② 쿨톤 블루 계열 필터, 자막: 나는 왕이 아니다. 시대가 나를 불렀다 / 배경 음악: Agust D 〈Daechwita〉
③ 금빛 하이라이트 필터, 자막: 나는 나의 속도로 역사를 통과했다 / 배경 음악: Stray Kids 〈My Pace〉
④ 거친 필름 필터, 자막: 오늘이 아니라면, 언제인가? / 배경 음악: BTS 〈Not Today〉
⑤ 자연광 웜톤 필터, 자막: 혼자가 아니라, 시대와 함께 / 배경 음악: EXO 〈Power〉

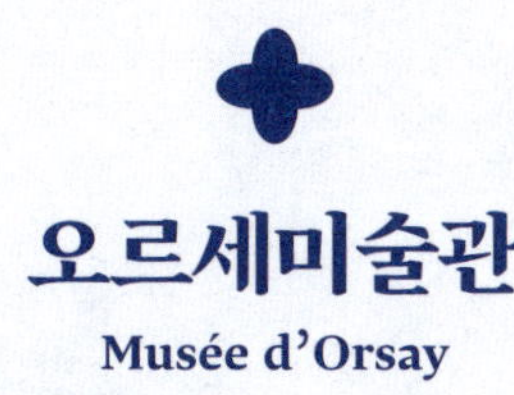

오르세미술관

Musée d'Orsay

오르세미술관의 역사

'오르세미술관'은 1900년 파리 만국박람회 때 세워진 오르세 기차역*Gare d'Orsay*이었습니다. 당시 이 역은 루브르 같은 웅장한 외관에 철과 유리로 된 현대적 내부를 갖춰 '혁신'의 상징으로 불렸습니다. 사람들은 이곳에서 파리의 미래를 보았을 정도로 앞선 건축 기술에 감탄했지요.

하지만 영광은 짧았습니다. 기차가 더 커지고 길어지는데 오르세 역은 플랫폼이 짧아 신형 기차를 수용할 수 없었거든요. 기차역으로서 쓸모가 없어진 오르세 역은 1940년대부터 다양한 용도로 쓰였습니다. 제2차 세계대전 때는 독일군의 우편물 창고로, 종전 후에는 포로들의 집결지로 활용되었지요. 호텔, 극장, 영화 촬영지 등으로도 쓰이다 방치되었던 이곳은 1980년대에

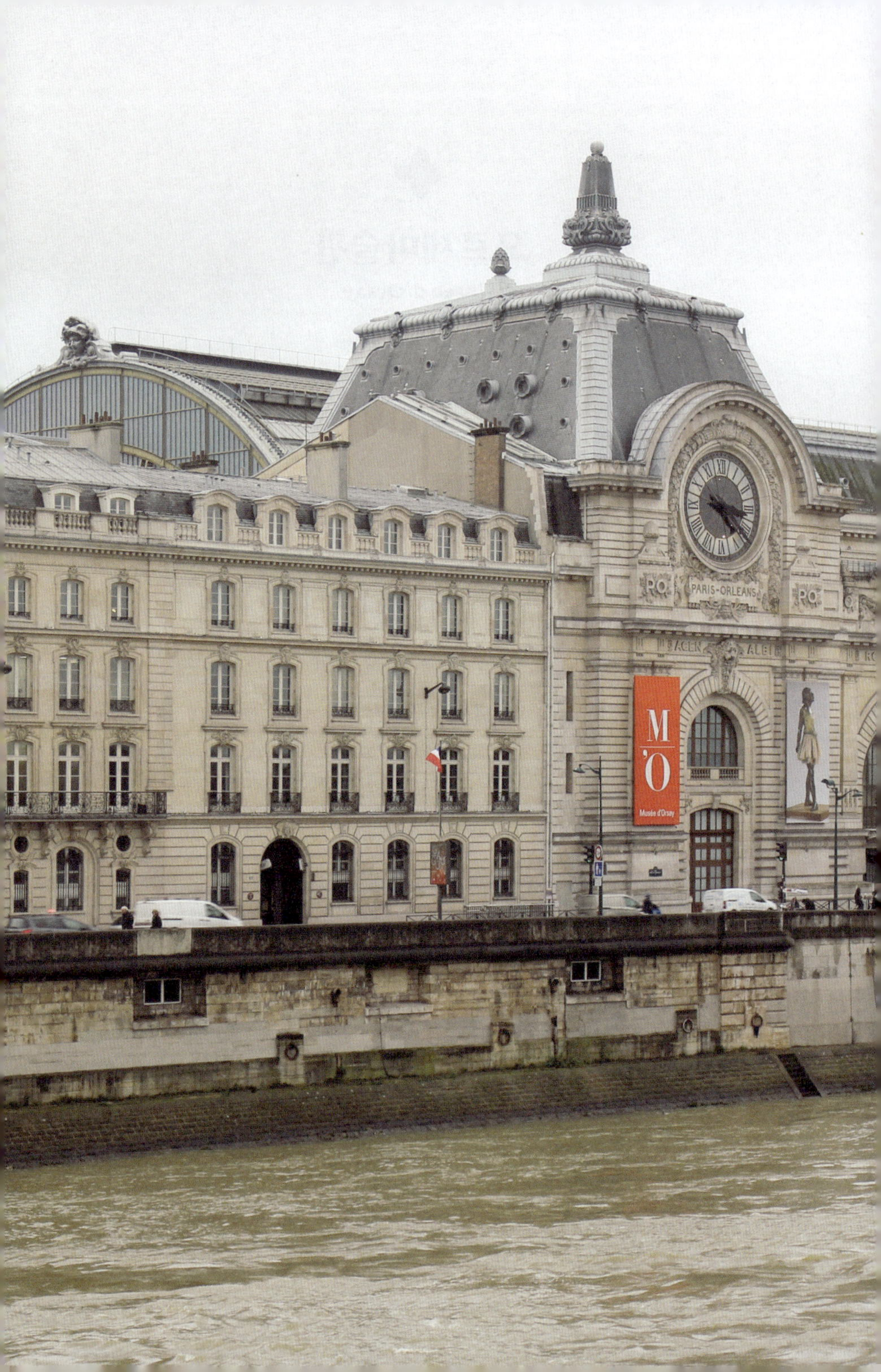
PARIS-ORLEANS
M'O
Musée d'Orsay

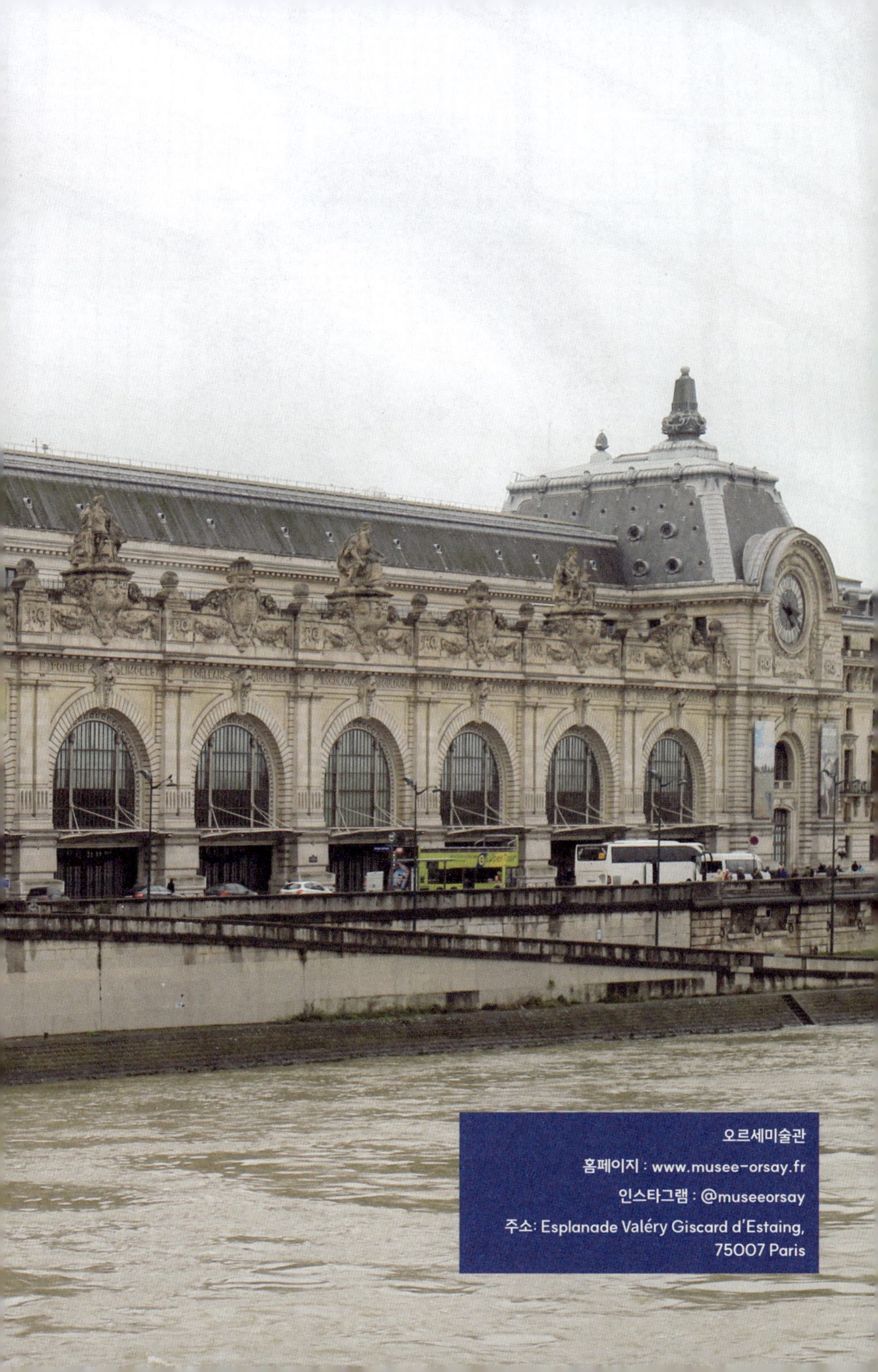

오르세미술관

홈페이지 : www.musee-orsay.fr

인스타그램 : @museeorsay

주소: Esplanade Valéry Giscard d'Estaing, 75007 Paris

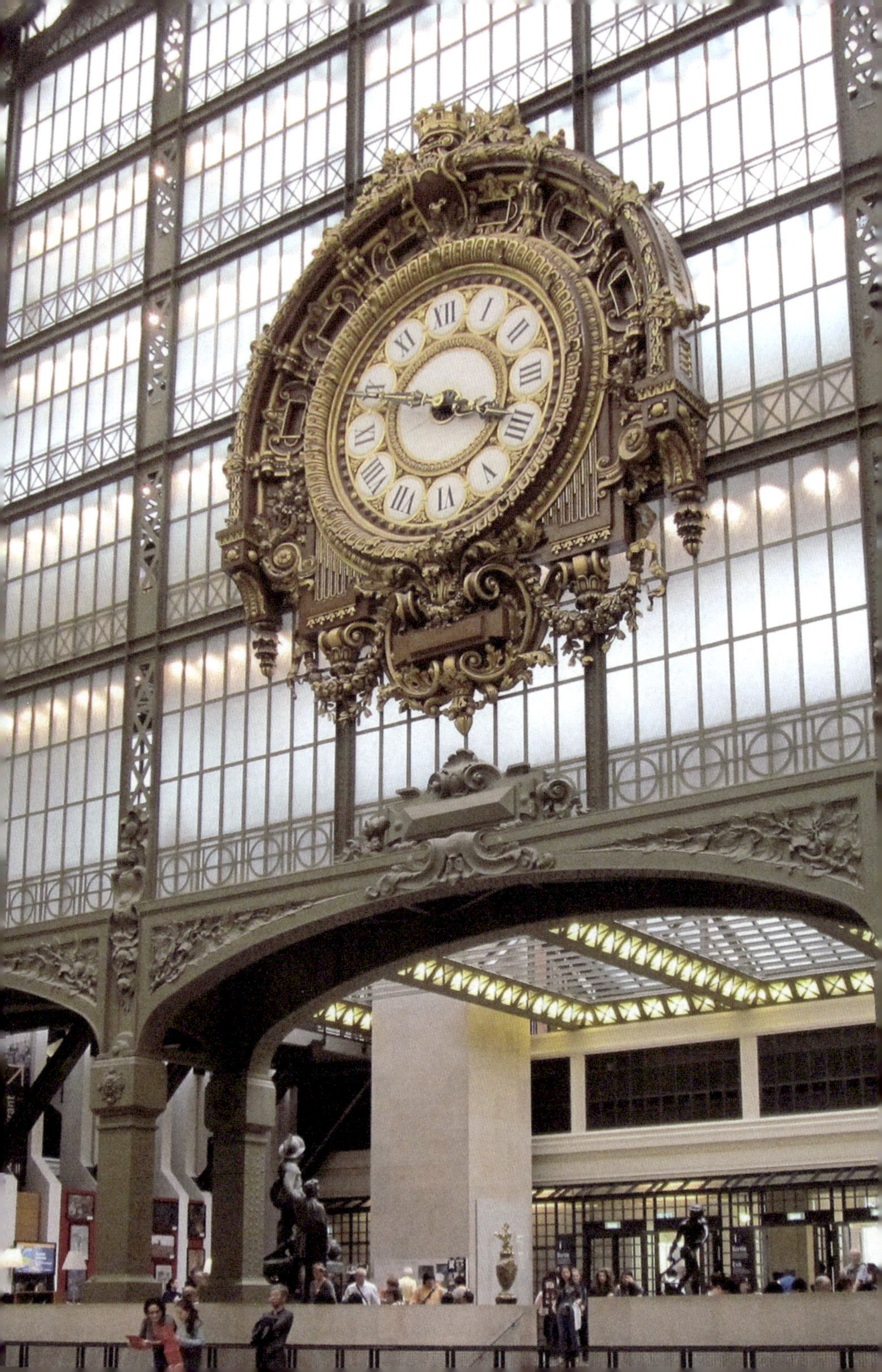

전환점을 맞습니다. 건물은 그대로 두고 내부를 미술관으로 바꾸기로 한 겁니다. 마침내 1986년, 오르세 미술관이 문을 열었습니다.

오르세미술관의 건축

오르세미술관에 들어서면 과거 기차역이었다는 사실을 말해주는 큼직한 시계가 제일 먼저 눈에 들어옵니다. 건축가 빅토르 랄루, 에밀 베나르, 루시앙 마뉴가 설계한 이 건물은 고전적인 우아함에 철과 유리라는 현대적 재료를 결합한 '보자르Beaux-Arts 양식'의 대표작입니다. 외관은 대리석 궁전처럼 보이지만 내부엔 철제 뼈대가 건물을 든든하게 받치고 있는 구조로 전통과 혁신이 한 공간에 조화롭게 공존합니다.

낡은 기차역을 미술관으로 재설계한 이는 이탈리아 건축가가에 아울렌티입니다. 이 건축가는 기차역의 흔적을 살리면서 작품을 잘 감상할 수 있는 공간으로 만들었지요. 길이 140미터, 폭 40미터, 높이 30미터에 이르는 큰 공간의 플랫폼을 광장처럼 트인 전시 복도로 바꾸고 그 주위를 갤러리로 감쌌습니다. 무엇보다 시선을 사로잡는 건 천장을 덮고 있는 철과 유리로 된 거대한 아치형 지붕이에요. 이 유리 천장은 햇살을 부드럽게 걸러 실내를 밝힙니다. 덕분에 오르세 미술관은 전시된 작품만큼이나 아름다운 '빛의 미술관'이라는 근사한 별명을 얻었습니다.

오르세미술관은 커다란 아르누보 양식의 시계와 기차역을

꾸미던 타일, 대리석 계단이 그대로 남아 있어 기차역의 과거와 미술관의 현재를 동시에 경험할 수 있습니다. 건물을 허물지 않고 새 기능을 더해 살려내는 '적응적 재사용'의 대표 사례죠. 또한 서로 다른 시대와 양식을 섞어 새로운 조화를 이루는 '포스트모던' 건축의 특징도 잘 보여줍니다. 오르세미술관은 전통 석조 외관과 현대적 철골 구조, 산업혁명 시대의 흔적이 함께 어우러져 있기 때문이죠. 예전에는 기차의 기적 소리와 증기가 가득했을 공간을 이제는 그림 앞에 선 관람객의 고요한 숨결이 채우고 있습니다.

오르세에서 꼭 봐야 할 그림들

오르세미술관은 옛 기차역의 구조 덕분에 전시실이 넓게 트여 있습니다. 관람은 꼭대기 층부터 내려오는 동선을 추천합니다. 인상주의와 후기 인상주의 명작을 먼저 감상한 뒤 사실주의와 장식 미술까지 이어지는 흐름을 자연스럽게 따라갈 수 있기 때문이죠.

엘리베이터를 타고 가장 위층인 3층(안내판에는 5층으로 표시됨)으로 올라가면 후기 인상주의와 신인상주의 거장의 대표작이 집중된 오르세미술관의 핵심 공간이 나옵니다. 클로드 모네의 〈루앙 대성당〉 시리즈가 여러분을 반겨줄 거예요. 몽마르트르 언덕의 무도장에서 사람들이 즐겁게 어울리는 모습을 담은 르누아르의 〈물랭 드 라 갈레트의 무도회〉, 강 위로 반짝이는 별빛과 도시 불빛이 어우러진 빈센트 반 고흐의 〈론강의 별이 빛나는 밤에〉, 사과와 오렌지를 단단한 형태와 색채로 쌓아 올린 폴 세잔의 〈사과와 오렌지가 있는 정물〉 등을 볼 수 있습니다.

2층으로 내려가 사실주의와 인상주의 초기 작품을 만나볼까요? 전통적인 미술 규범을 깨뜨리며 큰 충격을 주었던 에두아르 마네의 〈풀밭 위의 점심〉와 〈올랭피아〉, 장 프랑수아 밀레의 〈이삭 줍는 여인들〉이 있습니다.

마지막으로 1층과 지하 공간에는 다양한 조각과 장식 미술품이 전시되어 있습니다. 장 오귀스트 도미니크 앵그르의 〈샘〉, 인간의 고뇌와 드라마를 압도적으로 표현한 오귀스트 로댕의 〈지옥의 문〉이 시선을 사로잡아요. 이 밖에도 19세기의 가구, 건축 모형, 사진 등은 예술이 우리 생활 속에 어떻게 스며들었는지 잘 보여줍니다.

오르세미술관은 교과서에서 수없이 보던 그림을 실제 마주할 수 있어서 루브르박물관보다 훨씬 친근하게 다가올 거예요. 관람을 마친 후에는 '이곳에서 내가 가장 좋았던 그림은 뭐였을까?' 생각해 보거나 가족들과 이야기해 보는 건 어떨까요?

한때 기차가 달리며 승객들을 실어 나르던 곳이 이제 예술을 통해 우리의 마음을 또 다른 시간 속으로 데려가고 있습니다. 참, 오르세미술관에 가면 꼭 천장을 올려다보세요. 아치형 유리 천장을 통해 들어오는 빛이 그림과 조각 위로 부드럽게 흘러내리는 순간 이곳의 특별함을 알 수 있을 겁니다. 시계탑 창문 너머 에펠탑과 센강이 보이는 장면도 놓치지 말고요.

나도 당신을 보고 있어요

올랭피아 (1863)
Olympia
에두아르 마네
Édouard Manet (1832-1883)
191×130cm, 캔버스에 유채

#근대 회화의 출발점 #파리의 현대 사회 #현실의 여성
#아름다움의 기준 #살롱 전시 논란 #관람자를 바라보는 인물
#도덕적 불편함 #검은 고양이 #꽃다발을 든 하녀 #여자는 왜 우리를 똑바로 바라볼까? #같은 누드인데 왜 비너스와 다를까?

〈올랭피아〉 무대 위로 걸어 나오다

•••

도전적인 눈빛으로 우리를 응시하는 여성을 보세요. 하얀 시트로 덮인 침대 위에 비스듬히 누워 관람객을 빤히 쳐다보는 에두아르 마네의 〈올랭피아〉입니다. 1865년 파리 살롱 전시에서 처음 공개되었을 당시 이 그림은 큰 논란이 되었습니다. 소리를 지르며 욕하는 사람, 우산으로 그림을 찌르려는 사람, '종이를 오려 붙인 여자 같다'라거나 '고릴라 같다'라는 비아냥이 쏟아내는 사람 등 반응이 아주 거셌습니다.

왜 이런 반응이 나왔을까요? 〈올랭피아〉는 이상적인 신화 속 여신이 아니라 파리에 사는 현실 여성의 모습이었기 때문입니다. 실제 '올랭피아'는 당시 흔하게 쓰인 매춘부의 이름이기도 했습니다. 사람들은 이름에서 매춘부를 떠올린 데다 눈빛이 '당신이 나를 보듯, 나도 당신을 보고 있다'라고 말하는 것 같아 불편함을 느꼈습니다. 마네는 이상화된 여신 대신 동시대를 살아가는 여인을 화폭 중심에 세워 현실을 바로 보게 했습니다. 이건 미술만의 문제가 아니라 여성의 위치, 자유, 성(性)에 대한 사회의 태도를 흔드는 일이었습니다.

현재 〈올랭피아〉 앞은 예전처럼 욕설이나 소란은 없습니다. 대신 '나는 나로서 여기 존재한다'라고 말하는 눈빛이 우리를 향합니다. 19세기 사람들에게 충격이었던 그 시선이 지금은 자신을 지켜내려는 당당한 외침으로 다가옵니다.

마네, 아름다움을 다시 묻다

•••

〈올랭피아〉를 이해하려면 그보다 앞선 시대의 작품을 떠올려야 합니다. 16세기 르네상스 화가 티치아노의 〈우르비노의 비너스〉를 볼까요? 캔버스 속 여인은 하얀 시트 위에 비스듬히 누워 고개를 살짝 돌린 채 은은한 미소를 띠며 우리를 바라보고 있습니다. 발치에는 개가 누워있고 오른쪽 뒤편에는 하녀로 보이는 두 명의 여성이 보석상자를 열고 있습니다. 그림에는 아름다움과 사랑(비너스), 결혼(개, 보석상자)을 표현하는 상징이 가득합니다. 그 시대의 이상적인 여성상을 담았다고 볼 수 있어요.

놀랍지 않은가요? 〈올랭피아〉와 구도가 상당히 비슷합니다.

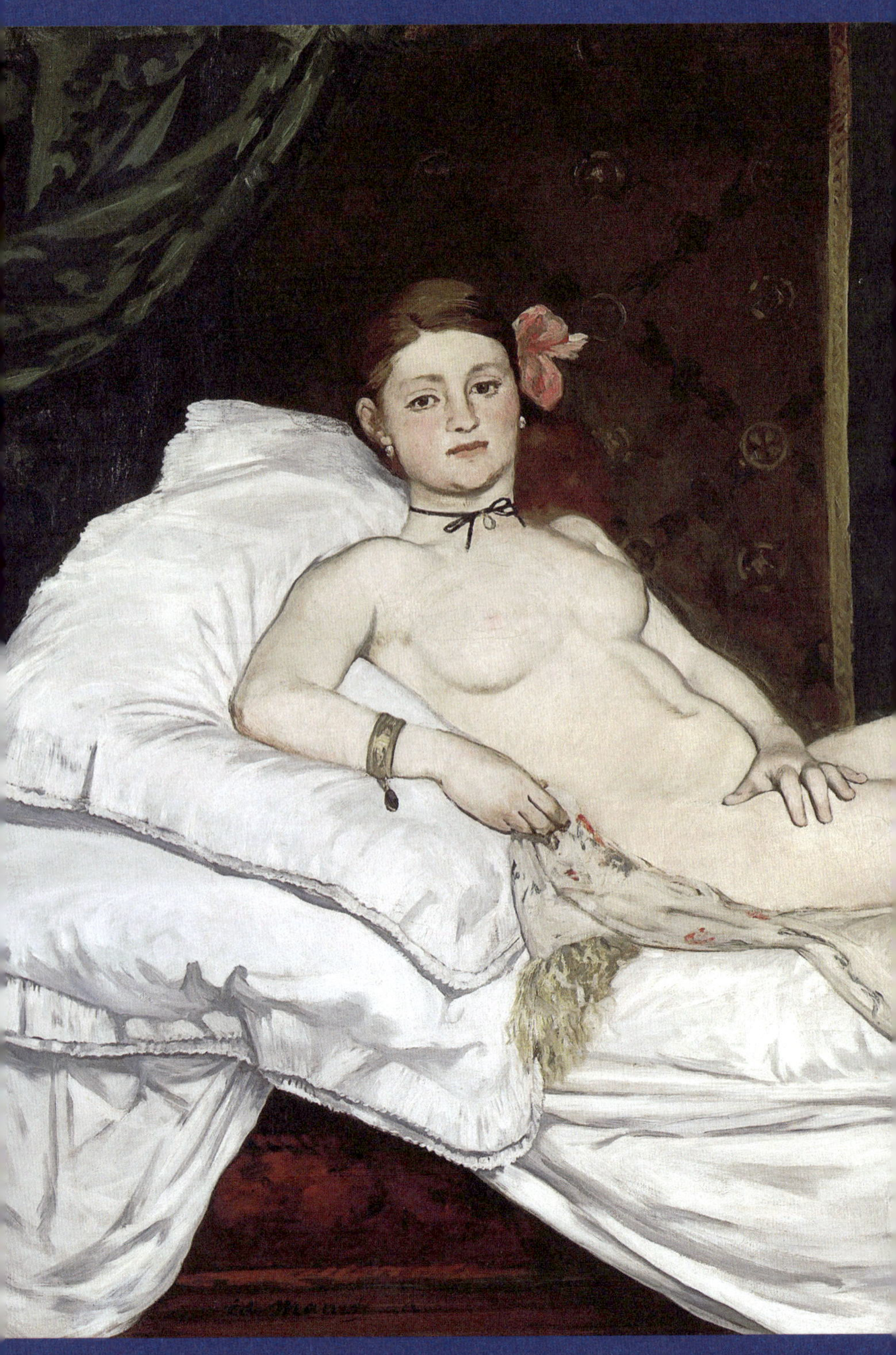

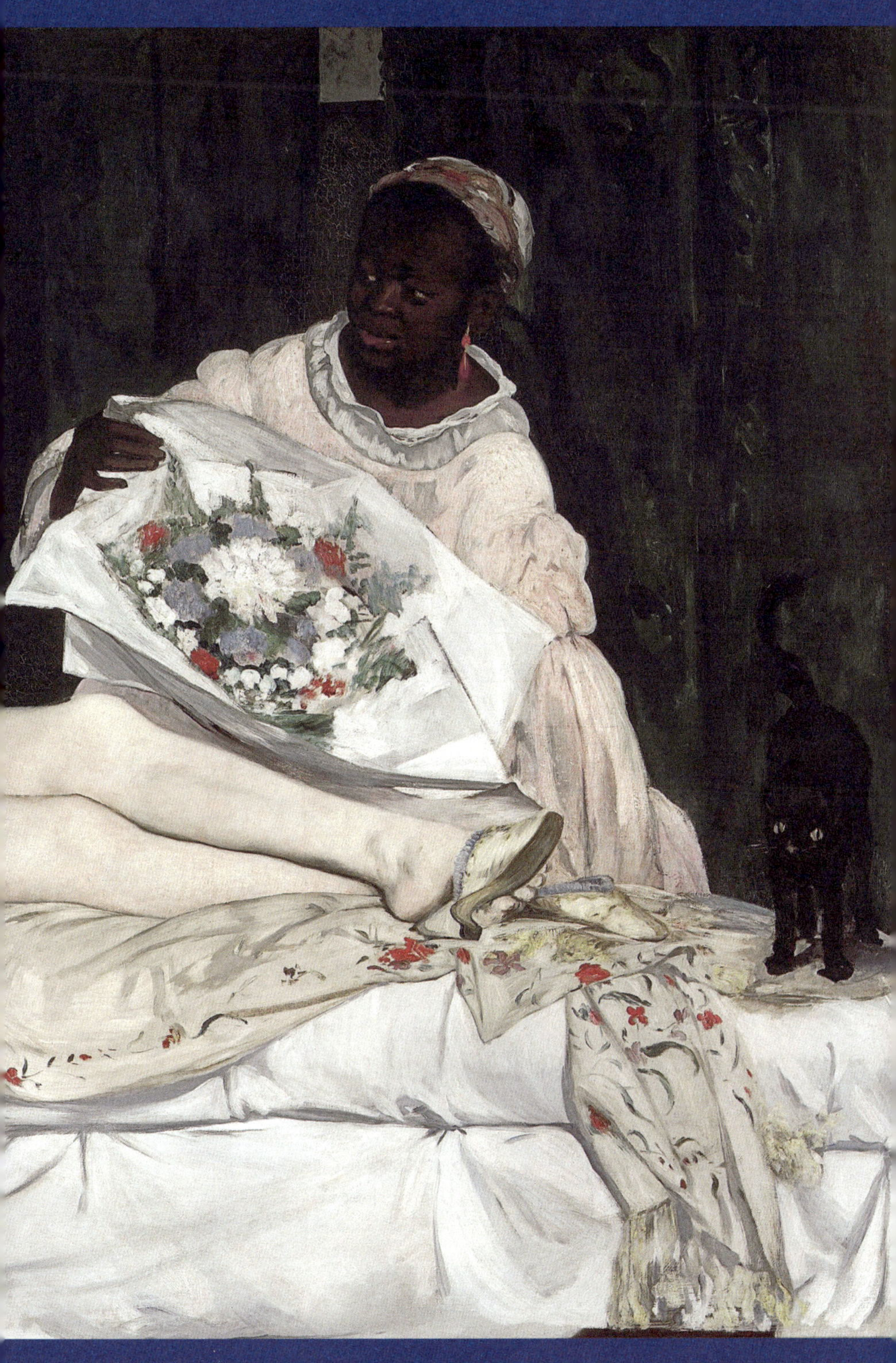

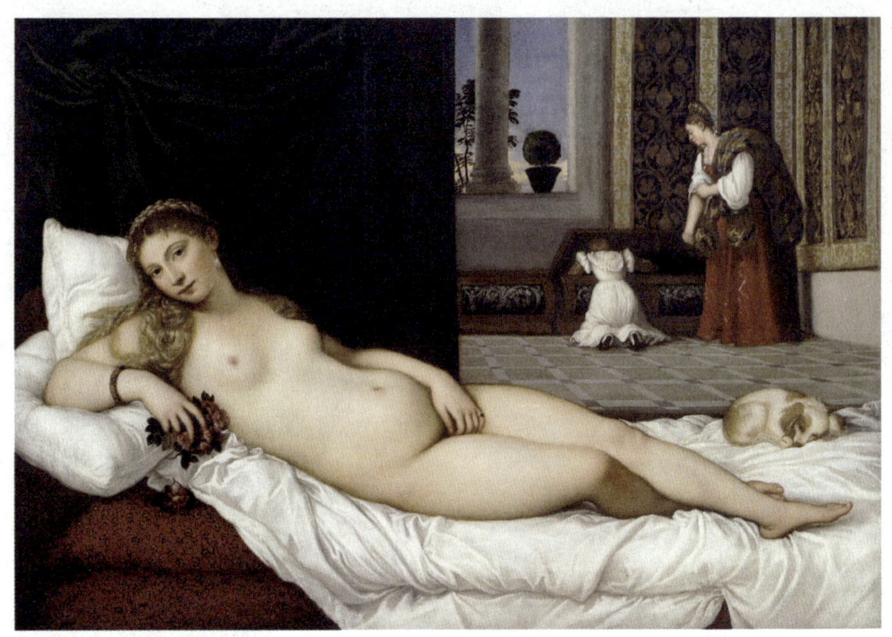

〈우르비노의 비너스〉(1538), 티치아노 베첼리오 / 피렌체 우피치 미술관 소장

마네는 익숙한 구도를 가져오되 전혀 다른 답을 내놓았어요. 전통적인 여성 누드화 속 인물들은 고개를 옆으로 돌리거나 숙이고 시선도 비스듬히 쳐다보거나 눈을 감고 있었습니다. 하지만 〈올랭피아〉에서는 고개를 옆으로 돌리지도 않고 표정도 무심합니다. 오히려 보는 이를 시험하듯 눈을 피하지 않고 마주 보는 느낌이지요.

그림 주인공의 피부 표현도 달라요. 티치아노의 〈우르비노의 비너스〉는 온화한 명암으로 살결을 묘사해 화면 전체에 부드러운 기운이 감돕니다. 반면 마네의 〈올랭피아〉는 배경과 창백한 피부색이 명암 대비를 이뤄 그림에 강한 인상을 주었습니다.

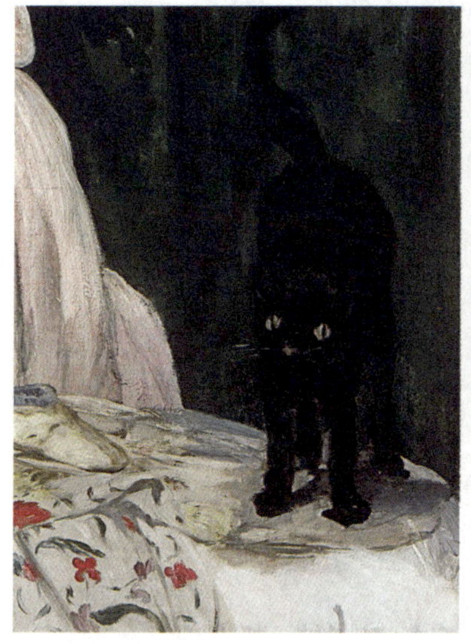

〈올랭피아〉의 고양이

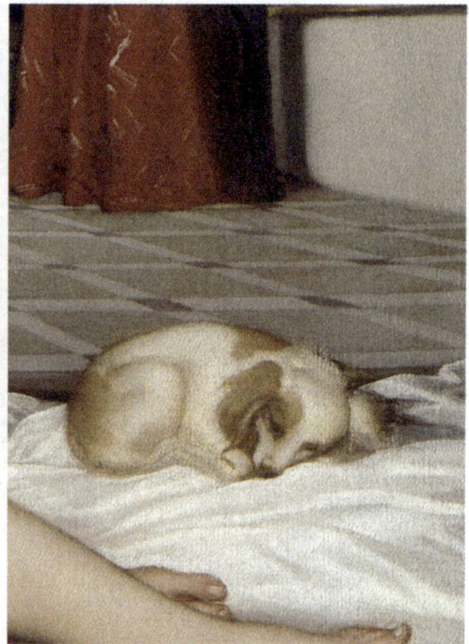

〈우르비노의 비너스〉의 강아지

티치아노의 그림 속 강아지가 '변치 않는 충성'을 약속한다면, 마네가 그린 검은 고양이는 '길들여지지 않는 자유'를 나타냅니다. 고양이는 자유와 독립을 나타내면서 동시에 음탕함과 불륜을 암시하는 동물이기도 했답니다. 뒤편에는 보석상자가 아니라 곁에서 시중을 드는 흑인 여인이 꽃다발을 들고 있습니다.

티치아노는 신화 속 아름다운 여신을 그렸다면 마네는 현실에서 주체성을 가진 여성을 그린 거예요. 바로 이 차이가 티치아노의 〈우르비노의 비너스〉와 마네의 〈올랭피아〉를 갈라놓았습니다. 이 작품을 통해 마네는 전통적인 가치관을 뒤집고, 미술사학자들이 말하는 '근대 회화의 시작'을 알리게 됩니다.

마네, 새로운 눈으로 세상을 보다

• • •

마네가 젊은 시절을 보낼 무렵, 파리는 크게 변하고 있었습니다. 나폴레옹 3세와 오스만 남작이 진행한 파리 재개발로 좁고 어두운 골목은 사라지고, 넓은 대로와 화려한 건물이 많이 들어섰지요. 새롭게 생겨난 카페와 극장, 철도역은 사람들로 가득했습니다.

마네는 이러한 변화 속에서 그림의 소재를 찾았습니다. 틀에 박힌 신화나 영웅 이야기 대신 눈앞의 파리 시민들을 그림에 담기로 한 것이죠. 카페에서 커피를 마시고 공연을 즐기며 기차 여행을 다니는 이들의 모습이 그에게는 훨씬 생생하게 다가왔기 때문입니다. 마네는 파리의 화려한 빛뿐 아니라 그 이면의 어두운 그림자까지 함께 포착했습니다. 그래서 우리는 마네의 그림을 통해 빠르게 변화하는 도시와 그 도시에서 살아가는 평범한 사람들의 모습을 볼 수 있어요. 그는 파리의 일상에서 시대를 보여주는 예술을 발견한 거지요.

〈올랭피아〉와 함께 볼만한 작품

• • •

〈올랭피아〉와 함께 감상하면 더욱 흥미로운 작품이 있습니다. 바로 오르세미술관에서 찾아볼 수 있는 〈에밀 졸라의 초상〉입니다. 마네가 평단의 거센 비난을 받던 시절, 소설가 에밀 졸라는 그를 '현실을 포착한 화가'라며 적극적으로 옹호하는 글을 발표했습니다. 마네는 그에게 고마움을 전하고자 이 초상화를 그려 선물했습니다.

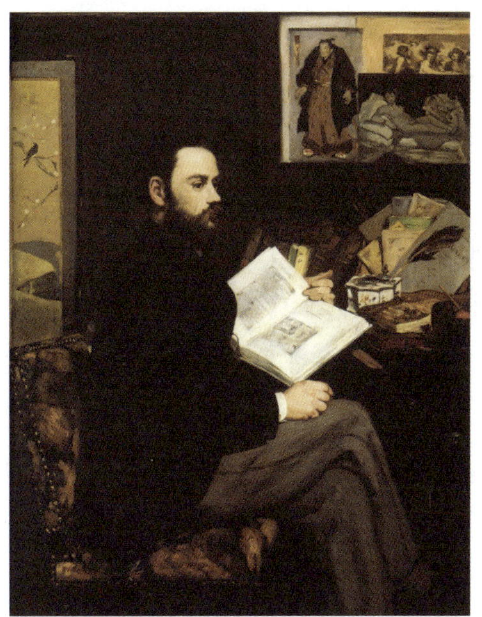

〈에밀 졸라의 초상〉(1868), 에두와르 마네

그림 속 에밀 졸라는 책상 앞에 앉아 진지한 표정으로 생각에 잠겨 있습니다. 하지만 우리의 시선은 그의 얼굴보다 벽면을 채운 그림에 향하게 됩니다. 자세히 보면 익숙한 형체가 눈에 띄는데, 바로 흑백 판화로 재현된 〈올랭피아〉입니다. 논란의 중심에 선 자신의 작품을 배경에 배치한 것은 비난 속에서도 끝까지 곁을 지켜준 친구를 향한 각별한 애정과 감사의 인사였습니다.

그 뒤로는 스페인 화가 벨라스케스의 〈바쿠스의 승리〉 복제판이 보입니다. 또 한쪽에는 일본 판화가 붙어 있습니다. 벨라스케스의 그림은 그가 존경한 전통 화풍을, 그 옆의 일본 판화는 당시 파리를 휩쓴 '자포니즘*Japonisme*' 열풍을 상징하지요. 19세기 인상주의 화가들에게 큰 영감을 주었던 일본 미술에 대해 졸라 역시 깊은 관심을 가졌습니다.

이처럼 배경에 놓인 작품들은 졸라의 취향을 드러내는 동시에 마네가 지키고자 했던 전통과 새롭게 도전한 현대성을 한 화면에 나타내고 있습니다. 결국 이 초상화는 마네와 졸라가 함께 나눈 예술적 신념을 한눈에 보여주는 작품이라 할 수 있어요.

오르세 미술관에는 〈올랭피아〉와 더불어 세상을 놀라게 했던 〈풀밭 위의 점심 식사〉도 있습니다. 마네는 그림의 소재를 현실로 바꾸었고 용감하게 규칙에 맞서며 근대 미술의 새로운 길을 열었습니다. 이렇게 한 화가의 작품을 이어서 보면 시대의 고민에 따라 화풍이 어떻게 변해갔는지 알 수 있습니다.

무대 뒤에서

발레 수업 (1873-1876)
The Ballet Class / La Classe de danse
에드가 드가
Edgar Degas (1834-1917)
75×85cm, 캔버스에 유채

#발레리나의 일상 #무대 뒤의 현실 #노동으로서의 예술
#훈련과 반복 #완벽 이전의 순간 #스냅사진 같은 구도 #사춘기의 몸
#현실 재료(리본·치마) #왜 드가는 무대 위가 아니라 연습실을 그렸을까?
#그림과 조각은 느낌이 어떻게 다를까?
#내가 이 장면 속에 있다면 어디에 서 있을까?

〈발레 수업〉 무대 뒤의 시간

어린 발레리나들 사이로 지팡이를 짚은 노인이 눈에 띕니다. 당대 명성을 떨쳤던 발레 교사 쥘 페로입니다. 그는 한 손으로는 긴 지팡이를 지탱한 채, 다른 손으로는 허공을 가리키며 무언가 지도하고 있습니다. 그 앞에는 발레리나들이 모여 있는데 모두가 동작을 연습하거나 집중하는 것 같진 않아요. 어떤 아이는 팔을 벌린 채 지시를 기다리고, 다른 아이는 발끝을 바닥에 댄 채 서 있습니다. 벽에 기대앉은 무용수들은 숨을 고르거나 옆 친구와 속삭이기도 합니다. 수업 중 잠시 찾아온 느슨한 휴식 시간 같습니다.

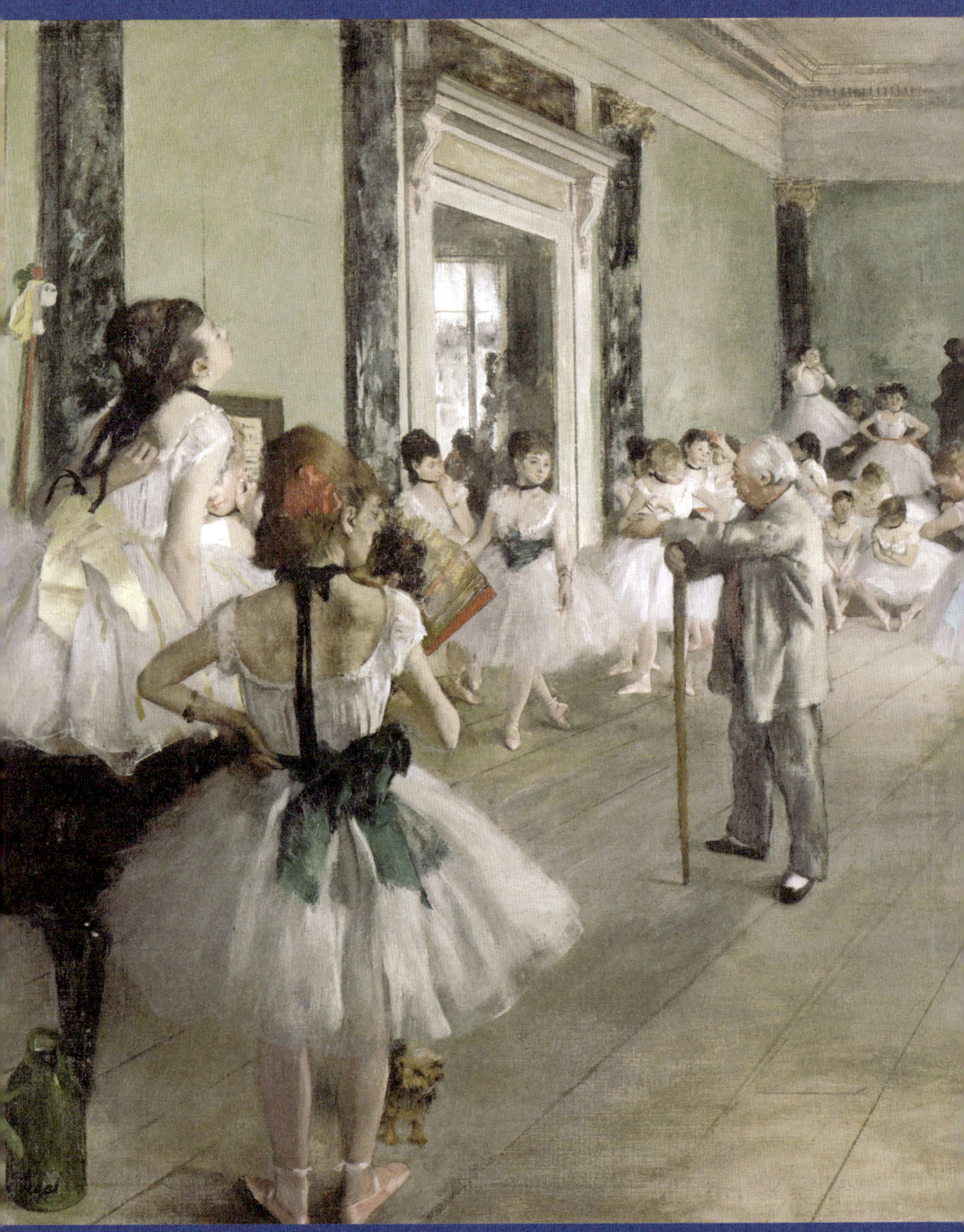

연습실 바닥에 길게 드리워진 빛이 발레 선생의 뒤에서 쉬고 있는 발레리나들을 비추는 듯합니다. 단조로운 이 공간에서 발레리나들의 진짜 시간이 흘러가고 있습니다. 무대 뒤에서 반복되는 연습과 기다림이 만드는 긴장과 해방이 뒤섞인 미묘한 공기, 드가는 그 순간을 놓치지 않고 〈발레 수업〉에 담았습니다.

드가, 발레 화가라 불린 이유

•••

드가는 인상주의 전시에 참여했지만 동료들과는 조금 다른 길을 걸었습니다. 인상주의 화가들이 햇빛을 받아 변화하는 다양한 야외 모습을 그릴 때 드가는 실내를 찾았습니다. 카페에서 술잔을 든 여인, 오페라 극장에서 연습하는 무용수들, 세탁소의 여공들. 드가는 찰나의 빛보다 인물의 동작과 감정을 표현하는 데 더 집중했습니다.

드가가 집요하게 파고든 대상은 발레리나들이었습니다. 무대 위에서 발레리나는 언제나 눈부신 '별'이었고 마땅히 '별'이어야만 했지요. 하지만 그들은 대부분 가난한 집안 출신의 어린 소녀들이었고 생계를 위해 춤을 배워야 했습니다. 때로는 후원자에게 의지해야 하는 현실도 피할 수 없었지요. 드가는 화려한 겉모습과 가난이 주는 차가운 현실이 맞물린 모순을 포착했습니다. 그는 발레리나의 아름다운 몸짓 뒤에 숨은 고통과 인내를 누구보다 잘 알았고 수많은 발레 그림을 남겼지요. 고단함을 안고 살아가는 소녀들이 견뎌야 했던 시대의 아픔과 삶의 무게까지 화폭에 담아냈습니다. 그가 '발레 화가'라고 불리는 이유일 겁니다.

한 소녀의 불완전한 아름다움

•••

이번에는 드가가 만든 또 다른 발레리나 소녀를 만나볼까요? 발레 복장을 한 소녀가 두 손을 뒤로 맞잡은 채 서 있는 이 작품은 〈14살의 작은 무용수〉입니다. 어른도 아이도 아닌 모호한 경계에 서 있는 사춘기 소녀의 불안함과 희망이 교차하는 표정이 인상적이지요.

드가가 남긴 유일한 대형 조각 작품으로 높이는 약 99센티미터입니다. 당시 14살 소녀의 실제 키와 비슷하게 제작되어 눈앞에 어린 무용수가 서 있는 것 같습니다. 허리를 꼿꼿하게 세우고 한쪽 발을 앞으로 내밀어 준비 자세를 하고 있습니다. 특이하게도 작품에는 머리 리본이 묶여 있고 허리에는 발레 스커트, 튀튀가 둘러 있지요.

처음 이 작품이 공개된 건 1881년 인상파 전시회였습니다. 드가는 밀랍으로 원형을 만들고 그 위에 진짜 발레리나 복장을 그대로 입혔습니다. 튀튀를 허리에 두르고, 머리에는 리본을 묶고, 발에는 토슈즈를 신겼어요. 얼굴과 몸은 밀랍으로 된 조각이지만 옷과 소품은 실제여서 '적나라하다'라며 얼굴을 찌푸린 사람도 있었지요.

모델은 파리 오페라 발레 학교의 연습생, 마리 반 괴템입니다. 파리의 가난한 가정에서 자란 그녀는 생계를 위해 무용을 했습니다. 드가는 그녀의 땀과 고단함이 배어 있는 순간을 작품으로 만들었지요. 고개를 살짝 치켜든 소녀의 앳된 얼굴에는 서툰 자신감과 두려움이 함께 서려 있습니다. 꼿꼿한 몸짓에서는 초조함과 스승에 대한 순종이 동시에 느껴지지요. 완벽한 '발레리나'라기 보다는 발레리나가 되기 위해 하루하루 버티는 소녀의 모습이라 할 수 있어요.

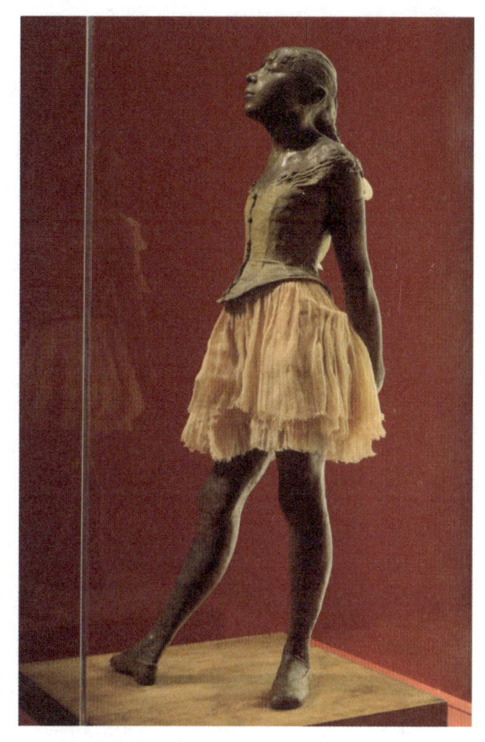

〈14살의 작은 무용수〉(1880)

현재 오르세미술관에 전시된 〈14살의 작은 무용수〉는 드가 사후에 밀랍 원형을 청동으로 주조한 것입니다. 하지만 빛바랜 천 소재의 튀튀와 리본만은 실제 그대로이죠. 그래서인지 작품 앞에 서면 소녀의 숨결이 생생하게 다가오는 것 같습니다.

드가는 〈발레 수업〉과 〈14살의 작은 무용수〉를 통해 미완성된 존재의 아름다움을 보여주었습니다. 무대 위의 별이 되지 못하고 사라질 수 있다는 사실을 알면서도 매일 같은 동작을 반복하며 스스로 단련하는 연습실의 발레리나 소녀들의 이야기를 담았지요. 무대 위의 찬란한 순간은 저절로 주어지지 않습니다. 드가는 진정한 아름다움이란 무대 위가 아니라 그 순간을 위해 쌓아온 고된 시간에 있음을 보여주고 싶었는지 모릅니다.

함께 보면 좋은 작품들

•••

말년에 드가는 시력이 나빠졌습니다. 그는 붓 대신 파스텔을 쥐고 빠른 손놀림으로 순간을 움켜쥐듯 그려냈지요. 세밀한 묘사는 사라졌지만 거칠고 강렬한 색과 선이 살아있는 많은 작품을 남겼습니다. 발레리나는 물론 경마장의 기수와 말, 목욕하는 여인들, 세탁소와 상점의 여인들까지 파스텔로 빠르게 스케치한 장면들은 누구도 주목하지 않는 사람들의 현실을 생생하게 비추어 줍니다.

그를 흔히 '발레의 화가'라 일컫지만 드가의 예술 세계는 무대 위 무용수들에게만 머물지 않았습니다. 무대 위와 무대 뒤를 오가며 그가 얼마나 섬세한 눈으로 세상을 바라보았는지 오르세 미술관에 있는 다른 여러 작품을 함께 찾아보길 바라요.

세상이 바뀌어도 한결같은

이삭 줍는 여인들 (1857)
Des glaneuses / The Gleaners
장 프랑수아 밀레
Jean-François Millet (1814-1875)
111.8×83.8cm, 캔버스에 유채

#이삭줍기 #사실주의 #19세기 프랑스 농촌 #산업화 시대의 농부 #허리를 굽힌 자세 #가난한 사람들 #사회적 격차 #낮은 시선의 인물과 배경의 풍요 #이삭줍기는 선택한 일일까?
#이 그림은 불쌍하게 보이게 하려는 걸까, 존중하는 걸까?

땅 위에 허리를 굽힌 세 여인

들판 위에 허리를 숙인 세 여인이 있습니다. 세 여인 뒤로 멀리 보이는 높게 쌓인 밀짚 더미는 수확이 끝나가고 있음을 말해줍니다. 파란 두건을 쓴 여인은 허리를 깊이 숙여 떨어진 낟알을 줍고, 다른 손에는 작은 이삭 묶음을 꽉 쥐고 있어요. 곁에서 붉은 두건을 쓴 여인도 앞치마 주머니가 불룩해질 만큼 부지런히 손을 움직입니다. 〈이삭 줍는 여인들〉이라는 제목처럼 이들은 바닥에 남겨진 이삭을 줍는 중입니다.

'이삭줍기'는 그 시절 농촌에서 흔히 볼 수 있었습니다. 곡식을 거둔 뒤 밭에 남은 떨어진 낟알을 가난한 사람들이 모아 갔지

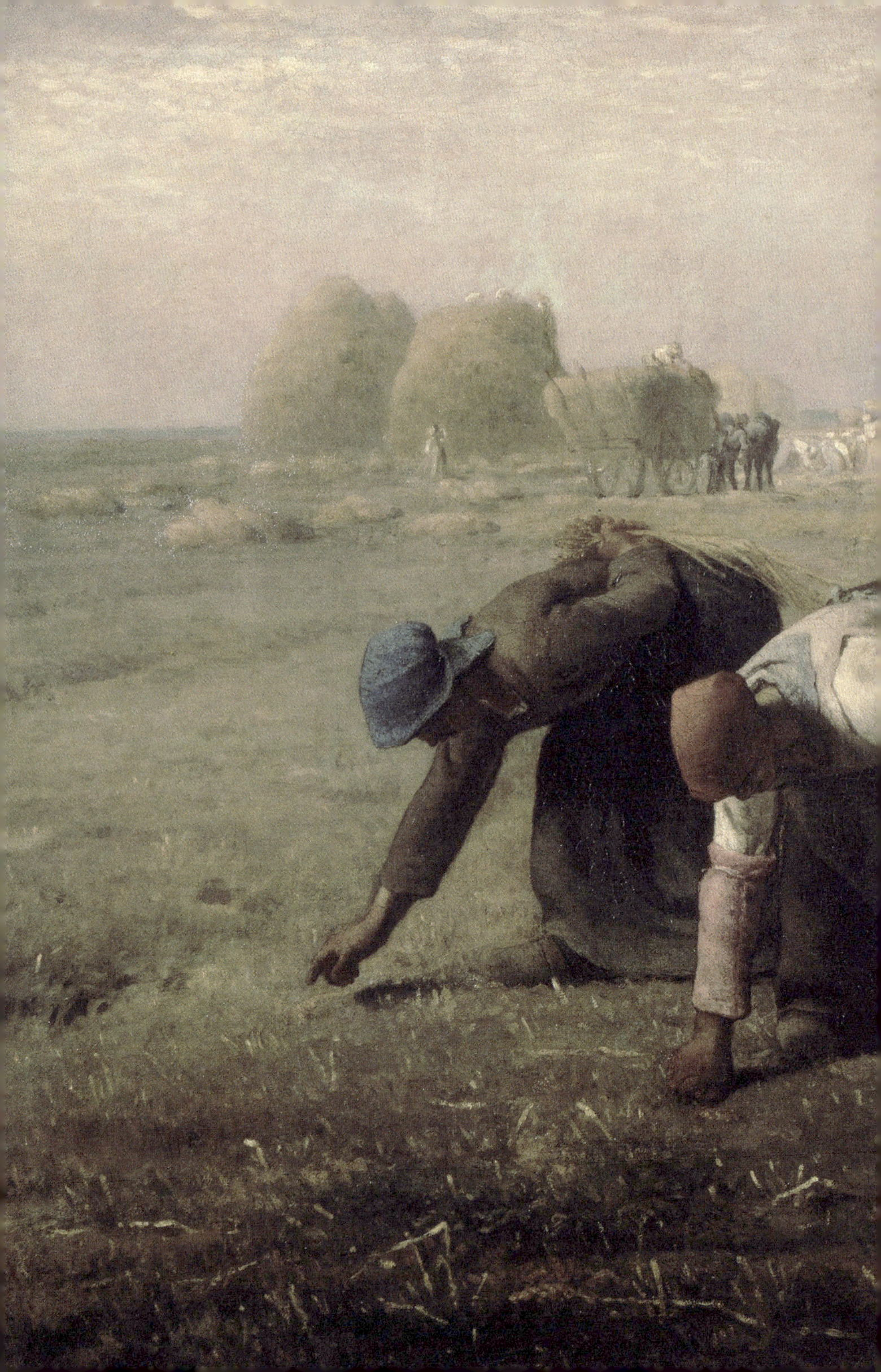

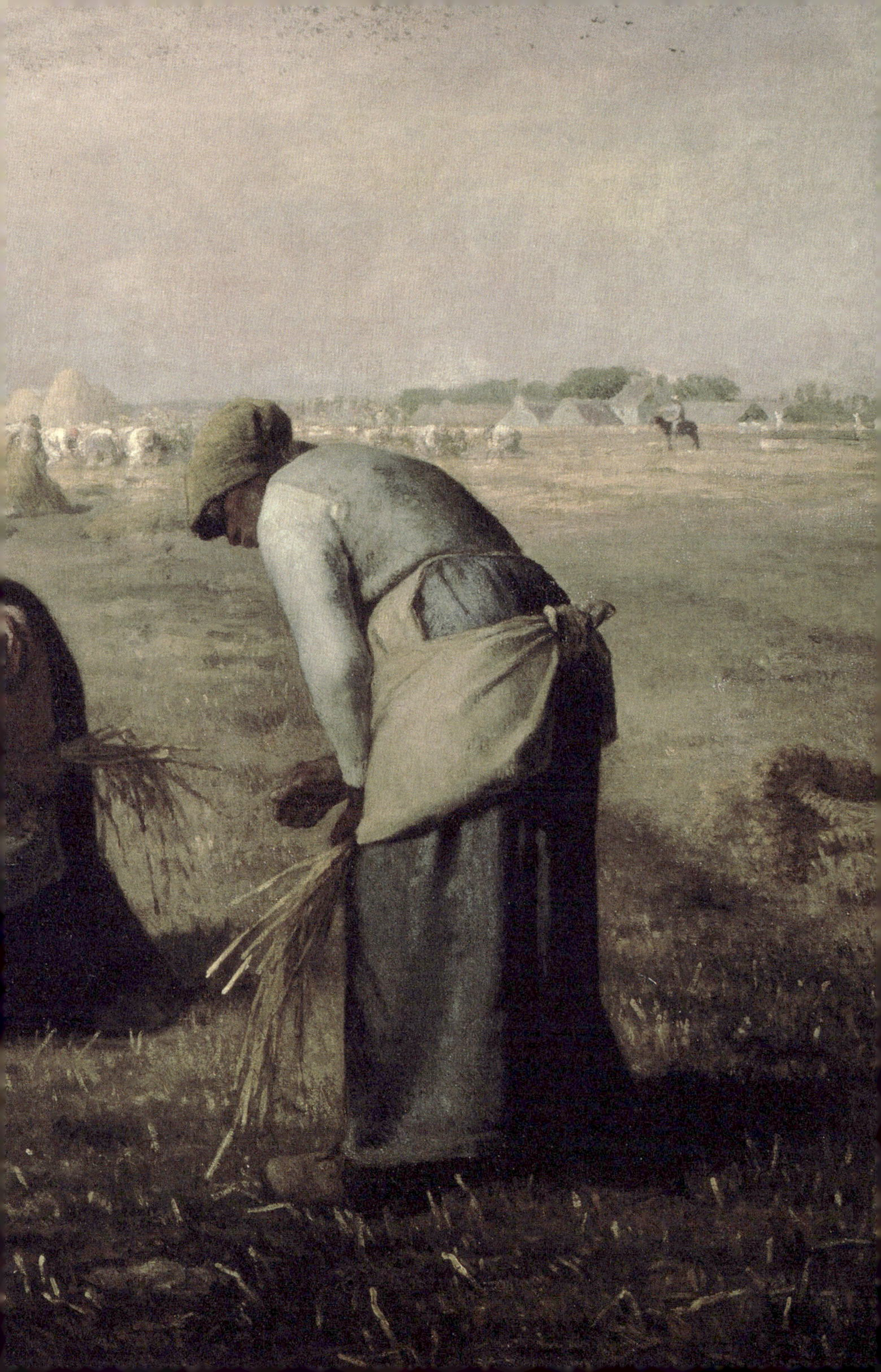

요. 마지막 오른쪽에 있는 여인이 허리를 살짝 굽혀서 주어 올린 이삭 다발을 묶고 있는데, 세 사람의 모습이 나란히 이어지면서 이삭줍기의 과정이 한 프레임 안에서 펼쳐집니다. 밀레는 이 장면을 사진을 찍듯 생생하게 그렸습니다. 땅을 더듬어 이삭을 줍는 손길에서 피로와 인내가 전해지네요.

땅을 일구는 숭고한 뒷모습

•••

〈이삭 줍는 여인들〉을 조금 더 자세히 볼까요? 여인들의 투박한 옷 위로 스민 은은한 햇살이 마음까지 데웁니다. 대지를 닮은 여인들의 피부색은 만물의 어머니 '가이아'와 농경의 여신 '데메테르'를 닮았지요. 땅에서 생명을 일구고 수확의 지혜를 전하며 세상의 풍요를 바라는 거룩함이 그림에서 배어 나오기 때문일까요? 굽은 허리와 거친 손 위로 내려앉은 볕이 성스러운 축복으로 느껴집니다. 그들을 곁에서 포근하게 지켜주려고 대지의 여신 가이아와 풍요의 여신 데메테르가 내려주는 빛 같습니다. 땅을 일구는 사람과 그 품을 내어주는 땅이 하나로 깊게 이어져 있다는 경건함마저 느껴집니다.

이제 세 여인의 등 뒤로 시선을 돌려볼까요? 저 멀리 지평선까지 끝없이 펼쳐진 밭에는 수확한 밀 더미가 높이 쌓여 있습니다. 그 옆으로 곡식을 운반하는 사람들과 그들을 멀리서 지켜보는 말을 탄 사람이 보입니다. 땅의 주인이거나 감독관처럼 사회적 지위가 있는 사람이겠지요. 그림에서 가장 먼저 눈에 들어오는 세 여인의 발치에는 그늘이 깔려 있습니다. 반면 그들 뒤의 들판은 노을을 머금은 곡식더미로 황금빛이 가득하죠. 허리 숙여 고된 하루를 버티는 가난한 자들과 풍요로운 수확의 풍경이 한 화면 안에서 선명한 대조를 이룹니다.

낮은 곳을 향한 화가의 시선을 따라가 봅니다. 낟알을 집어 올리는 거친 손길엔 민중의 힘든 삶과 그 속에 깃든 인간의 존귀함이 서려 있어요. 초라해 보여도 주어진 생을 묵묵히 일구는 의지, 그 숭고한 뒷모습이 우리에게 감동을 줍니다.

밀레의 가족 이야기

•••

밀레는 왜 이런 그림을 그렸을까요? 그 해답은 그가 나고 자란 환경에서 찾아볼 수 있습니다. 밀레는 1814년 프랑스 노르망디의 작은 농가에서 태어났습니다. 아버지가 일찍 세상을 떠나자 어린 밀레는 집안의 가장이 되어 어머니와 할머니를 돌보며 거친 땅을 일궈야 했지요. 다행히 가족들은 밀레의 남다른 재능을 알아보고 그가 파리에서 그림 공부를 할 수 있도록 격려해 주었습니다. 하지만 성공은 쉽지 않고 가난은 그림자처럼 따라다녔지요.

1851년 할머니가 돌아가셨을 때 밀레는 지독한 가난 탓에 장례식조차 가지 못했습니다. 한 번만이라도 보고 싶다는 어머니의 간절한 편지에도 고향 갈 차비조차 마련하지 못했죠. 결국 2년 뒤 어머니마저 세상을 떠났지만 그는 마지막 곁을 지키지 못했습니다.

〈이삭 줍는 여인들〉 속 여인들의 얼굴에서 평생 허리 굽혀 땅을 일구며 가족을 지켜낸 밀레의 어머니와 할머니의 모습이 떠오릅니다. 그에게 농부의 삶은 곧 그를 보듬어 준 거칠지만 다정한 가족들의 손길이었습니다. 밀레의 그림에서 투박한 흙냄새와 함께 가족을 향한 고요한 기도가 들려오는 이유입니다. 밀레가 '농부의 화가'라 불리는 이유도 여기에 있지 않을까요?

불편한 그림

•••

1857년 파리 살롱전에 〈이삭 줍는 여인들〉이 처음 공개되자 사람들은 당황했습니다. 화려하고 고귀한 것만이 예술이라 믿었던 당시 사람들에게 가난하고 초라한 현실을 담은 이 그림을 미술관에 걸어야 할 이유가 없었기 때문이죠.

하지만 밀레는 달랐습니다. 역사 속의 위대한 영웅 대신 땅 위에서 하루를 일구는 농부를 주인공으로 내세웠습니다. 당시 프랑스는 산업혁명과 도시화가 빠르게 진행되며 급속히 변하고 있었습니다. 1848년 2월 혁명으로 왕정이 무너지고 공화국이 세워지며 세상이 금방이라도 바뀔 듯했지만 시골 농부들의 삶은 여전히 힘겹고 불평등했지요.

굽은 허리와 거친 손마디를 가감 없이 그려낸 밀레를 보며 일부 평론가들은 그를 '혁명을 꿈꾸는 화가'라고 했습니다. 전시장 안에서 마주한 가난의 민낯이 못내 불쾌했던 것이죠. 그림은 이렇듯 보는 이의 관점에 따라 전혀 다르게 읽히기도 한답니다. 밀레는 정치적 의도보다는 그저 어린 시절부터 곁에서 지켜본 농부들의 일상을 그렸을 뿐인데 말입니다. 급변하는 세상 속에서도 묵묵히 자리를 지키는 농부의 정직한 삶, 그 엄연한 사실을 화폭에 솔직하게 담아낸 것입니다.

결국 〈이삭 줍는 여인들〉은 양면성을 지닌 작품이 되었습니다. 어떤 이에겐 불평등을 비추는 불편한 거울이었고, 다른 이에겐 현실의 기록이었기 때문입니다. 예술은 아름다움만을 담지 않습니다. 때로는 우리가 보고 싶지 않은 진실까지 비추지요. 이 작품이 시대를 뛰어넘는 사실주의 회화의 걸작으로 꼽히는 이유입니다. 19세기 프랑스 사회를 생생하게 보여주는 귀중한 기록이기도 하답니다.

영향받은 화가

•••

빈센트 반 고흐는 가장 존경한 화가로 밀레를 꼽았습니다. 밀레의 작품을 따라서 그림을 그리기도 했지요. 〈씨 뿌리는 사람〉, 〈낮잠〉은 대표적으로 고흐가 밀레의 그림을 모사한 작품입니다.

또 평생 가난하게 살며 자기 곁에 있는 사람들을 그린 우리나라의 국민 화가 박수근도 밀레를 존경했습니다. 개울가에서 빨래하는 아낙들의 모습을 그린 〈빨래터〉, 어린 소녀가 동생을 업고 서 있는 장면을 그린 〈아기 업은 소녀〉 등 박수근의 그림 역시 힘든 생활 속에서도 꿋꿋한 사람들을 만날 수 있습니다. 허

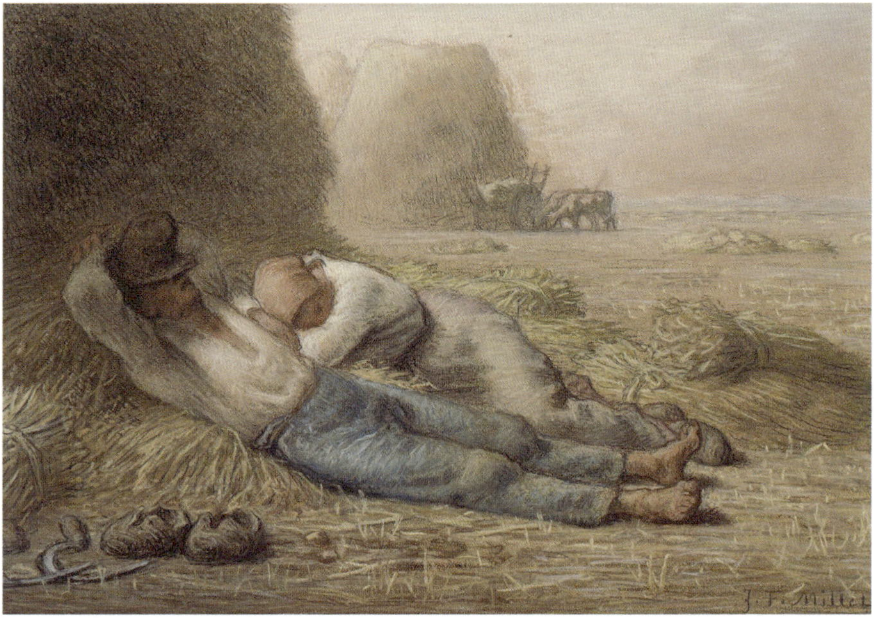

〈낮잠〉(1866), 장 프랑수아 밀레 / 보스턴 미술관 소장

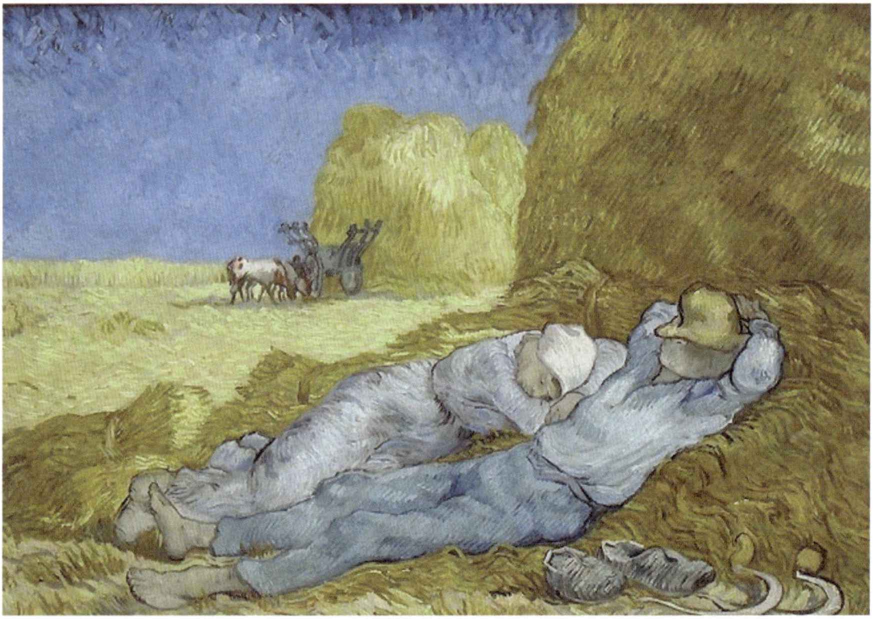

〈낮잠〉(1889), 빈센트 반 고흐 / 오르세미술관 소장

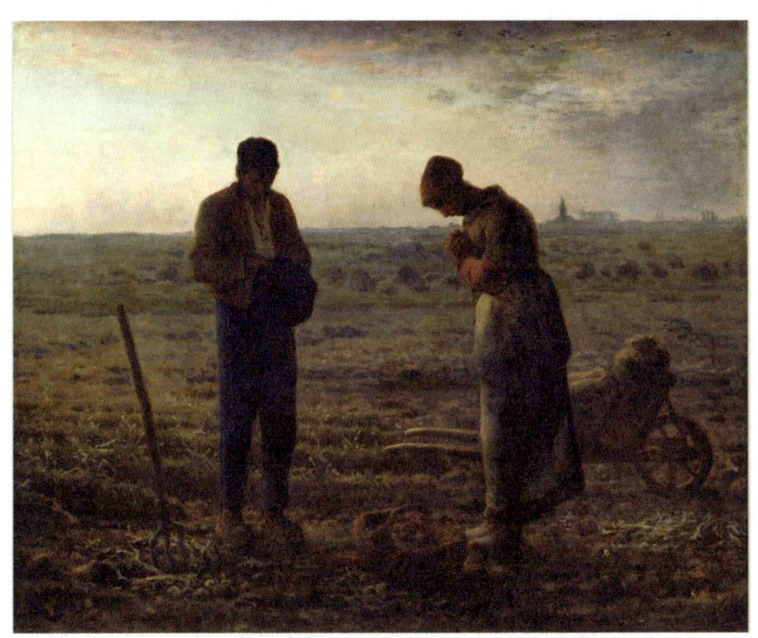
〈만종〉(1557-1859), 장 프랑수아 밀레 / 오르세미술관 소장

리를 굽혀 하루를 버티던 밀레의 여인들과 많이 닮아 보이지요.

뒤늦게 빛나는 가치

안타깝게도 밀레는 생전에 성공을 보지 못했습니다. 가족과 함께 평생 가난의 굴레를 벗어나지 못한 채 고단한 삶을 이어갔지요. 1875년 그가 눈을 감은 뒤에야 그림들은 비로소 진가를 인정받았습니다. 한 사업가가 해질녘 농부 부부가 기도하는 장면을 담은 밀레의 또 다른 걸작 〈만종〉을 처음 거래됐을 때보다 750배 오른 거액으로 사들인 겁니다. 하지만 현재의 가치로 수십억 원에 달하는 어마어마한 금액은 작품을 비싸게 되팔며 이

득을 챙긴 몇몇 부유한 투자자들의 몫이었습니다. 이 모순적인 상황은 당시 사회에 큰 충격을 주었습니다.

사람들은 의문을 품기 시작했습니다. 엄청난 금액에 팔리는 작품을 그린 화가와 그 가족은 왜 가난에 허덕여야 하는지에 대해서 말이죠. 이 사건을 계기로 프랑스에서 새로운 법이 만들어졌습니다. 바로 '추급권*droit de suite*'이라는 제도예요. 작품이 재거래될 때마다 발생한 수익의 일부를 작가나 그 유족에게 돌려주는 법적 장치가 마련된 것입니다. 지금까지 예술가들을 지켜주고 있는 제도입니다.

밀레는 평생 가난했지만 그의 그림에는 따뜻한 사랑이 담겨 있습니다. 밀레 덕분에 예술가와 가족을 지켜주는 새로운 제도도 생겼지요. 밀레의 작품은 이처럼 힘겨운 삶 속에도 하루를 살아내는 인간의 존엄이야말로 세상에서 가장 중요한 가치라는 사실을 일깨워줍니다.

예술과 나를 이어보기

〈올랭피아〉 작품 속 이미지가 아닌 것을 골라주세요.

① 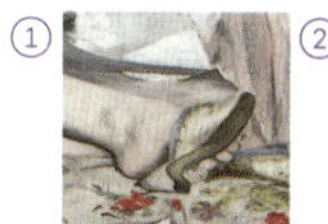 ② 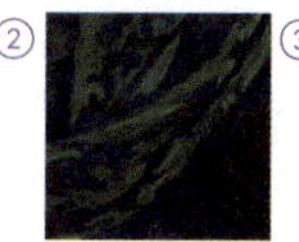 ③ 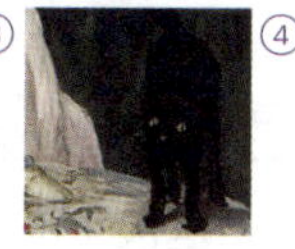 ④ 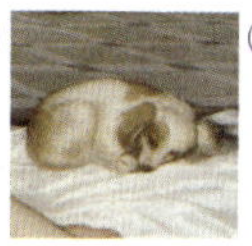 ⑤ 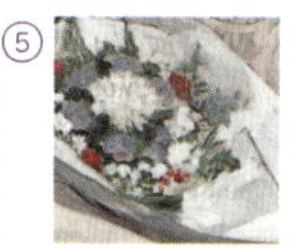

갓생을 보낸 오늘 하루에는 어떤 작품이 제일 잘 어울릴까요?

① 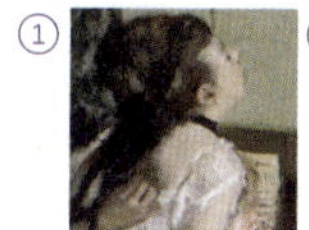 ② 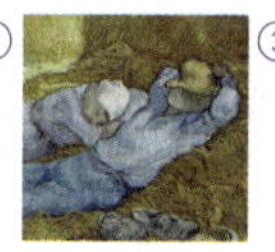 ③ 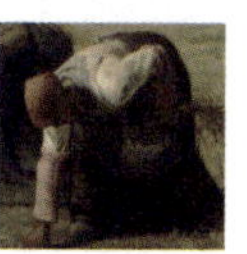

〈14살의 작은 무용수〉의 마리 반 괴템에게 보낼 응원의 메시지를 골라주세요.

① 너는 연습 중인 모습 그대로도 충분히 존재 가치가 있어. 완성되지 않아도 괜찮아
② 다들 다리 아프고 표정 관리 중이야. 너만 그런 거 아님
③ 너 지금 되게 심각해 보이는데 그 표정 그대로 조각으로 남은 거야. 대단해!
④ 네 몸과 네 시간은 다른 사람의 기대를 위해 있는 게 아니야
⑤ 조금 불안해 보여도 지금 네가 서 있는 자리가 이미 무대야

밀레의 〈이삭줍기〉를 현재로 옮겨 누구도 주목하지 않는 장면을 그린다면?

① 식사가 끝난 뒤 아무 말 없이 식탁을 닦고 물컵을 정리하는 아이
② 아파트 재활용 분리수거장에서 재활용 쓰레기를 분류하는 사람
③ 상자가 가득 쌓인 트럭에서 택배 상자를 올리고 내리는 택배 기사
④ 편의점에서 상품을 진열하고 정리하는 아르바이트생
⑤ 체육 시간이 끝나고 체육관 바닥에 흩어진 공을 줍는 학생

〈에밀 졸라의 초상〉처럼 취향을 보여주는 이미지를 붙인다면 어떤 작품을 골라서 책상에 붙이고 싶나요?

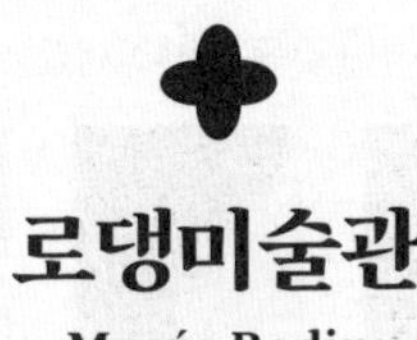

로댕미술관

Musée Rodin

로댕이 사랑한 저택 어떻게 미술관이 되었을까?

•••

파리 바렌 거리를 걷다 보면 눈에 띄는 파란 대문을 보게 됩니다. 그 문을 열고 들어서는 순간, 넓고 푸른 정원이 환하게 펼쳐지지요. 이곳이 로댕미술관입니다. 루브르박물관이나 오르세미술관처럼 북적이지 않아서 천천히 작품을 감상할 수 있는 여유로운 공간입니다.

정원에 자리한 건물은 원래 18세기 초, 프랑스 건축가 장 오베르가 설계한 비롱 저택이었습니다. 로코코 양식으로 지어진 우아하면서도 균형 잡힌 2층 구조가 특징이지요. 정면에는 커다란 창문과 발코니가 규칙적으로 배치되어 있어요. 실내로 발을 들이면 긴 복도를 따라 늘어선 창으로 햇살이 쏟아져 들어옵니다. 환한 햇빛과 그로 인해 생겨난 짙은 그림자가 만드는 강렬한 대비는 무척이나 인상적이지요. 높은 창으로 스며든 자연광이 옛 귀족 저택의 격조를 되살려냅니다.

미술관 내부의 석재 계단은 부드러운 곡선으로 이어지고, 난간은 검은 철제 장식이 덩굴처럼 계단의 리듬을 따라갑니다. 발 아래에는 흑백 체커보드 대리석 바닥이 정갈한 격자를 만들고, 그 위로 금빛 샹들리에의 따뜻한 빛이 내려앉아 공간을 한층 더 부드럽게 감싸지요. 얕은 부조처럼 남은 벽면의 타원형 몰딩은 이곳이 예전엔 손님을 맞던 현관홀이었음을 짐작하게 합니다.

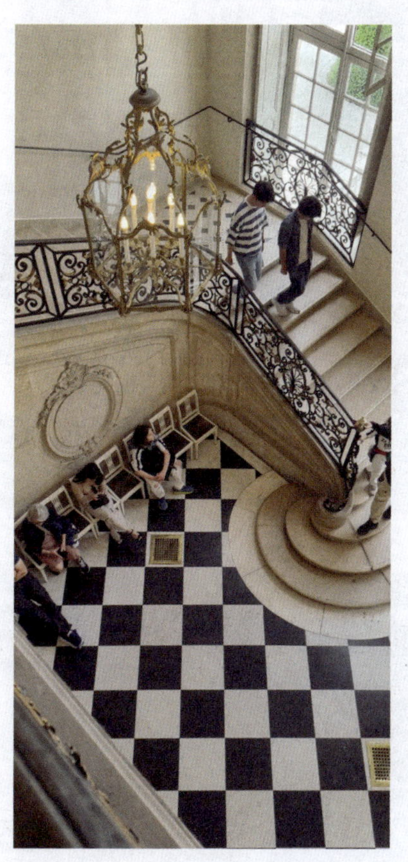

비롱 저택은 귀족의 손을 떠나 수도원과 기숙학교로 쓰이다가 수도회가 해산하면서 빈 건물이 되었습니다. 집세가 저렴하다 보니 예술가들이 하나둘 이곳에 자리를 잡기 시작했어요. 화가 앙리 마티스, 시인 장 콕토, 무용가 이사도라 덩컨 그리고 로댕의 비서였던 시인 릴케까지 당대의 예술가들이 모였습니다. 일종의 '예술가의 공

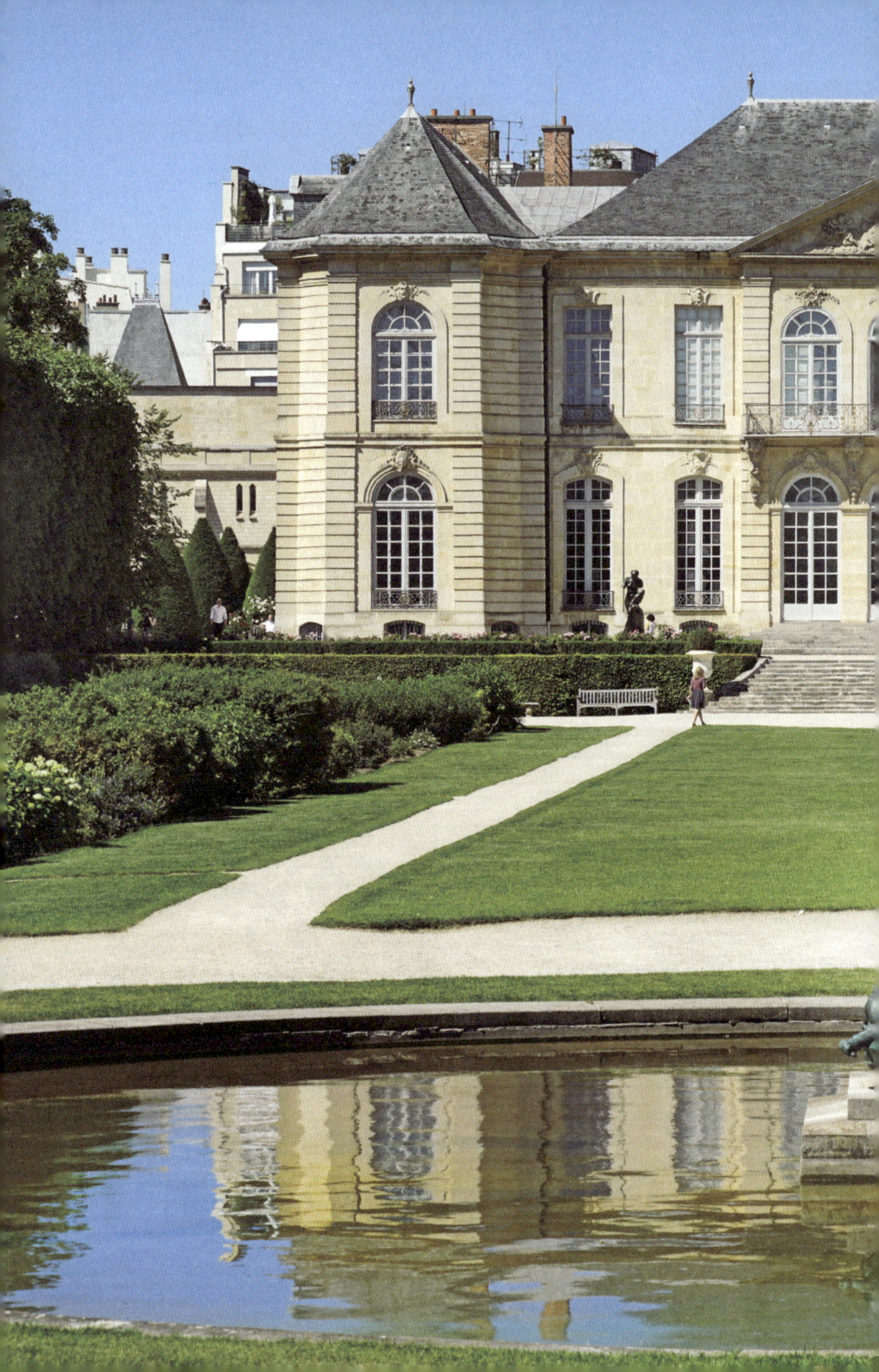

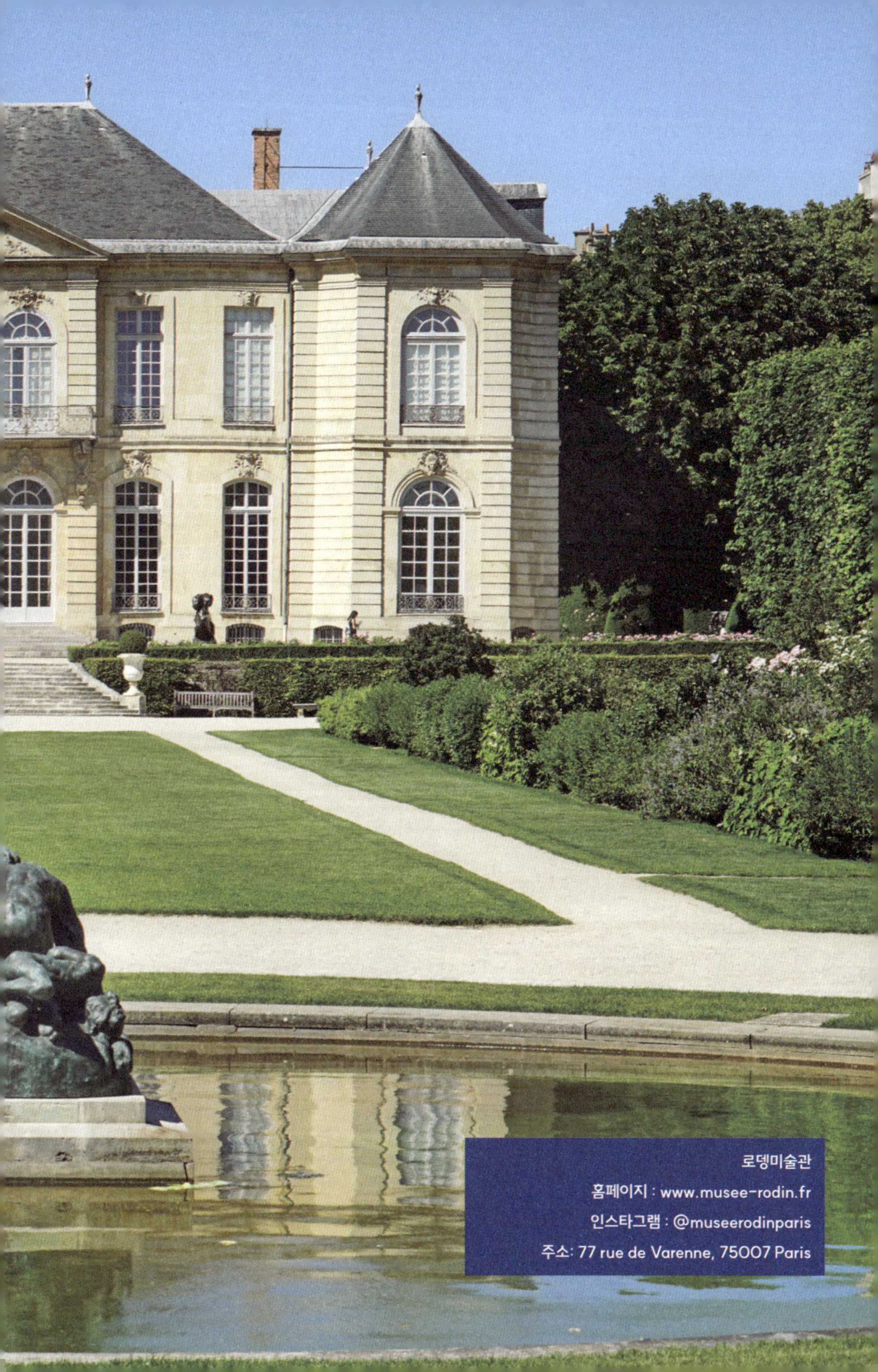
로뎅미술관
홈페이지 : www.musee-rodin.fr
인스타그램 : @museerodinparis
주소: 77 rue de Varenne, 75007 Paris

유 작업실'이 되었지요.

릴케는 로댕에게 이 저택을 추천하며 작업하기에 더없이 좋은 곳이라고 했습니다. 로댕은 1908년 이곳에 입주하자마자 푸른 정원이 어우러진 저택의 매력에 푹 빠졌지요. 이렇게 정부 소유의 저택을 잠시 빌려 쓰던 얼마 뒤, 저택이 철거될 위기에 처하고 말았습니다. 로댕은 소중한 작업실을 지키기 위해 특별한 제안을 했습니다.

"제 작품과 소장품을 모두 기증할 테니, 이곳을 꼭 보존해 주세요."

정부는 이 제안을 받아들였고 로댕이 세상을 떠난 지 2년 뒤인 1919년 이곳은 '로댕미술관'으로 다시 태어났습니다.

정원과 예술이 만나는 곳 로댕미술관

로댕미술관의 매력은 정원입니다. 봄과 여름에는 장미와 라벤더가 진한 향기를 퍼뜨리고, 겨울에는 꼿꼿한 전나무가 초록빛을 뿜으며 정원을 감싸 안지요. 넓은 잔디밭과 길게 뻗은 나무들이 계절마다 옷을 갈아입으며 선사하는 풍경은 그 자체로 하나의 예술 작품입니다. 무엇보다 정원에서 로댕의 작품을 만날 수 있다는 점도 큰 매력입니다.

정원 가운데에는 로댕의 대표작 〈생각하는 사람〉이 서 있습니다. 생각에 깊이 잠긴 모습은 나무와 햇살 속에서 더 또렷하게 보입니다. 정원에는 〈지옥의 문〉, 〈칼레의 시민들〉, 〈발자크 기념상〉 같은 작품도 만날 수 있습니다. 날씨에 따라 표정이 달라지는 작품 덕분에 감상의 즐거움이 더욱 특별해지죠.

미술관인 비롱 저택 안으로 들어가면 로댕의 석고 초안과 청동 조각, 드로잉, 판화 등이 전시되어 있는데요. 작품의 작업 과정을 가까이에서 볼 수 있어 흥미롭습니다. 〈칼레의 시민들〉, 〈지옥의 문〉, 〈발자크 기념상〉 등 대작의 모형들은 작품이 완성되기까지의 긴 여정을 상상하게 합니다.

로댕이 사랑한 화가들

로댕미술관에는 조각만 있는 것이 아닙니다. 로댕이 생전에 수집한 회화 작품도 함께 전시되어 있습니다. 모네, 르누아르, 반 고흐 등 동료들의 작품을 아꼈던 로댕이 애정을 담아 만든 '작은 미술관'이랍니다.

수집품 중에서도 특히 눈길을 끄는 작품은 빈센트 반 고흐의 〈탕기 영감의 초상〉입니다. '탕기 영감'은 가난한 화가들을 돕던 파리의 마음씨 좋은 미술상이었어요. 그는 고흐뿐만 아니라 모네, 세잔, 피사로 같은 인상파 화가들에게 물감과 도구를 기꺼이 외상으로 내어주고, 그들의 그림을 팔아주며 예술의 길을 지탱하게 해준 든든한 후원자였습니다.

고흐의 거친 붓질이 담긴 〈탕기 영감의 초상〉을 본 뒤 바로 옆에 놓인 로댕의 조각을 바라보면 색채와 선, 돌과 청동이 전혀 다른 언어로 대화를 나누는 것 같습니다. 무엇보다 두 예술을 나

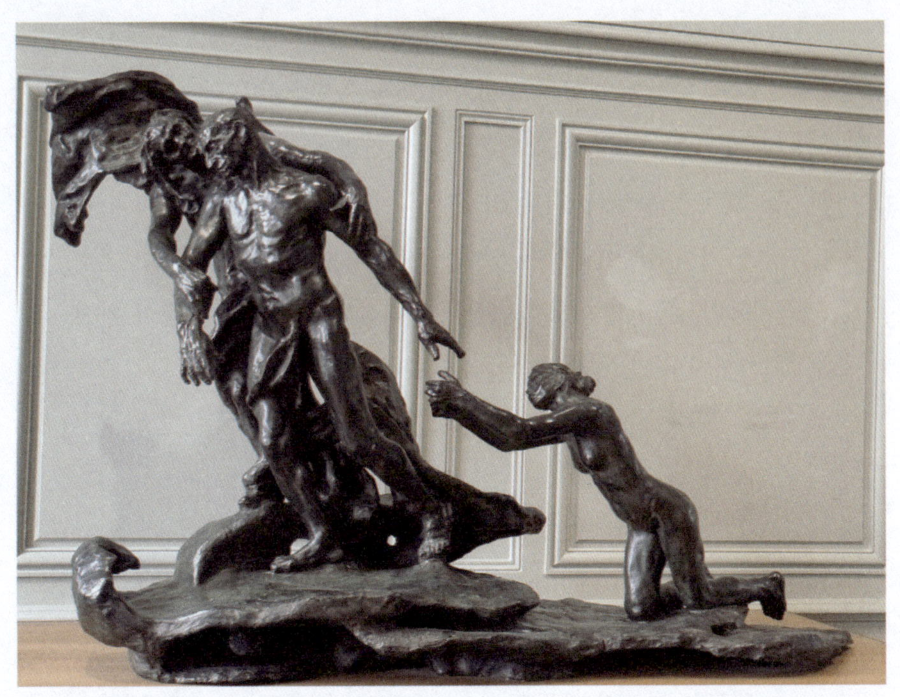

〈성숙의 시대〉(1894-1900), 카미유 클로델

란히 마주하다 보면 로댕이 살던 시대의 예술이 어떤 흐름 속에 있었는지 자연스럽게 이해할 수 있지요. 다만, 작품 보호를 위해 일부 전시물은 수시로 교체되기도 합니다.

카미유 클로델, 사랑과 예술의 그림자

•••

전시실에서 우리의 눈길을 사로잡는 건 로댕의 동료이자 연인이었던 카미유 클로델의 작품입니다. 흔히 로댕의 그늘에 가려진 인물로 기억되지만 그녀는 누구보다 독보적인 재능을 지닌 예술가였습니다. 클로델은 로댕의 보조자에 머물지 않고 자신만의 섬세하고 강렬한 조각 세계를 개척해 나갔답니다.

두 사람은 서로에게 영감을 주는 파트너였지만 그들의 삶은 갈등의 연속이었습니다. 클로델의 〈성숙의 시대〉, 〈파도〉 등 작품을 통해 서로에게 빛이자 그림자였던 두 사람의 관계를 되짚어 보는 것도 의미가 있습니다.

로댕미술관은 정원과 실내, 조각과 회화, 로댕과 클로델을 연결해 감상할 때 그 매력이 살아납니다. 정원에서는 자연과 어우러진 조각상이 살아 움직이는 순간을 만끽하고, 미술관 내부에서는 로댕의 치열한 창작 과정을 들여다보세요. 나아가 인상주의 화가들의 눈부신 색채 속에서 당대 예술의 흐름을 함께 느껴 보길 바랍니다.

문이지만 통과할 수 없는

지옥의 문 (1880-1917)
The Gates of Hell / La Porte de l'Enfer
오귀스트 로댕
François Auguste René Rodin (1840-1917)
635×398×85cm, 조각(청동)

#단테 『신곡』 지옥 편(Inferno) #〈생각하는 사람〉은 왜 지옥 위에 앉아 있을까? #우골리노와 아들들 #뒤틀린 신체의 수많은 인물 군상 #고통과 욕망 #르네상스 이후의 인간상
#한 작품 안에서 태어난 수많은 작품 #누가 주인공일까, 아니면 주인공이 없을까? #이 조각은 무서운가, 슬픈가, 아니면 이상한가?

여기 들어오는 너희는 모든 희망을 버려라

•••

높이 6미터, 너비 4미터의 거대한 〈지옥의 문〉은 정원에 높이 솟아 있어 고개를 한껏 들어야 그제야 전체가 눈에 들어옵니다. 로댕은 무려 37년이란 세월을 온전히 이 작품에 쏟아부었습니다. 가까이 다가갈수록 수많은 인물이 고통 속에 뒤엉켜 문 전체를 빼곡하게 메운 광경이 펼쳐집니다.

> "나를 거쳐 가는 길은 황량한 도시로, 나를 거쳐 가는 길은 끝없는 슬픔으로… 여기 들어오는 너희는 모든 희망을 버려라."

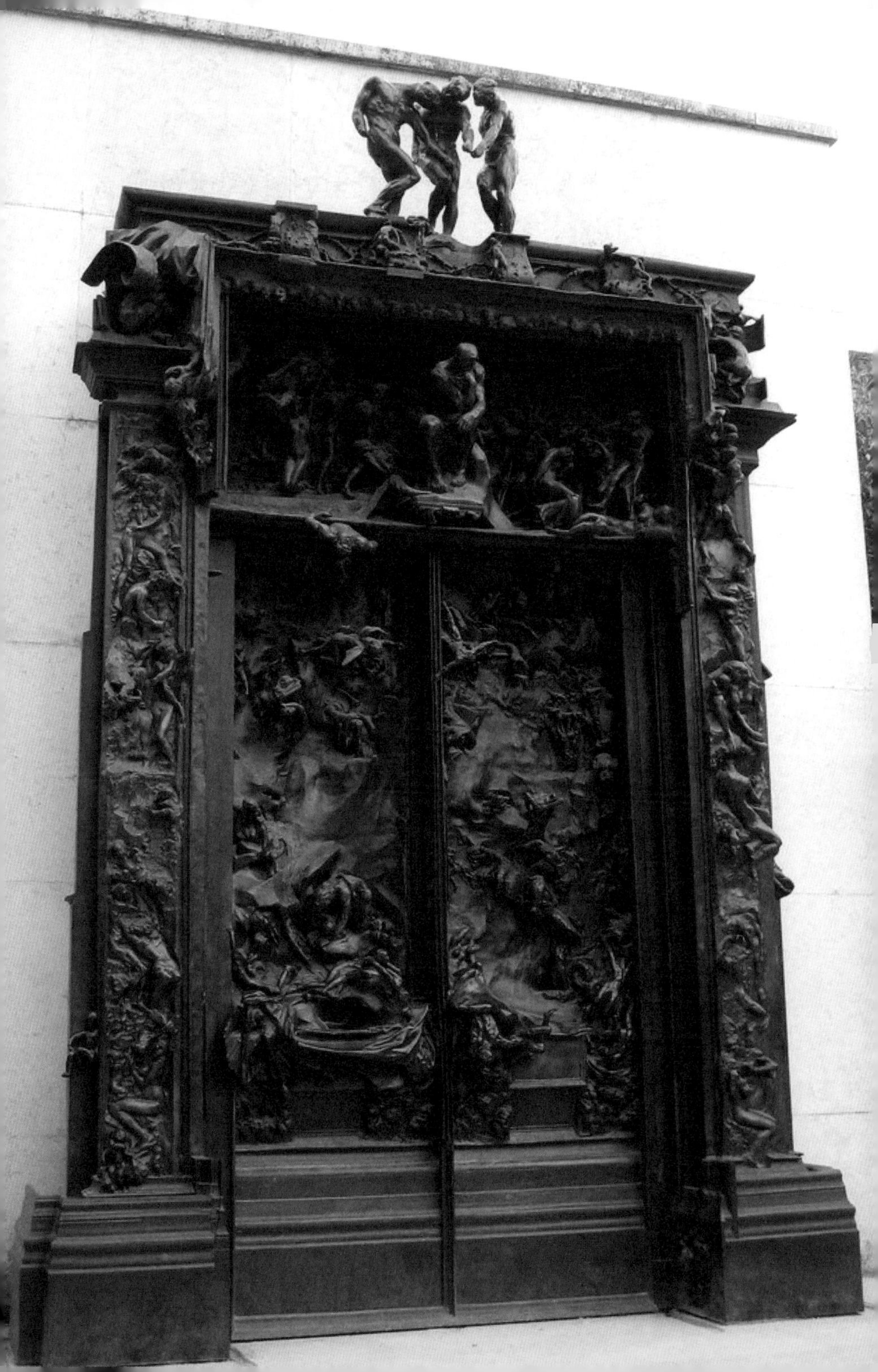

단테의 『신곡』에 나오는 이 서늘하고도 유명한 문장이 〈지옥의 문〉 위에 새겨져 있습니다. 로댕미술관 정원에 자리한 이 거대한 청동 문은 인간의 운명과 고통을 상징하는 것이지요.

로댕이 〈지옥의 문〉을 준비하면서 두 권의 책을 거의 외우다시피 했다고 합니다. 하나는 중세 이탈리아의 시인 단테가 쓴 『신곡』, 또 하나는 프랑스 시인 샤를 보들레르의 『악의 꽃』입니다. 『신곡』은 지옥, 연옥, 천국을 여행하는 이야기를 담은 긴 서사시입니다. 로댕은 특히 '지옥' 편에 마음을 빼앗겼어요. 불길 속에서 울부짖는 영혼과 끝없는 고통에 빠진 죄인들의 모습은 조각가의 상상력을 자극하기에 충분했지요. 단테는 죄를 지은 사람은 어떤 벌을 받는지를 구체적으로 묘사했는데 로댕은 그 생생한 장면을 작품으로 옮겨놓았습니다.

반면 『악의 꽃』은 분위기가 조금 다릅니다. 보들레르는 지옥에 떨어진 사람들을 직접 보여주기보다는 인간이 왜 죄를 짓는지, 욕망과 쾌락이 어떻게 사람의 마음을 흔드는지를 시로 풀어냈습니다. 달콤하지만 결국엔 상처를 남기는 사랑, 참기 힘든 끌림 그리고 그 뒤에 따라오는 외로움, 절망 같은 걸 말이죠.

로댕은 마치 지옥으로 들어가 그 속을 들여다보듯 작품을 구상했습니다. 〈지옥의 문〉에는 형벌에 울부짖는 죄인부터 욕망과 사랑에 몸부림치는 인간의 군상까지 생생하게 담겼습니다. 그 처절한 몸짓 속에는 삶과 욕망을 향한 인간의 내면이 함께 새겨져 있지요.

욕망과 고통으로 얽힌 인물의 군상

〈지옥의 문〉을 차근차근 위에서 아래로 살펴보겠습니다. 맨 위에는 세 사람이 어깨를 맞대고 고개를 숙인 채 팔을 길게 뻗고 있습니다. 같은 형상을 세 번 반복해 배치한 〈세 망령〉입니다. 〈지옥의 문〉 앞에 선 이들의 피할 수 없는 절망을 상징합니다. 인생의 여러 갈래 길 앞에서 갈팡질팡하다가 결국 마주하게 된 가혹한 운명을 보여주는 듯하지요.

로댕은 이들에 대해 '서로 기댄 채 내민 팔이 모두 나락을 가리키고 있다'라고 설명했습니다. 로댕의 말처럼 그들의 손가락이 향하는 곳은 다름 아닌 지옥의 한복판입니다. 중력에 이끌리듯 아래로, 더 아래로 내려갈 수밖에 없는 인간의 비극적인 운명을 이 세 망령이 몸짓으로 강렬하게 보여줍니다.

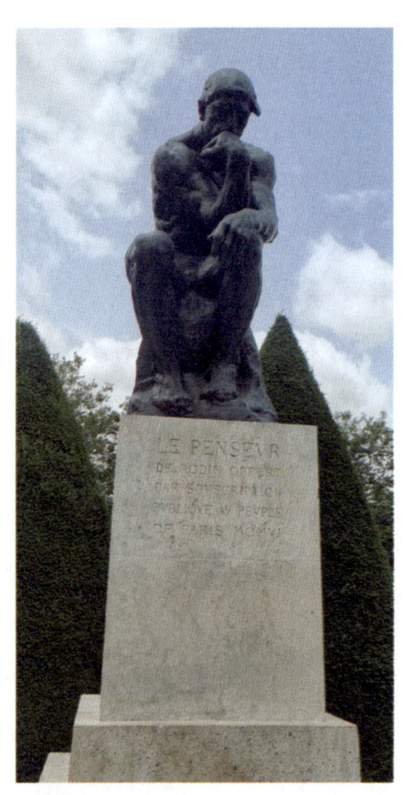

〈생각하는 사람〉(1904)

세 망령 바로 아래, 문의 정중앙에는 로댕의 대표작 〈생각하는 사람〉이 앉아 있습니다. 본래 이 작품은 독립된 조각이 아닌 〈지옥의 문〉의 일부로 만들어졌습니다. 이름도 '시인'이었습니다. 『신곡』을 쓴 이탈리아의 문호 단테를 형상화한 것이었죠.

그는 왜 저렇게 온몸을 웅크린 채 발가락 끝까지 힘을 잔뜩 주고 있을까요? 이는 지옥의 영혼을 바라보며 고뇌하는 단테의 모습이자 같은 인간으로서 고통을 짊어진 로댕 자신이기도 합니다. 긴장한 근육마다 삶과 죽음에 대해 치열하게 고민한 흔적을 보여줍니다.

〈생각하는 사람〉 아래 왼쪽 문으로 시선을 옮기면 비극적인 장면이 보입니다. 단테의 『신곡』에서 나온 '우골리노와 그의 아들들' 이야기를 조각으로 새긴 작품입니다. 피사의 백작 우골리노가 배신죄로 자식들과 손자들까지 함께 감옥에 갇히게 되는데, 전해지는 이야기로는 굶주림에 못 이겨 자기 자식을 먹었다고 하지요. 우골리노는 엎드려 머리를 움켜쥐고 있고 그의 곁에는 기운을 잃은 아들들이 쓰러져 있습니다. 서늘한 기운이 전해질 만큼 절망적인 장면입니다.

〈우골리노와 그의 아들들〉 아래에는 마찬가지로 『신곡』에 나오는 비극적 연인의 이야기를 담은 〈파올로와 프란체스카〉가, 오른쪽 문 중앙에는 엇갈린 몸짓의 〈덧없는 사랑〉이 자리합니다. 로댕은 이 연인의 이야기를 따로 떼어 〈키스〉와 같은 독립된 작품으로도 발전시켰습니다. 덕분에 로댕미술관과 오르세 미술관 등에서 재질과 형태가 다른 여러 판본을 비교하며 감상할 수 있습니다. 다만 전시 구성은 상황에 따라 달라질 수 있으니 방문 전 미술관 입구에 비치된 안내 지도를 확인해 보세요.

천국의 문 VS 지옥의 문

로댕이 〈지옥의 문〉을 구상할 때 큰 영감을 준 작품이 이탈리아 피렌체 산 조반니 세례당에 있는 동쪽 문 〈천국의 문〉입니다. 로렌초 기베르티가 27년(1425~1452)에 걸쳐 완성한 이 문은 훗날 미켈란젤로가 그 아름다움에 감탄하며 '천국의 문'이라 부른 데서 이름이 붙었습니다.

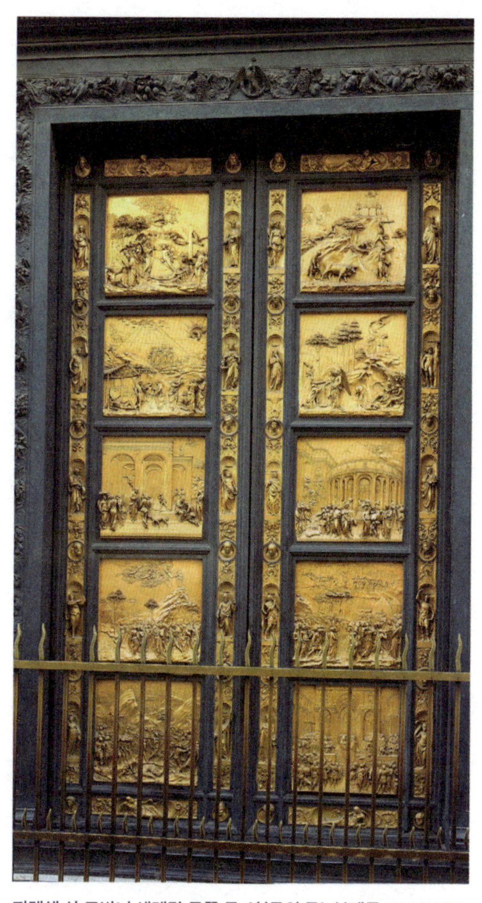
피렌체 산 조반니 세례당 동쪽 문 〈천국의 문〉 복제품 (원본은 피렌체 두오모 오페라 미술관에서 보관)

금박을 입힌 청동 문은 햇빛이 닿으면 황금빛으로 반짝입니다. 높이는 약 5.2미터, 너비는 3.1미터나 되는 한 쌍의 큰 문으로 각각의 문에는 다섯 개씩, 총 열 개의 네모난 패널이 있습니다. 그 안에는 구약성서의 주요 장면이 정교하게 새겨져 있지요. 멀리 있는 배경은 얕게 깎고 가까운 인물은 도드라지게 새겨 넣어 공간감이 느껴집니다. '아담과 이브의 창조와 타락', '노아의 방주', '솔로몬과 시바 여왕' 등의 성경 이야기가 그림책처럼 펼쳐집니다.

피렌체에 가게 되면 로댕의 〈지옥의 문〉을 떠올리며 산 조반니 세례당의 〈천국의 문〉을 감상해 보세요. 이상적이고 조화로운 인간의 세계를 중시한 르네상스 시대의 〈천국의 문〉에서 고뇌와 격정을 조각한 로댕의 〈지옥의 문〉으로 시선을 옮겨보는 것이지요. 이 두 문 사이에서 인간을 바라보는 예술가의 눈이 시대에 따라 어떻게 변화했는지 느낄 수 있습니다.

로댕도 처음에는 〈천국의 문〉처럼 〈지옥의 문〉을 여러 패널로 나눌 계획이었습니다. 하지만 미켈란젤로의 〈최후의 심판〉을 보고 영감받아 수많은 인물을 입체적으로 배치하는 방식으로 바꿨다고 해요. 덕분에 문 위에는 우리가 흔히 상상하는 지옥의 불구덩이를 그대로 옮겨놓은 듯 불길에 휩싸여 녹아내리는 형상들이 가득합니다. 단테의 『신곡』을 시각화하는 동시에 인간의 욕망과 고통을 적나라하게 펼쳐 보인 작품이 되었습니다.

현재 로댕미술관 정원에 있는 〈지옥의 문〉은 로댕 사후, 초대 관장이었던 레옹스 베네딕트가 석고 원형을 바탕으로 청동 주조한 것입니다. 로댕이 직접 만든 석고 원형은 파리 오르세미술관에 있고, 이를 토대로 한 청동 주조본은 전 세계에 여덟 점이 전해집니다. 우리나라에서는 상설 전시되진 않지만 삼성미술관 리움이 소장하고 있습니다.

우리와 같은 자리에서 두려움을 딛고

칼레의 시민들 (1884-1889)
Les Bourgeois de Calais / he Burghers of Calais
오귀스트 로댕
François Auguste René Rodin (1840-1917)
217×255×177cm, 조각(청동)

#백년전쟁 #1347년 칼레 #여섯 명의 시민 #자발적 희생 #노블레스 오블리주 #영웅 없는 영웅상 #맨발과 밧줄 #주저함과 결단 #관람자와 같은 높이 #내가 이들 중 한 명이라면 어떤 표정을 지었을까? #영웅이라면 용감하고 당당해야 할까?

죽음을 앞둔 시민들

•••

이제 절망의 끝에서 도시를 구하기 위해 스스로 죽음을 선택한 이들을 만나러 가 볼까요? 로댕의 또 다른 걸작 〈칼레의 시민들〉입니다. 〈지옥의 문〉이 숨어 있는 인간의 욕망과 죄악을 들추어냈다면 〈칼레의 시민들〉은 가혹한 현실에 맞서는 인간의 용기와 존엄함을 보여주지요.

프랑스와 영국이 영토와 왕위 계승 문제로 싸우던 1347년, 백년전쟁이 한참일 때 프랑스의 항구 도시 칼레는 영국군에게 1년 가까이 포위당하고 있었습니다. 굶주림과 공포 속에 버티던 시민들은 결국 항복을 선택할 수밖에 없었지요. 그때 영국 왕 에

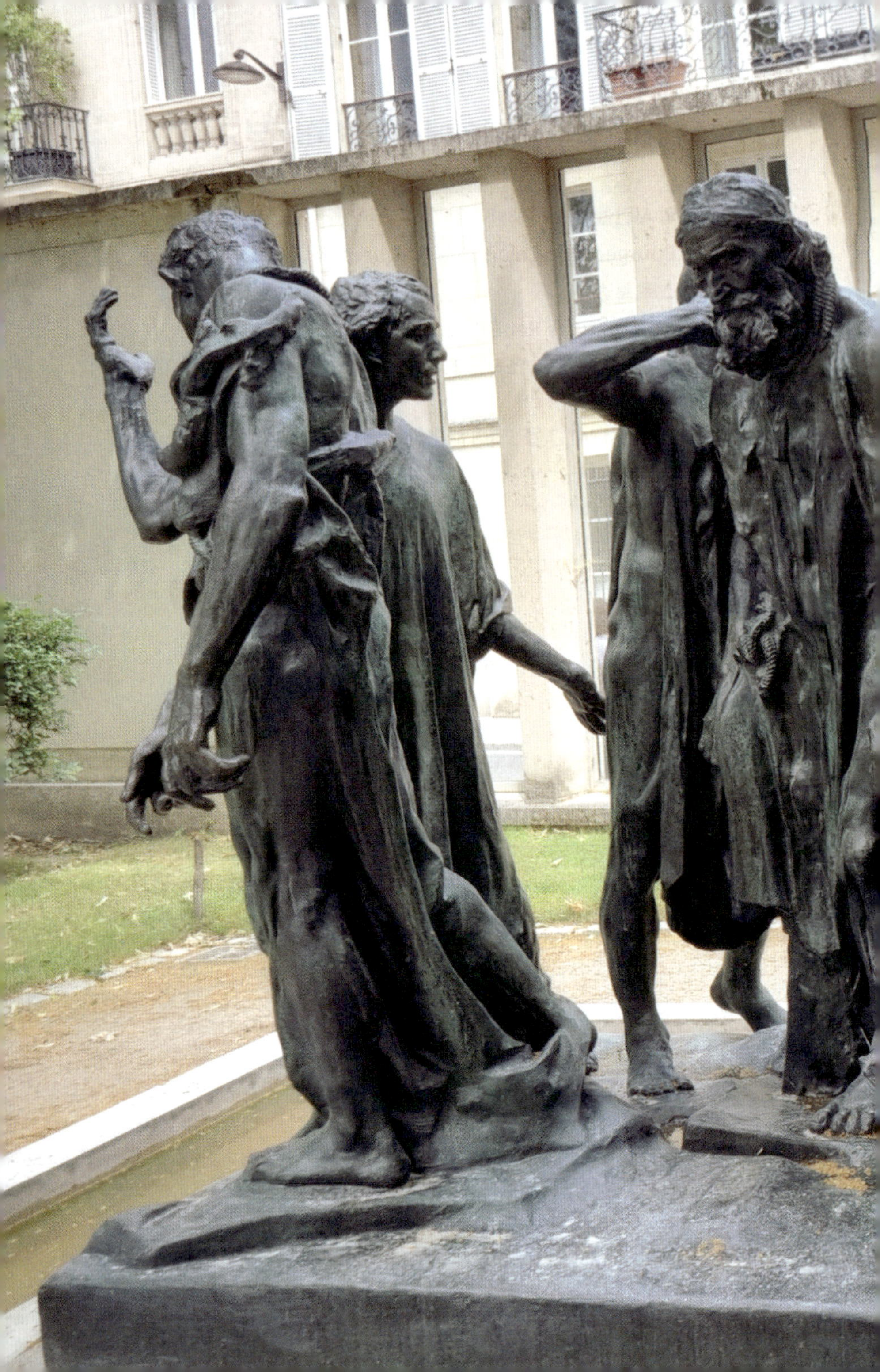

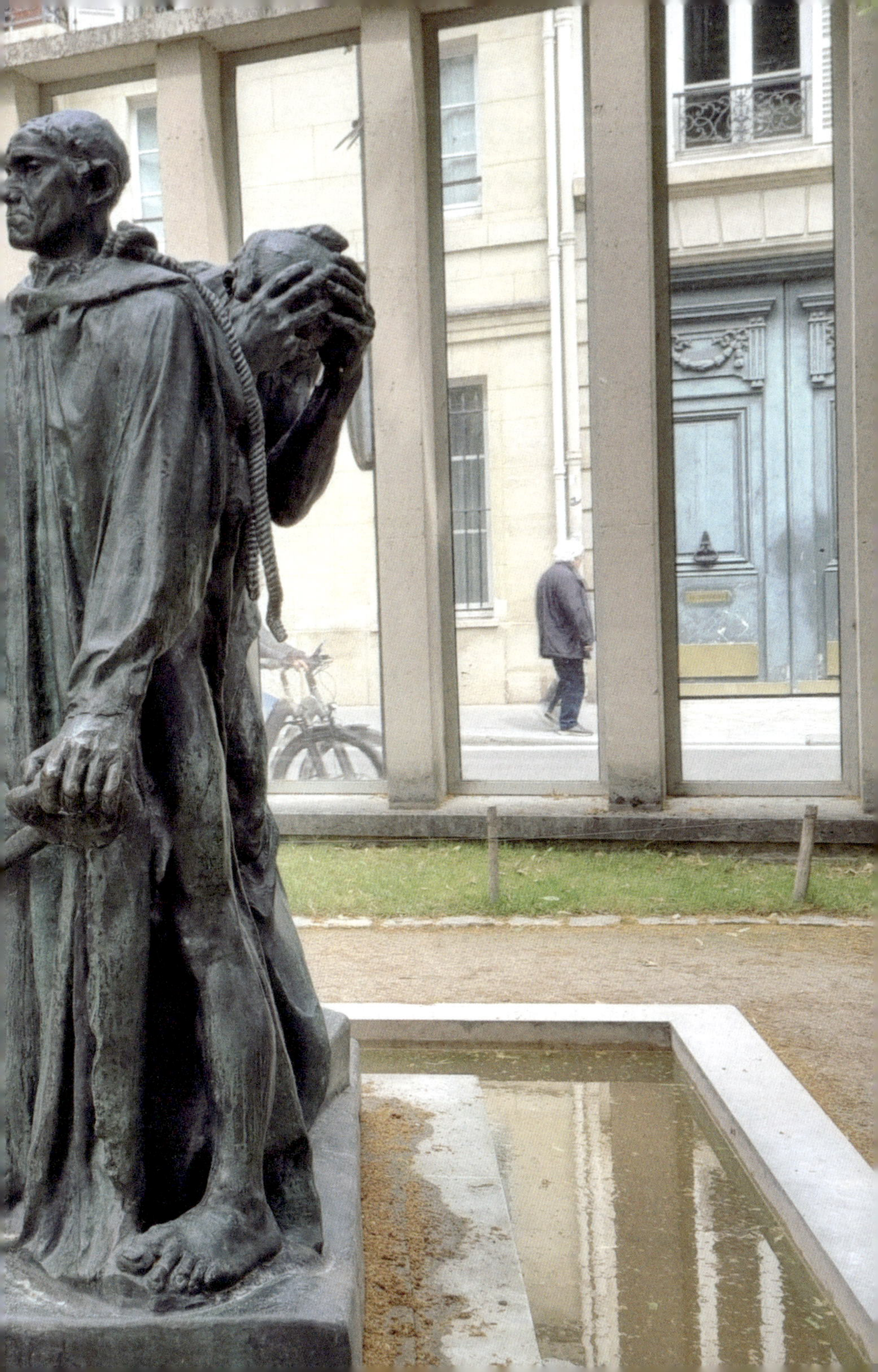

드워드 3세는 잔혹한 조건을 내걸었습니다.

“시민 여섯 명이 목숨을 내놓으면 나머지 시민들의 목숨을 보장하고 도시를 살려 주마.”

모두가 살아남으려면 누군가는 반드시 죽어야 했습니다. 이때 용감한 칼레의 시민 6명이 스스로 앞에 나섰습니다. 다음 날 아침, 여섯 명의 시민 대표는 목에 밧줄을 걸고 맨발에 거친 자루 옷을 입은 처참한 모습으로 영국 왕 앞에 섰습니다. 그들의 손에는 칼레 성의 문을 열 수 있는 열쇠가 들려 있었지요. 로댕은 이 역사의 한 장면을 〈칼레의 시민들〉이라는 작품으로 만들었습니다.

역사 기록에 따르면 이들은 처형 직전에 극적으로 목숨을 건졌습니다. 당시 임신 중이던 필리파 왕비가 남편인 에드워드 3세에게 자비를 베풀어 달라고 간청했기 때문인데요. 결국 왕은 마음을 돌렸고 여섯 명의 시민은 살아남을 수 있었지요.

영웅에서 전설로 미화된 이야기

•••

〈칼레의 시민들〉의 여섯 사람은 모두 목에 밧줄을 걸고 고통스러운 표정입니다. 작품에서 중앙에 서 있는 인물은 여섯 명의 시민 가운데 가장 나이가 많은 ‘외스타슈 드 생 피에르’입니다. 결연한 표정에 고개를 살짝 숙이고 있지요. 그의 왼쪽으로 성 문 열쇠를 손에 쥔 ‘장 다르드’가 서 있는데, 입을 꾹 다문 굳은 표정에 비장한 결심이 어려 있습니다.

맨 앞에 서서 오른손을 들고 있는 '피에르 드 위상'은 슬픔과 두려움이 섞인 얼굴입니다. 그의 뒤를 따라오는 동생 '자크 드 위상'에게 무언가 말을 건네는 듯 보이지요. 자크 드 위상의 곁에는 겁에 질린 듯 두려움이 가득한 표정을 짓고 있는 가장 젊은 '장 드 피엔'이 서 있습니다. 그 옆에서 얼굴을 두 손으로 감싼 채 깊은 절망에 빠져 보이는 인물은 '앙드리외 당드르'이지요. 고통스러운 슬픔을 이기지 못하는 모습 때문에 '우는 시인'이라는 별명으로도 불립니다.

체념한 듯 고개를 떨구고, 눈을 질끈 감은 채 두려움과 싸우고, 무거운 발걸음을 옮기며 단호한 결심을 드러내는 등 여섯 인물의 표정과 몸짓은 제각기 다릅니다. 그 안에 공통으로 두려워하면서도 이를 넘어서려는 꿋꿋함이 서로 엇갈리고 있습니다. 로댕은 죽음 앞에서 흔들리는 인간의 나약함을 숨기지 않고 그대로 담아냄으로써 오히려 그 고통을 딛고 품위를 지켜내는 인간의 모습을 조각했습니다.

그런데 이 이야기가 사실일까요? 〈칼레의 시민들〉 이야기는 14세기 연대기의 기록에 후대 문학가와 예술가의 상상력이 덧붙여진 거예요. 실제 여섯 명이 자발적으로 나섰는지, 필리파 왕비가 극적으로 구해냈는지에 대해서는 역사학자들 사이에서도 의견이 많습니다. 하지만 로댕에게 중요한 건 사실 여부가 아니었습니다. 죽음을 앞두고 존엄을 지키려 했던 인간의 용기와 두려움에 주목했지요. 이 작품은 공동체를 위해 자신을 내던진 고귀한 희생과 인류애를 상징하는 걸작으로 남았습니다.

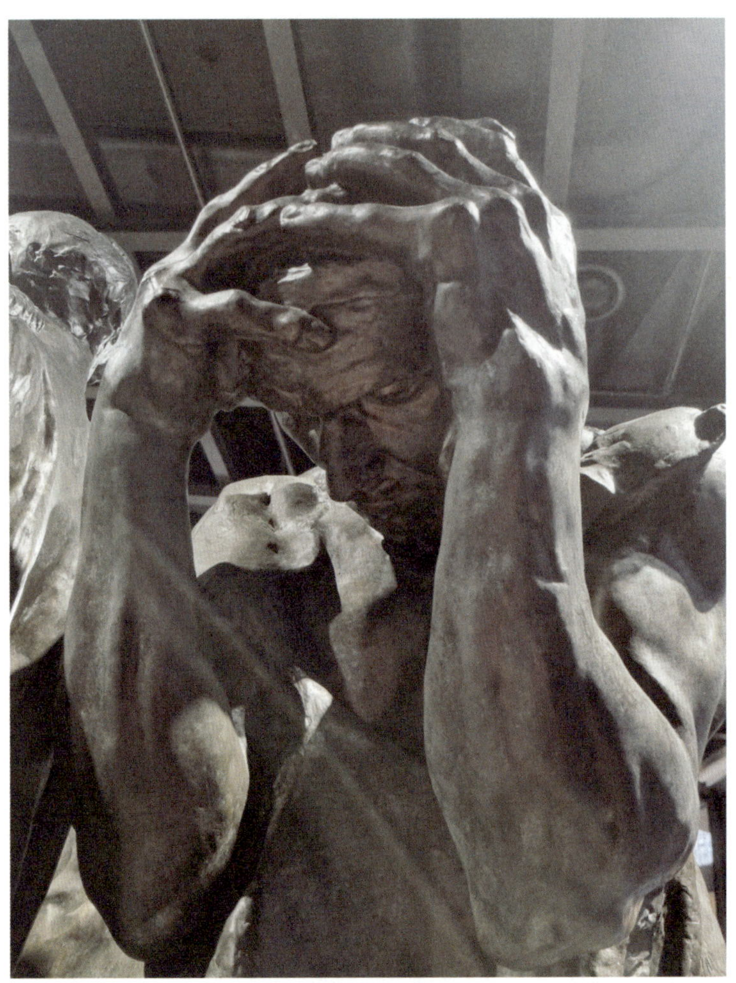

〈칼레의 시민들〉 앙드리외 당드르

로댕이 바꾼 기념비의 의미

•••

칼레시는 이들의 정신을 기리기 위해 당시 혁신적인 조각가였던 로댕에게 기념비 제작을 맡겼습니다. 로댕은 이미 〈청동시대〉와 〈지옥의 문〉 같은 대형 프로젝트를 통해 사실적인 인체 묘사와 강렬한 감정 표현으로 큰 명성을 얻고 있었거든요.

2년여에 걸쳐 완성된 〈칼레의 시민들〉은 1895년 칼레 시청 앞에 세워졌습니다. 막상 작품이 공개되자 사람들은 기대와 다른 모습에 놀랐습니다. 조각상은 사람들이 지나다니는 길 위, 감상자의 눈높이와 맞닿는 바닥 가까이에 세워졌습니다. 보는 이의 시선이 작품 속 인물들의 눈빛과 바로 마주치게 함으로써 그들의 고통과 용기를 바로 우리 이야기처럼 생생하게 느끼게 하려는 로댕의 세심한 배려였지요.

로댕은 전통적인 영웅 조각상에서 기대하는 당당한 얼굴이나 승리의 포즈도 거부했습니다. 여섯 명의 시민을 절망과 두려움, 비장함, 체념과 고독 그리고 마지막 순간까지 흔들리는 인간적인 망설임을 담아 각기 다른 표정과 자세로 구성했지요. 군인이 행진하듯 똑같이 늘어서 있는 게 아니라 각자의 감정에 빠진 여섯 명이 서로 다른 곳을 보며 흩어져 서 있습니다. '영웅이라면 당당해야 한다'라는 생각에 정면으로 맞서는 이 작품은 당시 사람들에게 큰 충격을 주었어요.

그 결과 작품은 칼레 시청 앞이 아니라 한동안 한적한 바닷가에 외롭게 놓여야 했지요. 다행히 시간이 흘러 그 가치를 인정받았고, 지금은 1926년 로댕이 의도했던 대로 '지면 가까이'

설치되어 프랑스 칼레 시청 광장을 지키고 있습니다. 우리나라에서는 삼성미술관 리움이 청동 주조본을 소장하고 있어서 프랑스에 가지 않아도 로댕의 걸작을 직접 감상할 수 있답니다.

영웅의 가면을 벗고 인간의 얼굴을 마주하다

•••

〈칼레의 시민들〉은 흔히 '노블레스 오블리주', 즉 '지위·권력·부를 가진 사람일수록 더 큰 책임과 희생을 감당해야 한다'라는 의미로 설명하곤 합니다. 물론 중요한 메시지이지만 이 작품에는 그보다 더 깊은 이야기가 숨어 있습니다. 영웅적인 행동을 한 인물임에도 그들은 희생을 어찌 감당해야 할지 망설이면서 절망에 빠지거나 흔들리며 고민하는 인간이라는 사실입니다. 그래서 로댕은 이 작품을 사람의 눈높이에 세우길 바랐던 것이 아닐까요?

노블레스 오블리주가 책임의 상징이라면 로댕의 〈칼레의 시민들〉은 그 책임을 짊어지기까지의 두려움과 고뇌 그리고 끝까지 용기 있게 행동하려는 인간의 강인함을 보여줍니다. 보는 이의 마음을 깊이 흔드는 이유이기도 하지요. 만약 내가 칼레 시민 중 한 사람이라면 어떤 표정을 하고 서 있었을까요? 절망에 고개를 떨굴까요, 끝까지 버티겠다는 마음으로 땅을 굳게 디디고 서 있을까요?

인간 정신을 조각한다

청동시대 (1877)
L'âge d'airain / The Age of Bronze
오귀스트 로댕
François Auguste René Rodin (1840-1917)
180.5×68.5×54.5cm, 조각(청동)

#젊은 남성 누드 조각 #사실적 해부학 #현대 조각의 출발점 #정지와 움직임 사이 #실물 캐스팅 논란 #고대 조각과 무엇이 다를까? #정신이 드러나는 신체 #이상적 몸 → 실제 몸 #완성된 포즈처럼 보이는가, 움직이고 있다고 느껴지는가?

〈청동시대〉 젊은 로댕의 도전

•••

이제 정원을 떠나 로댕미술관 안으로 들어가 보겠습니다. 창가로 부드러운 빛이 스며드는 전시실에서 로댕의 젊은 시절을 대표하는 작품 〈청동시대〉를 먼저 만나보죠. 이 작품은 로댕이라는 이름을 세상에 알린 데뷔작인 동시에 오해와 논란을 안겨 주었습니다. 왜냐하면 너무나도 사람 같았기 때문입니다.

1877년 브뤼셀 살롱에서 처음 공개된 〈청동시대〉를 보고 사람들은 실제 사람을 석고로 그대로 본뜬 게 아니냐며 의심했습니다. 로댕은 억울했지요. 수없이 관찰하며 스케치를 거듭했고, 흙을 주물러 자기 손으로 조각한 작품이었으니까요. 의혹은 한

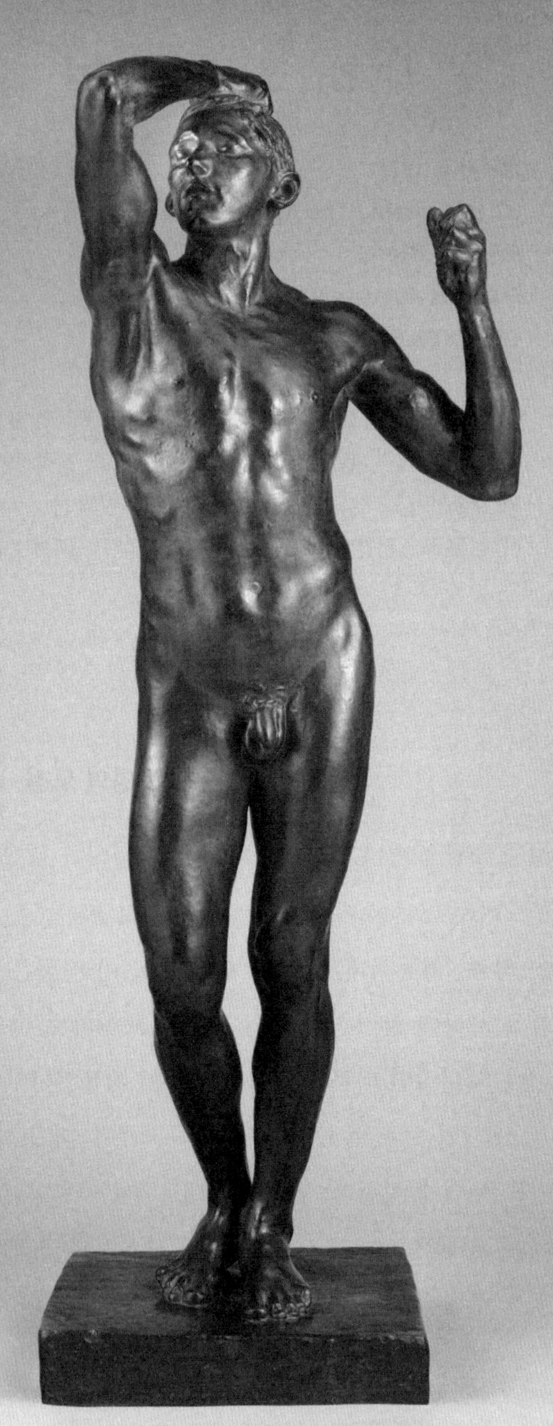

동안 로댕의 뒤를 따라다녔습니다. 결국 작품의 모델이었던 벨기에 군인 오귀스트 네토가 '내가 포즈를 취했다'라고 말해야 했지요. 그제야 비로소 로댕의 결백이 밝혀졌습니다.

〈청동시대〉는 전통적인 청동 기법으로 만들어졌습니다. 먼저 밀랍으로 조각을 빚은 뒤 그 위에 흙을 씌워 굳히고 밀랍을 녹여 내 빈자리에 청동을 부어 넣는 방식이지요. 작품을 자세히 살펴볼까요? 한 청년이 맨몸으로 서서 한쪽 팔은 머리에 얹고 다른 쪽 팔은 가볍게 주먹을 쥐고 있습니다. 그저 한 명의 '인간'의 모습이지요.

당시 조각은 신화 속 영웅을 웅장하게 그려내는 경우가 대부분이었습니다. 그런 시대에 로댕이 빚어낸 평범한 젊은 남자의 조각은 어떤 의미가 있을까요? 얼핏 보면 한 청년의 몸을 그대로 옮겨놓은 것 같지만 그 안에는 살아 있는 힘이 담겨 있어요. 로댕은 인물에게서 전쟁의 상처와 인간의 연약함 그리고 살려는 의지를 읽어내고는 근육의 긴장, 피부의 부피감, 손끝과 발가락까지 섬세하고 사실적으로 표현했습니다.

로댕이 이런 통찰을 얻게 된 건 1875년 이탈리아 여행을 통해서입니다. 피렌체와 로마에서 미켈란젤로의 조각을 보고 충격을 받은 로댕은 '조각이란 인간의 몸에서 시작된다'라는 깨달음을 얻었지요. 그때의 감동이 씨앗이 되어 곧 작품으로 이어졌습니다. 〈청동시대〉는 있는 그대로의 인간을 조각으로 표현할 수 있음을 세상에 보여준 첫 작품입니다.

발자크 기념상 (1898)
Monument to Balzac / Monument à Balzac
오귀스트 로댕
François Auguste René Rodin (1840-1917)
270×120.5×128cm, 조각(청동)

#오노레 드 발자크 #인간 정신의 조각 #문학적 에너지와 창작의 광기 #이건 발자크가 아니다 #천재성의 형상화 #망토 같은 외형 #실루엣 중심 #사실성 거부 #추상으로 향하는 조각
#현대 조각의 전환점 #지금 만들었다면 반응은 달랐을까?

〈발자크 기념상〉 보이지 않는 것을 드러내다

•••

이번엔 전혀 다른 결의 인물 조각을 만나보겠습니다. 바로 로댕의 대표작 가운데 하나인 〈발자크 기념상〉입니다. 강렬한 존재감을 풍기는 이 작품은 한눈에 시선을 사로잡을 수밖에 없지요.

미술관 전시실에는 이 작품의 다양한 실내 모형과 석고 버전이 전시되어 있습니다. 눈썰미가 좋다면 정원에서 본 〈발자크 기념상〉이 기억날 거예요. 초기 석고본을 살펴보면 발자크의 체형과 표정, 몸의 윤곽과 자세, 옷의 주름 등이 완전히 다듬어지지 않은 상태입니다. 이는 로댕이 수없이 연구하며 제작했다는 걸 알 수 있습니다. 거친 질감에서 글을 쓰며 치열하게 고뇌하던 발자크의 모습을 눈에 그려보게 되지요.

〈발자크 기념상〉은 프랑스 문학의 거장 오노레 드 발자크를 기리기 위해 프랑스 작가협회가 로댕에게 의뢰한 작품입니다. 처

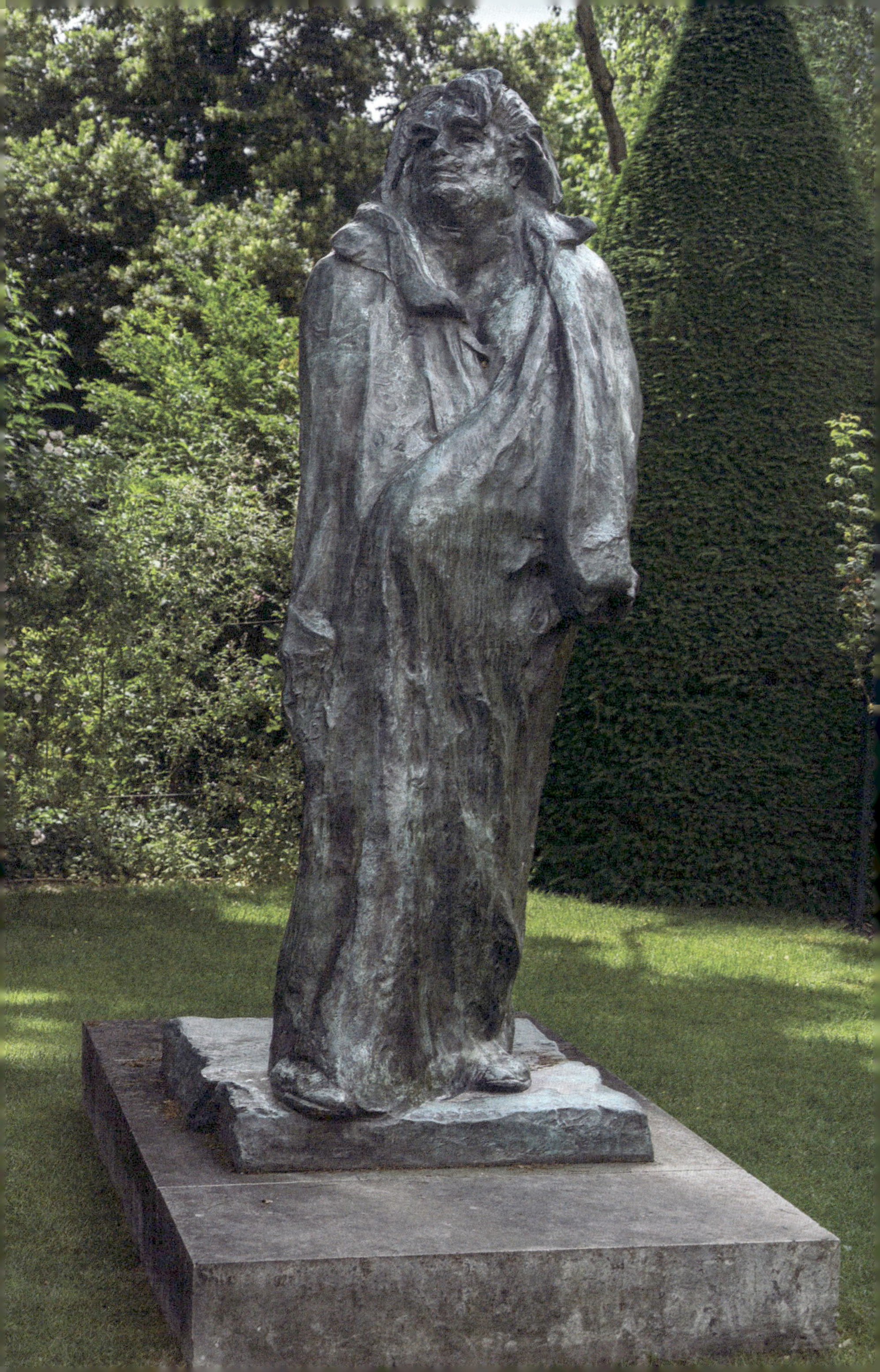

음 공개되었을 때 도저히 발자크처럼 보이지 않는다며 큰 논란이 일었습니다. 솔직히 이 작품을 보면 위풍당당하게 서 있다기보다는 망토 속에 파묻혀 있는 느낌이 드는 게 사실입니다. 얼굴은 두툼하고 눈빛은 깊이 꺼져 있고 망토도 성글게 표현되어 있어요. 〈청동시대〉에서 볼 수 있던 사실적인 세부 묘사는 보이지 않습니다. 하지만 땅을 꿋꿋하게 딛고 서 있는 육중한 실루엣과 거칠게 표현된 얼굴에서 강한 에너지가 느껴집니다.

이게 바로 로댕의 의도가 아닐까요? 발자크의 겉모습이 아니라 그의 정신과 열정, 창작의 불꽃을 표현하는 것! 발자크는 육체가 아니라 영혼으로 존재한다는 게 로댕의 생각이었습니다. 몸이 망가질 정도로 밤낮없이 이야기를 쏟아냈던 발자크의 치열한 내면을 하나의 묵직한 덩어리 속에 압축해 낸 겁니다.

초기에는 혹평을 받았지만 시간이 흐르면서 〈발자크 기념상〉은 근대 조각의 변화를 알린 걸작이 되었습니다. 로댕이 평생 꿈꾼 눈에 보이지 않는 인간 정신의 본질을 형상화한 작품이기 때문이지요. 로댕미술관, 오르세미술관뿐 아니라 파리 몽파르나스 부근 거리에도 〈발자크 기념상〉 청동 주조본이 세워져 프랑스 문화의 상징으로 사랑받고 있습니다.

야외에 설치된 청동 조각 작품은 시간이 갈수록 표면이 거칠어지고 색이 변하기도 하면서 그림자와 빛의 변화에 따라 감상의 느낌이 달라집니다. 같은 작품이어도 관람하는 공간이 바뀌면 감정도 의미도 달라질 수 있어요. 실내외에 전시된 〈발자크 기념상〉을 보면서 느낌이 어떻게 달라지는지 체크해 볼까요?

만약 로댕이 〈천국의 문〉을 만든다면 어떤 작품이 조각될 수 있을까요?

① 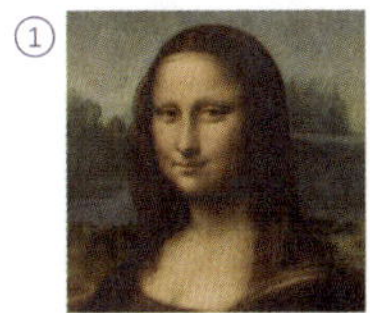
② 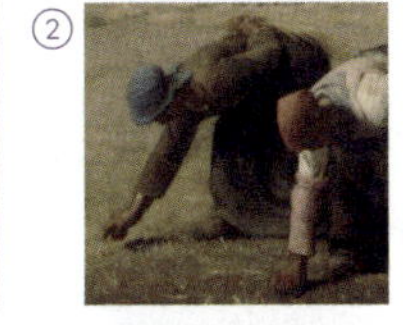
③ 
④ 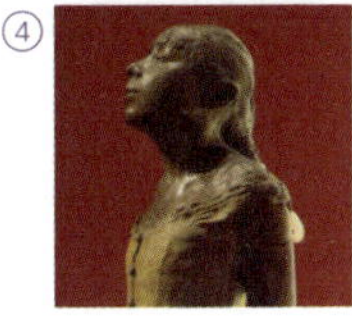
⑤ 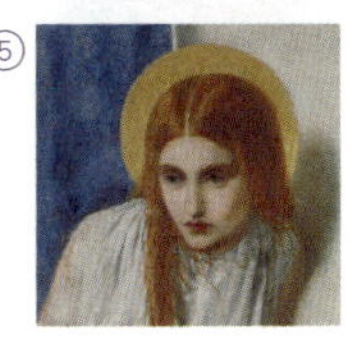

〈생각하는 사람〉에게 다른 이름을 지어준다면 어떤 이름으로 하고 싶은가요?

〈발자크 기념상〉처럼 조각 작품을 만든다면 우리나라 역사 인물 중 누가 제일 잘 어울릴까요?

①김구 ②세종대왕 ③황진이 ④윤동주 ⑤ 유관순

보는 이의 눈높이에 맞게 설치된 〈칼레의 시민들〉처럼 조각해 보고 싶은 이야기를 골라보세요.

①『홍길동전』

②『난장이가 쏘아올린 작은 공』

③『레 미제라블』

④ 영화 〈1987〉

⑤『오즈의 마법사』

오랑주리미술관

Musée de l'Orangerie

겨울 온실에서 예술의 성소로

•••

오랑주리미술관은 1852년 튈르리 정원 한쪽에 세워졌던 오렌지 나무 전용 온실이었습니다. 오랑주리*Orangerie*는 프랑스어로 오렌지 온실을 뜻하는데요. 겨울철 추위에 약한 오렌지 나무를 안전하게 보호하기 위해 지어진 보금자리가 세월이 흘러 세계인의 사랑을 받는 아름다운 미술관으로 새롭게 태어난 것이지요.

건물의 남쪽 벽은 커다란 유리창으로 가득 채워 따스한 햇살을 아낌없이 받아들이고, 북쪽은 두꺼운 돌담을 세워 차가운 바람을 막았습니다. 출입구 위 삼각형 장식에는 오렌지와 포도, 곡식 이삭이 흘러넘치는 '풍요의 뿔'이 조각되어 있는데 그리스 신화에서 제우스를 길렀던 염소 아말테이아의 뿔에서 비롯되었습니다. 끝없이 솟아나는 수확과 번영을 뜻하지요. 오랑주리미술관은 그 풍요의 전통을 이어받은 거예요.

1922년, 제1차 세계대전이 끝난 지 몇 해 지나지 않은 파리에는 아직 전쟁의 상처가 남아 있었습니다. 그때 클로드 모네가 〈수련〉 연작을 국가에 기증하겠다는 뜻을 밝힙니다. 자신의 작품이 평화를 기념하고 사람들에게 위로가 되기를 바랐습니다. 그리고 작품 전시에 대해서도 자연광 아래 흰 벽을 배경으로 전시해야 작품의 색과 빛이 제대로 살아난다고 강조했지요. 그 뜻을 반영해서 건축가 카미유 르페브르는 천창에서 빛이 들어오게 두 개의 타원형 전시실을 설계했습니다. 서로 이어진 전시실은 무한대(∞) 기호처럼 펼쳐지며 천창으로 쏟아지는 햇살은 그림을 부드럽게 비춰줍니다.

1927년 5월 17일, 모네가 세상을 떠난 뒤에 오랑주리미술관의 첫 전시가 열렸습니다. 〈수련〉 연작은 실제 연못가에 들어온 착각이 들 정도로 물결과 빛이 벽을 따라 이어지며 공간과 하나가 되었죠.

이후 1959년과 1963년, 오랑주리미술관은 파리의 유명한 미술상 폴 기욤과 건축가 장 발터가 남긴 소장품을 기증받아 규모가 커졌습니다. 세잔, 르누아르, 피카소, 모딜리아니 같은 20세기 거장의 작품을 한자리에 모은 이 컬렉션은 오랑주리미술관을 '현대미술의 집'으로 자리 잡게 만들었습니다.

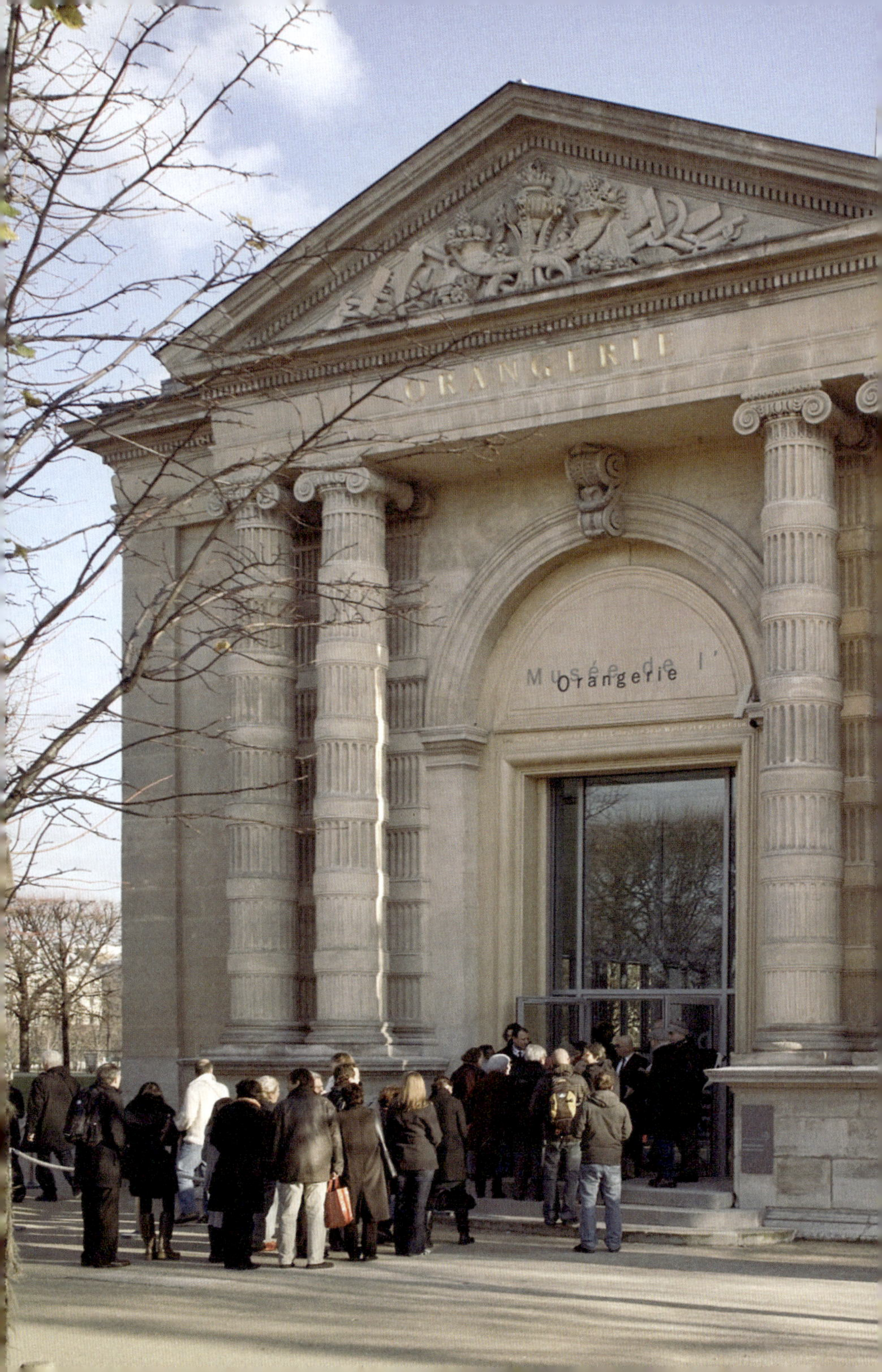
ORANGERIE
Musée de l'
Orangerie

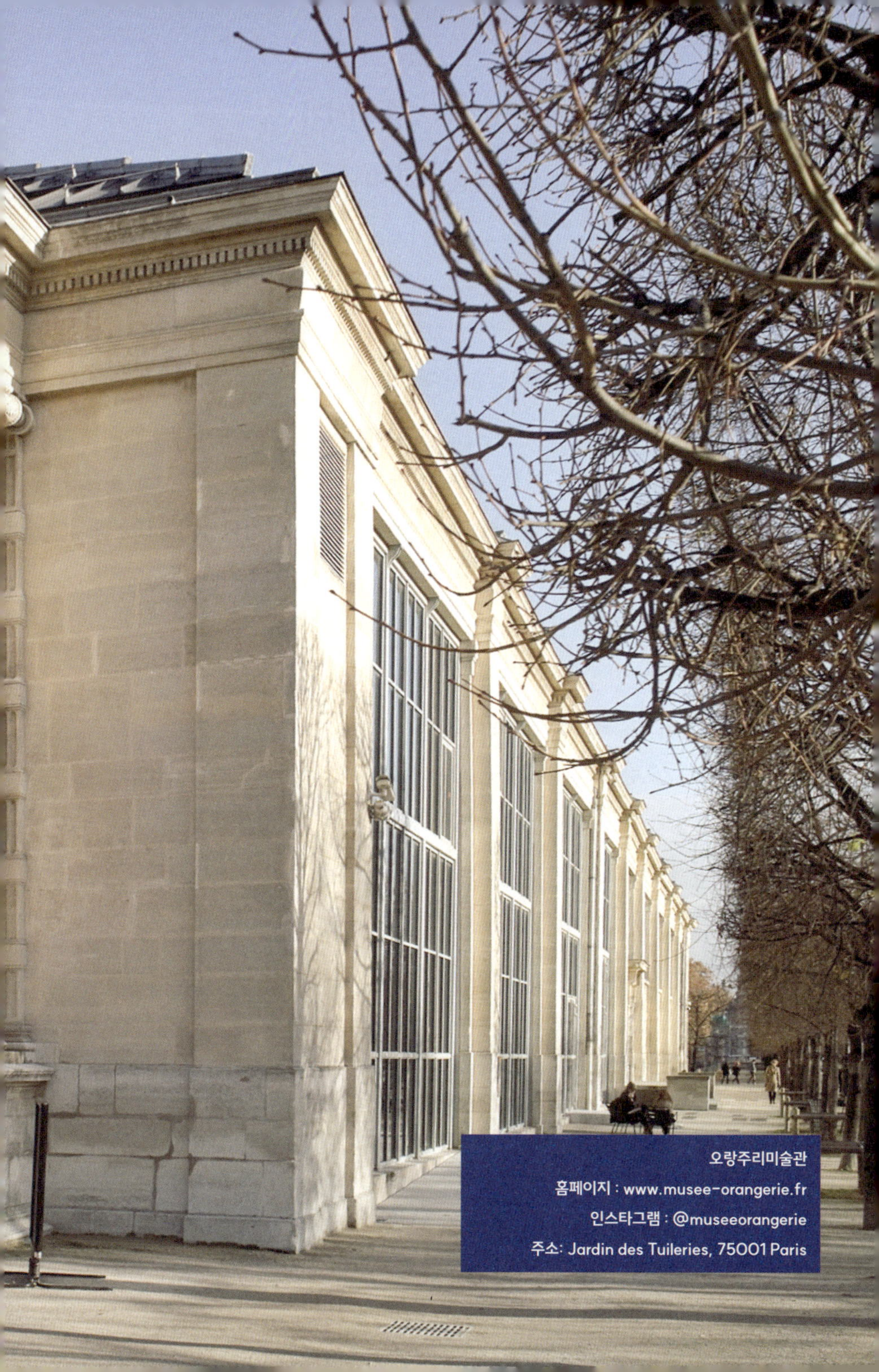

오랑주리미술관
홈페이지 : www.musee-orangerie.fr
인스타그램 : @museeorangerie
주소: Jardin des Tuileries, 75001 Paris

오랑주리미술관의 건축 이야기

•••

오랑주리미술관은 새로운 소장품을 전시하기 위해 계단과 중층이 더해지면서 조금씩 달라졌습니다. 시간이 흐르면서 모네가 꿈꾸었던 빛은 가려지고 말았지요. 〈수련〉은 자연광에서 감상해야 한다는 사람들의 목소리가 커졌고, 2000년부터 2006년까지 대규모 보수 공사가 진행되었습니다.

막혀 있던 천창이 다시 열리면서 자연광이 공간을 은은하게 채우게 되었고, 모네의 색을 되살려주었습니다. 구름 낀 날엔 부드럽게, 햇살 비치는 날엔 밝게 해주어서 그림이 날씨와 시간에 따라 다르게 느껴지도록 설계한 거예요. 보수 공사로 지하 공간이 넓어지면서 특별 전시실, 도서관, 교육실, 강당까지 들어섰습니다. 오랑주리미술관은 그림을 감상하는 장소를 넘어서 배우고 연구하고 이야기를 나누는 공간으로 다시 태어났습니다.

이처럼 오랑주리미술관에는 여러 겹의 공간이 포개져 있습니다. 겨울에 오렌지 나무를 따뜻하게 품었던 온실, 모네가 〈수련〉 연작에 담아낸 빛과 지베르니 정원, 작품을 부드럽게 감싸는 곡선의 전시실까지 말이지요. 이 모든 요소가 어우러진 공간은 과거와 현재, 예술과 삶이 하나로 맞닿는 지점이 됩니다.

거장들이 남긴 또 다른 발자취

•••

오랑주리미술관의 주인공은 클로드 모네의 〈수련〉 연작입니다. 미술관에 들어서는 순간 두 개의 타원형 전시실을 가득 채운 기다란 캔버스에 매혹당하고 맙니다. 벽면을 따라 일렁이는 작품들 사이를 걷다 보면 빛과 물결이 어우러진 세계로 직접 걸어 들어가는 듯한 몰입감이 들거든요.

오랑주리미술관의 매력은 여기서 끝이 아닙니다. 앞서 설명했듯이 현대 거장들의 작품 컬렉션 또한 매우 훌륭하기 때문입니다. 〈수련〉 연작의 여운을 뒤로하고 지하 전시실로 발걸음을 옮겨 보세요. 세잔, 르누아르, 피카소, 마티스 등 이름만 들어도 설레는 인상주의와 후기 인상주의 거장들의 명작이 있습니다. 따뜻한 가족의 온기와 웃음이 담긴 르누아르의 〈피아노 치는 소녀들〉, 〈가브리엘과 장〉, 오랑주리미술관과 특별한 인연이 있는 〈폴 기욤의 초상〉도 눈여겨 보세요. 모딜리아니만의 길쭉한 얼굴과 가늘고 깊은 눈매의 표현은 보는 이에게 강렬한 인상을 줍니다. 세잔의 〈사과와 비스킷〉, 〈배와 목욕하는 사람들〉, 마티스의 〈붉은 바지를 입은 오달리스크〉, 〈소파 위의 여인들〉 같은 작품까지 소장한 오랑주리미술관은 '작지만 알찬 미술관'입니다.

그림이 방이 되다

〈수련〉 연작
Les Nymphéas / Water Lilies
클로드 모네
Oscar-Claude Monet (1840-1926)
캔버스에 유채

#수련 #지베르니 정원 #연못 #물의 표면 #타원형 전시실 #파노라마 회화 #원근법 거부 #인상주의 이후 #추상에 가까운 회화 #모네의 마지막 대작 #이건 풍경화일까, 그냥 색일까? #가까이서 보면 형태가 흐린데, 멀리서 보면 왜 연못처럼 보일까? #그림 속에 내가 들어가 있는 느낌은 왜 들까?

모네의 지베르니 정원 그리고 연못

평생 '수련'을 그려온 화가 클로드 모네 이야기를 해보겠습니다. 그는 수련을 소재로 250여 점에 달하는 작품을 그렸습니다. 1890년대부터 모네는 파리 근교 지베르니에 정착해서 연못에 핀 수련을 해가 뜨고 지는 시간과 계절, 날씨가 바뀔 때마다 지켜봤지요. 안개가 내려앉은 풍경은 희미하게, 강렬한 햇살이 수면을 은빛으로 물들이면 반짝이게, 이런 변화를 끊임없이 담아낸 작품이 〈수련〉 연작입니다. 말 그대로 자연과 시간이 빚어낸 기록 그 자체입니다.

모네는 지베르니 정원 곳곳에 튤립, 아이리스, 작약, 양귀비,

국화, 장미, 라일락, 수국, 철쭉 같은 꽃과 나무를 심어서 작은 낙원 같은 풍경을 만들었습니다. 연못에는 다리를 놓고 수련을 심었어요. 모네는 버드나무가 드리워진 연못가를 정성껏 가꾸며 매일 명상을 즐겼습니다. 이곳이 '최고의 작업실'이자 안식처였던 셈이지요.

초기에는 수련을 연못의 전경이나 다리와 함께 그렸으나 시간이 지나면서 모네의 시선은 변해갔습니다. 언젠가부터 다리와 지상의 경계는 사라지고 하늘과 구름, 나무가 수면에 뒤섞인 풍경만 남게 되었습니다. 수련을 그리는 행위가 곧 자신의 마음을 담는 일이 된 거예요.

모네는 생전에 성공한 화가 중 한 사람입니다. 말년에는 작품 판매가 크게 늘었고 유럽과 미국에서도 명성이 높아졌지요. 하지만 모네가 진정으로 원했던 것은 자연이 주는 순간의 감동을 전하는 일이었습니다. 모네의 작품을 감상하다 보면 말로 표현하기 어려운 감정이 마음을 툭 건드리는 순간이 있습니다. 바로 그 자연이 주는 색채의 힘이 모네가 사랑받는 이유입니다.

빛과 시간의 시 〈수련〉

•••

모네가 마지막으로 남긴 작품이 오랑주리미술관에 걸린 8점의 〈수련〉입니다. 각 작품의 높이는 약 2미터로 똑같고, 너비는 6미터에서 17미터까지 다양합니다. 모든 작품의 길이를 합치면 1미터에 이릅니다. 곡선 벽면을 따라 펼쳐진 화폭은 시선이 머무는 곳마다 각기 다른 연못의 풍경을 보여줍니다.

이제 〈수련〉 연작을 하나씩 살펴볼까요? 동굴을 닮은 두 개의 타원형 전시실에는 각각 4점의 작품이 걸려 있습니다. 먼저 들어서는 서쪽 방에서는 물 위에 비친 버드나무와 나뭇가지의 그림자가 파노라마처럼 펼쳐집니다.

〈버드나무가 있는 아침〉은 연못 위로 늘어진 버드나무 가지가 아침의 빛을 머금고 있습니다. 가지 하나하나가 물 위에 흔들리며 화면은 고요한 리듬으로 가득 차 있죠.

〈두 그루의 버드나무〉는 쌍둥이처럼 양쪽에 나란히 선 버드나무가 수면 위에 비치는데, 뚜렷한 형상이라기보다 흐릿한 그림자와 색의 덩어리로 보입니다. 가까이서 보면 물감의 흔적일 뿐인데 멀리서 보면 두 그루의 나무가 눈앞에 나타나는 게 참 신기합니다.

〈맑은 아침과 버드나무〉는 한층 맑고 투명해 보입니다. 맑은 햇살이 쏟아지는 아침, 물 위에 길게 늘어진 버드나무가 햇빛 속에 녹아들 듯 가볍게 흔들리는 것 같습니다.

마지막으로 〈나무의 반영〉에서는 나무 그림자가 주인공입니다. 짙은 녹색이 수면을 채우며 시선을 안으로 깊숙이 끌어당깁니다. 흩뿌려진 색채는 추상화처럼 보여도 나무의 존재감을 또렷하게 드러내지요.

동쪽 방으로 발걸음을 옮기면 연못 위 세상입니다. 수면을 타고 번지는 빛이 전시실을 가득 메우고 있습니다. 벽이 사라지고 물 위를 걷는 듯한 착각마저 듭니다.

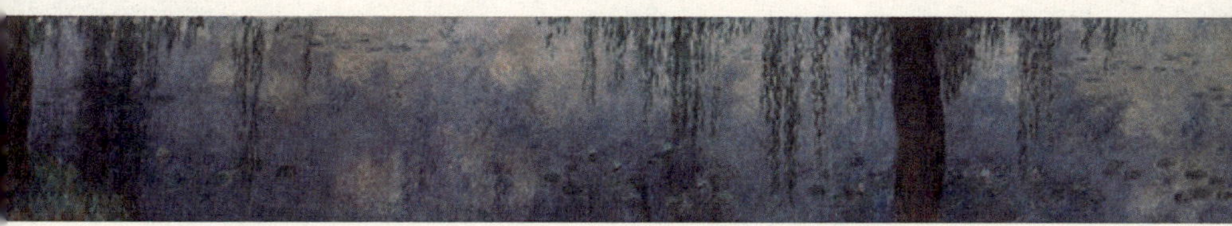

〈버드나무가 있는 아침〉(1914-1926), Le Matin aux saules / The Water Lilies -Morning with Willows, 200×1275cm, 캔버스에 유채

〈두 그루의 버드나무〉(1914-1926), Les Deux Saules / The Water Lilies-The Two Willows, 200×1700cm, 캔버스에 유채

〈맑은 아침과 버드나무〉(1914-1926), Le Matin clair aux saules / The Water Lilies - Clear Morning with Willows, 200×1275cm, 캔버스에 유채

〈나무의 반영〉(1914-1926), Reflets d'arbres / The Water Lilies - Tree Reflections, 200×850cm, 캔버스에 유채

〈구름〉(1914-1926), Les Nuages / The Water Lilies - The Clouds,
200×1270cm, 캔버스에 유채

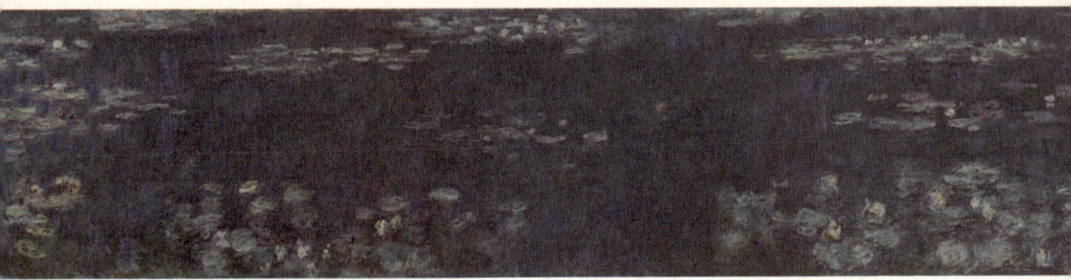

〈초록빛 반영〉(1914-1926), Reflets verts / The Water Lilies - Green Reflections,
200×850cm, 캔버스에 유채

〈아침〉(1914-1926), Le Matin / The Water Lilies - Morning
200×1275cm, 캔버스에 유채

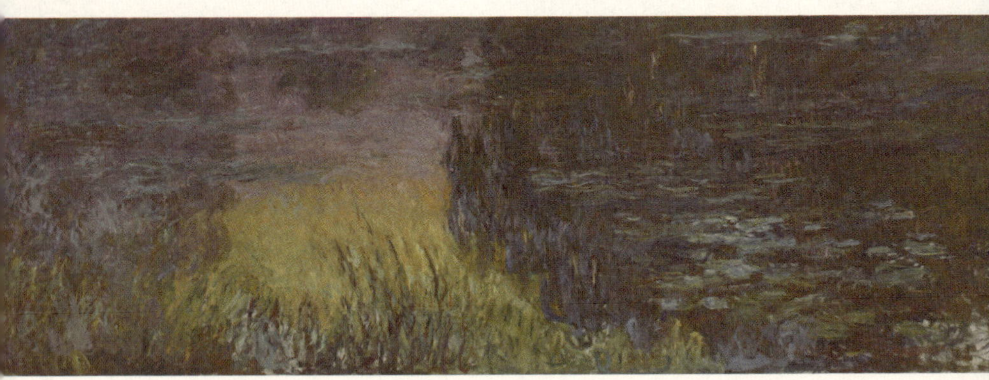

〈석양〉(1914-1926), Soleil couchant / The Water Lilies - Setting Sun
200×600cm, 캔버스에 유채

〈구름〉은 물 위에 비친 구름의 그림자가 아른거립니다. 흰색과 회색 덩어리가 번져나가는 모습은 수면 위가 아니라 하늘을 보는 것 같은 몰입감을 줍니다. 구름과 연못의 경계가 사라져서 연못 속에 들어온 게 아닐까 하는 생각이 들지요.

〈초록색 반영〉은 초록의 세계가 연못에 가득 찼습니다. 겹겹이 쌓인 녹색은 수면에 숲이 내려앉은 것 같습니다. 일렁이는 빛과 바람이 느껴지는 거대한 화면이 가까이 다가서면 그저 수많은 색 덩어리일 뿐이라는 사실이 신기합니다.

〈아침〉은 갓 솟아오른 햇살이 연못 위로 부드럽게 내려앉은 찰나를 담았습니다. 화면을 감싸는 노란빛과 연둣빛은 보는 이의 마음마저 환하게 밝힙니다. 아침의 정적을 수련처럼 고요한 색채로 빚어낸 작품이지요.

마지막으로 〈석양〉을 마주하며 저무는 노을을 상상해 보세요. 연못을 물들인 붉은빛과 보랏빛 그림자가 화폭을 감싸며 하루의 끝을 고요하게 갈무리하지요.

빛이 바꾸는 공간의 표정

•••

서쪽 방과 동쪽 방, 두 전시실은 빛의 흐름과 시간의 궤적을 따라 작품을 감상하도록 설계되었습니다. 자연스럽게 작품과 함께 하루를 걷게 되지요. 천창으로 드는 자연광에 따라 빛이 옅어지거나 밝아지며 시시각각 변하는 공간, 이것이 바로 모네가 의도한 전시실입니다. 그렇게 전시실은 하루에도 몇 번씩 우리의 얼굴처럼 표정을 바꿉니다. 전시실 중앙 벤치에 앉으면 어느 방향에서든 360도로 펼쳐진 작품을 온전히 바라볼 수 있습니다.

작품을 가까이서 보면 붓질은 거칠고 색은 번진 듯 보입니다. 하지만 몇 걸음 물러나면 수면 위 햇빛이 번지고 수련이 부드럽게 떠오르며 물결이 스치는 것 같습니다. 〈수련〉 연작은 화가의 눈에 보이는 대상을 멀고 가깝게 표현하는 전통적인 원근법으로 그린 작품이 아닙니다. 그래서 '어떤 것이 수련이고, 어떤 것이 수면일까?' 하고 의문이 생기기도 합니다.

모네는 말년에 색이 뒤틀리고 형태가 무너져 보이는 백내장으로 고통받았습니다. 하지만 그는 이를 오히려 평면성과 색채를 탐구하는 기회로 삼았습니다. 〈수련〉 연작에서 구름, 나무, 수련, 연못 등을 경계 없이 수직으로 세워진 평면 위에 놓고 겹쳐 그렸어요. 이렇듯 구체적인 형태가 해체되고 색채가 강조된 화면은 훗날 추상회화에 영감을 주었지요. 모네의 작품이 현대 추상의 출발점으로 평가받는 이유입니다.

오랑주리 미술관이 모네 예술의 정점을 보여준다면, 오르세 미술관은 그 결실에 이르기까지 모네가 걸어온 치열한 여정을 보여줍니다. 두 곳을 함께 둘러본다면 모네가 평생 갈구했던 빛과 자연의 의미를 온전히 이해하게 될 거예요.

행복에 관한 친숙한 그림

피아노 치는 소녀들 (1892)
Jeunes filles au piano / Girls at the Piano
오귀스트 르누아르
Pierre-Auguste Renoir (1841-1919)
116×81cm, 캔버스에 유채

#인상주의 #실내 풍경 #음악과 미술 #부드러운 색채 #흐릿한 윤곽선 #인물 중심 구도 #왜 같은 주제를 여러 번 그렸을까?
#그림 장면이 상상이 되는 이유는 뭘까?
#배경이 자세히 그려지지 않은 이유는 무엇일까?

화가와 미술상 그리고 남은 유산

이제 〈수련〉 연작의 감동을 간직한 채 지하 전시실로 발걸음을 옮겨봅니다. 이곳은 프랑스 미술사의 물줄기를 바꾼 수집가 폴 기욤과 장 발터의 소장품이 전시된 공간입니다. 특히 폴 기욤은 아프리카 조각과 현대미술의 가치를 가장 먼저 알아본 미술상이었습니다. 아이돌 스타를 발굴하는 기획자처럼 그는 신진 화가들의 재능을 일찍이 발견해 후원했습니다. 그가 주목한 화가들의 면면만 보아도 그의 안목에 놀라게 됩니다. 피카소, 마티스, 르누아르, 세잔, 모딜리아니 등 당시에는 이름 없는 젊은 예술가들이었지만 과감하게 투자했지요.

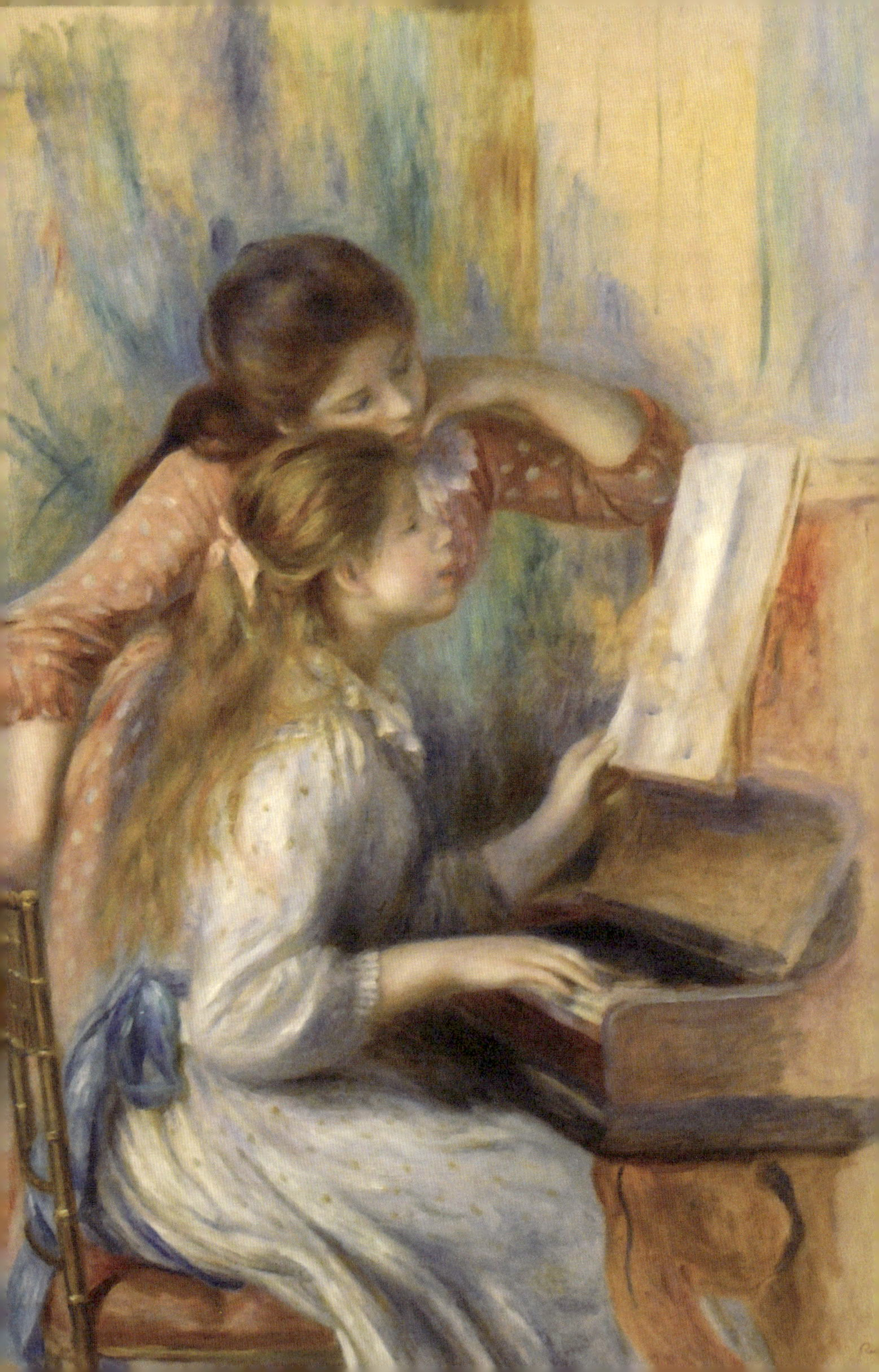

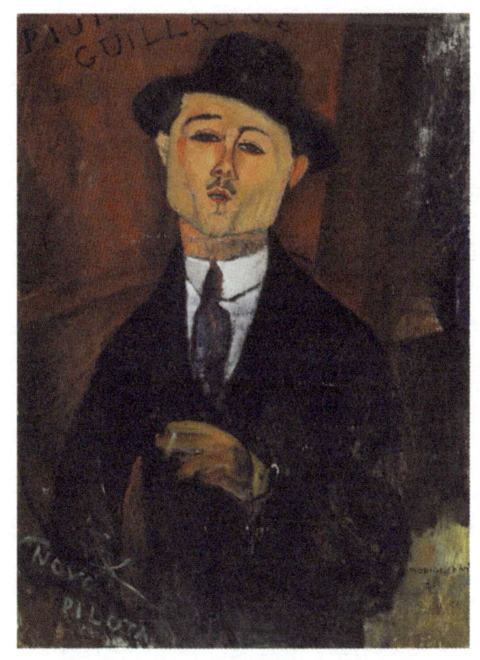

〈폴 기욤의 초상〉(1916), 아메데오 모딜리아니

특히 모딜리아니와는 사업적 관계를 넘어 각별한 우정을 나눴습니다. 기욤의 후원 덕분에 모딜리아니는 창작에 몰두할 수 있었고, 그 고마움을 담은 〈폴 기욤의 초상〉이 이곳에 남아 있습니다. 정장에 중절모를 쓴 청년이 비스듬히 앉아 우리를 바라보고 있습니다. 초상화의 위쪽에는 큼직하게 '폴 기욤*PAUL GUILLAUME*'의 이름이, 왼쪽 아래에는 '새로운 조종사'를 뜻하는 이탈리아어 'NOVO PILOTA'가 쓰여있습니다. 모딜리아니에게 기욤은 삶이 흔들릴 때마다 새로운 길을 열어준 안내자이자 예술의 항해를 이끌어 준 선장이었던 겁니다.

기욤은 42세의 젊은 나이에 세상을 떠났습니다. 이후 그의 아내가 수집가이자 사업가인 장 발터와 재혼하며 두 사람의 소장품이 하나로 모였습니다. 오랑주리미술관에서는 이 방대한 수집품을 '발터-기욤 컬렉션*La collection Walter-Guillaume*'이라는 이름으로 선보이고 있습니다.

서곡에서 변주곡까지, 자매의 음악

'발터-기욤 컬렉션'에는 유독 친숙한 작품이 많습니다. 그중에서도 피아노 학원 벽면에서 한 번쯤 마주쳤을 법한, 마음이 포근해지는 르누아르의 〈피아노 치는 소녀들〉이 눈에 띕니다.

오르세 미술관을 먼저 방문했다면 이 그림이 낯익을지도 모릅니다. 르누아르는 이 주제를 여러 점 남겼기 때문이죠. 오랑주리의 작품이 자유로운 스케치 느낌이라면 오르세의 것은 더 공들여 완성한 형태입니다. 나중에 성숙해진 자매의 모습까지 다시 그렸을 만큼 르누아르가 각별히 애착을 가졌던 소재입니다. 드라마가 예고편, 본편, 속편으로 이어지듯 여러 버전으로 그린 거지요.

먼저 오랑주리미술관에 있는 〈피아노 치는 소녀들〉을 살펴볼게요. 푸른 리본을 매고 흰 드레스를 입은 금발 소녀가 건반을 누르며 입술은 노래를 흥얼거리는 듯 살짝 벌리고 있지요. 그 곁에서 주홍빛 드레스를 입은 갈색 머리 소녀는 피아노에 팔을 기댄 채 악보를 살핍니다. 배경은 커튼과 벽의 경계조차 모호할 만큼 자유로운 파스텔 톤으로 채워졌습니다. 아직 성숙하지 않은 두 소녀처럼 배경색조차 정해지지 않은 이 미완의 느낌이 오히려 그림에 생기를 줍니다.

그림 속 두 소녀는 자매로 르누아르의 후원자 앙리 르롤의 두 딸, 이본과 크리스틴입니다. 피아노를 치는 금발의 소녀는 언니 이본, 옆에서 악보를 보는 소녀는 동생 크리스틴. 르누아르는 현실 자매의 모습을 따뜻한 색감으로 담아냈습니다. 화음을 맞추다 웃음이 터지고, 음표를 틀려서 "연습 더 해야겠다." 하며 이야기를 나누는 장면이 자연스럽게 그려집니다. 꾸밈없는 얼굴과 자연스러운 몸짓에는 어색함이 느껴지지 않습니다. 이처럼 르누아르는 평범한 일상을 예술로 특별하게 바꿔놓을 줄 아는 화가입니다.

오르세미술관 버전의 〈피아노 치는 소녀들〉은 좀 더 완성된 그림이라고 했는데요. 과연 무엇이 다를까요? 오랑주리미술관의 작품과 달리 피아노 주변의 정경을 한층 세밀하게 그려냈습니다. 푸른빛과 초록빛 커튼이 드리워진 뒤편으로 우아한 소파와 액자가 살짝 비치며 아늑한 살롱의 분위기를 더합니다. 피아노 위에는 화병과 책, 촛대가 놓였고 피아노의 표면 질감 또한 선명하게 살아있습니다. 화면을 채운 가구와 소품들이 풍성해진 만큼 두 소녀의 옷차림에도 변화가 생겼습니다. 언니 이본의 흰 드레스와 동생 크리스틴의 옷에서 도트 무늬가 빠지면서 한결 우아하고 여성스러운 느낌이 납니다. 뉴욕 메트로폴리탄 미술관에도 같은 주제의 작품이 있는데, 오랑주리 버전보다 크기는 조금

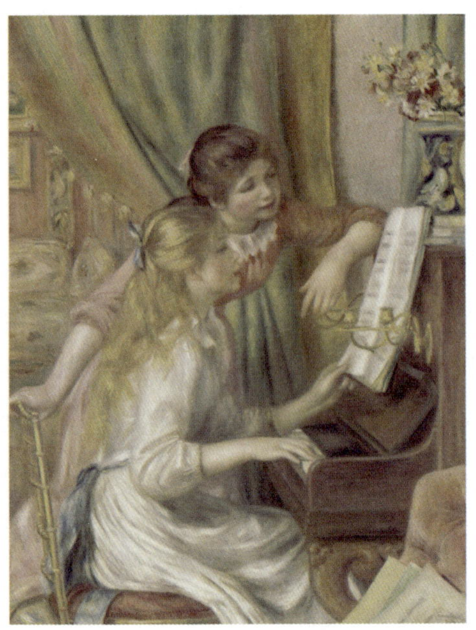

〈피아노 치는 소녀들〉(1892) / 오르세미술관 소장

작지만 분위기는 한층 차분하게 정돈되어 있습니다.

따뜻한 일상의 순간을 그린 또 하나의 선율

이번에는 〈피아노 치는 이본과 크리스틴 르롤〉 작품 앞으로 가보죠. 흰 드레스를 입은 이본은 건반 위에 두 손을 올려놓고 피아노를 치고, 붉은 드레스를 입은 크리스틴의 오른손은 여전히 의자 위를 잡고 왼손으로는 악보를 짚고 있습니다. 두 소녀의 피아노 실력이 늘었듯, 그림 속 표정과 분위기도 성숙해졌습니다. 이전 〈피아노 치는 소녀들〉보다 훨씬 여유로워 보이네요.

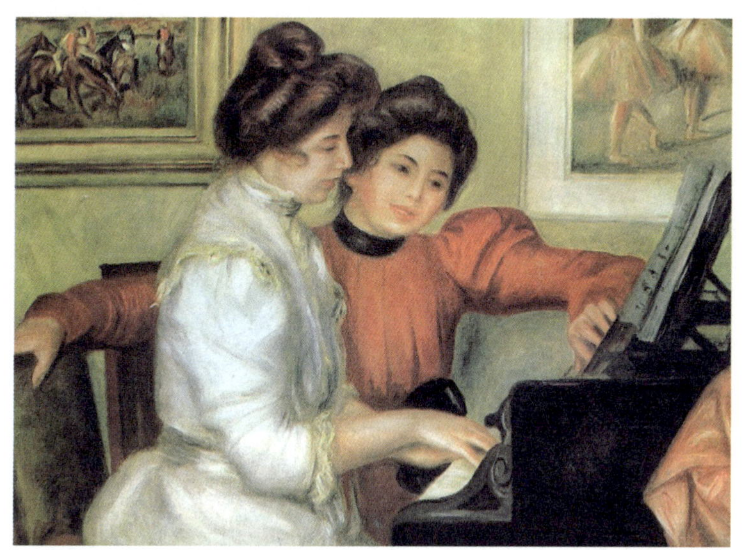

〈피아노 치는 이본과 크리스틴 르롤〉(1897)

자매의 뒤편에 있는 배경을 자세히 볼까요? 왼쪽에는 말이, 오른쪽에는 발레리나의 다리가 그려진 액자가 보입니다. 실제 오르세 미술관이 소장한 드가의 작품들로, 자매의 아버지가 예술가의 든든한 후원자라는 사실을 보여줍니다. 음악과 미술이 일상에 녹아 있는 예술적인 가정 풍경을 엿볼 수 있습니다.

이제까지 설명한 세 작품을 차례로 보면 한 곡의 음악이 여러 선율로 변주되는 느낌입니다. 오랑주리의 작품이 빠른 필치로 그려낸 경쾌한 '서곡'이라면, 오르세의 것은 화사한 '본격적인 연주'와 같습니다. 5년 뒤 완성된 〈피아노 치는 이본과 크리스틴 르롤〉은 색다른 매력을 지닌 '변주곡'처럼 다가오지요.

르누아르는 왜 같은 장면을 여러 번 그렸을까요? 같은 풍경이라도 감상하는 이의 마음과 시선에 따라 매번 조금씩 다른 감정과 선율이 전해지기를 바랐던 것은 아닐까요?

르누아르는 가족이 함께하는 소중한 순간을 기록했습니다. 그래서 그가 그린 인물들을 보고 있으면 우리 일상의 평범한 순간이 얼마나 다채롭게 다가올 수 있는지 새삼 느끼게 됩니다. 예술이 꼭 거창한 무대 위에서만 태어나는 건 아닙니다. 평범한 장소, 시간에서도 얼마든지 시작될 수 있습니다.

르누아르의 작품에는 밝고 화사한 색, 따뜻한 일상의 순간이 담겨 있습니다. 사람들이 그의 그림을 곁에 두려는 이유겠지요. 그의 그림을 기억한다는 건 우리가 행복하게 살고 있다는 증거일지도 모르겠습니다.

다음 중 모네가 가장 많이 자주 그린 꽃은 어떤 꽃일까요?

① 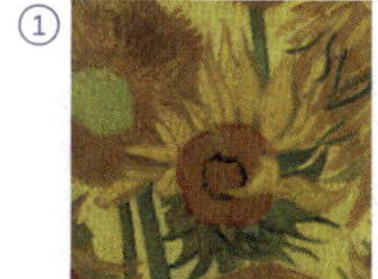
② 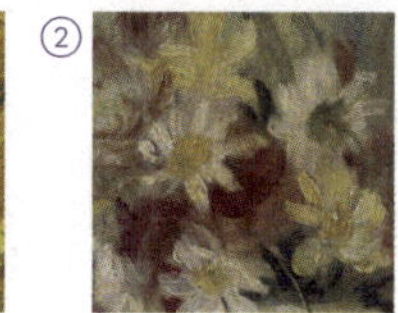
③ 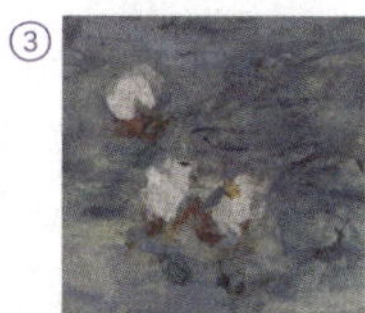
④ 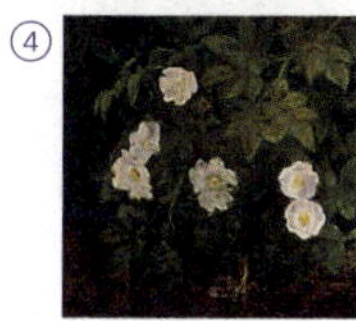
⑤ 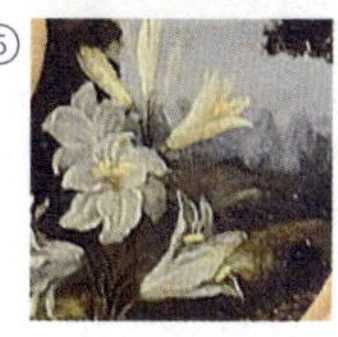

〈수련〉 연작이 둥근 공간에 전시된 이유는 뭘까요?

① 그림을 더 크게 느껴보라고
② 그림에 둘러싸인 느낌을 주려고
③ 연못처럼 느껴지게 하려고
④ 천천히 이동하면서 그림을 보게 하려고
⑤ 전시실 빛과 색으로 가득 채우고 싶어서

〈수련〉 연작을 한국의 장소로 바꿔서 그린다면 어디가 어울릴까요?

① 경복궁 경회루　② 아파트 단지 연못　③ 한강 공원
④ 식물원 온실　⑤ 경주의 동궁과 월지

〈피아노 치는 소녀들〉의 피아노 대신 그려 넣을 수 있는 것엔 무엇이 있을까요?

르누아르에게 그려달라고 부탁하고 싶은 소재를 골라주세요.

① 비 오는 날, 우산 하나를 같이 쓰고 걸어가는 두 친구
② 반려동물 옆에 누워 아무것도 하지 않는 오후
③ 이어폰 한 쪽씩 나눠 끼고 버스를 타고 집에 가는 친구들
④ 핸드폰을 함께 들여다보는 웃는 형제자매
⑤ 햇살 좋은 공원에서 서로 사진을 찍어주는 연인들

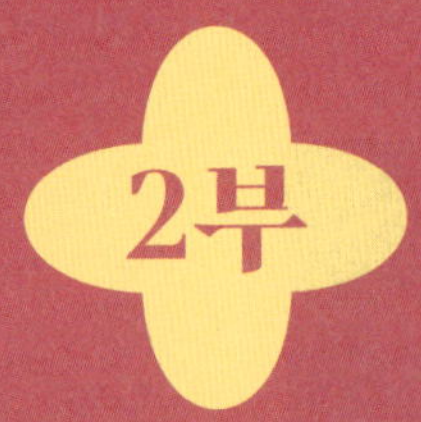

England

National Gallery
Tate Britain
Courtauld Gallery

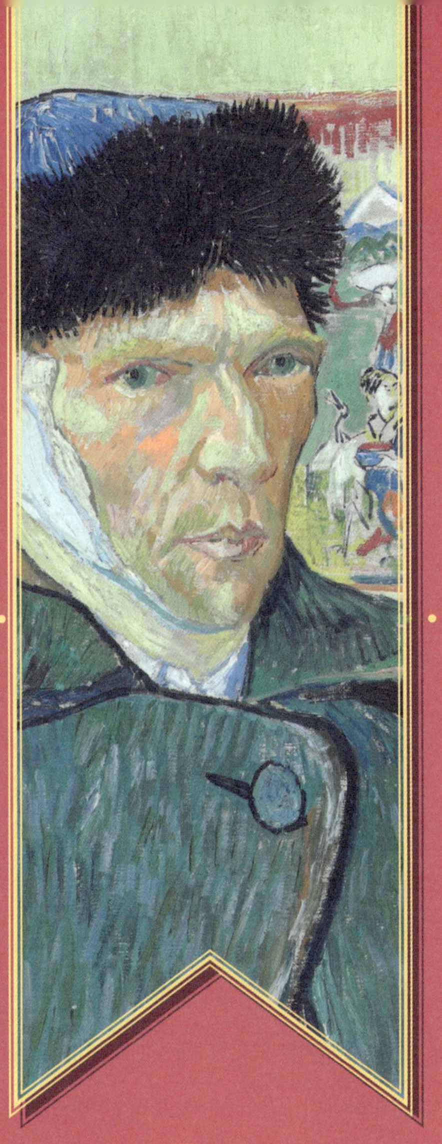

영국

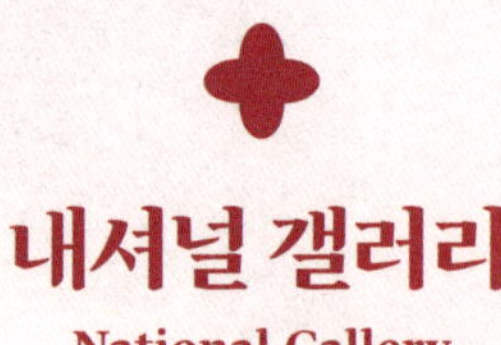

내셔널 갤러리

National Gallery

내셔널 갤러리의 역사

트라팔가 광장은 사람을 무서워하지 않는 비둘기와 사진을 찍느라 분주한 여행객으로 늘 북적입니다. 쉼 없이 오가는 빨간 이층 버스를 보고 있으면 과연 해리 포터의 나라구나 하고 느끼게 되죠. 광장 한가운데에는 트라팔가 해전의 영웅 넬슨 제독의 기념탑이 먼바다를 향해 서 있고 그 뒤로 웅장한 건물이 시야에 들어옵니다. 영국을 대표하는 미술관 내셔널 갤러리입니다.

내셔널 갤러리는 13세기 중세부터 19세기 말까지 유럽 회화 2,600점 이상을 소장하고 있답니다. 르네상스와 바로크, 인상주의를 아우르는 이 미술관은 어떻게 시작되었을까요?

금융업자이자 예술 애호가였던 존 줄리어스 앵거스틴의 38점의 명화를 영국 의회가 구매하면서 내셔널 갤러리의 토대가 마련되었습니다. 1824년 그의 저택 앵거스틴 하우스에서 열린 전시를 통해 루벤스와 렘브란트의 걸작이 대중에게 처음 공개되었지요. 이후 다 빈치, 고흐, 모네 등 거장들의 명화가 늘면서 세계적인 미술관으로 거듭났습니다.

내셔널 갤러리의 건축 이야기

앵거스틴 하우스에 있던 내셔널 갤러리는 소장품이 늘어남에 따라 전시 공간이 부족해졌습니다. 영국 의회는 더 많은 시민이 마음껏 그림을 즐길 수 있게 트라팔가 광장에 있던 옛 왕실 마구간 자리에 미술관을 짓기로 합니다. 마침내 1838년, 윌리엄 윌킨스가 설계한 미술관이 드디어 문을 열었습니다.

신고전주의 양식으로 지어진 내셔널 갤러리는 고대 그리스·로마 건축을 재현한 대리석 기둥과 삼각형 모양의 '페디먼트'가가 돋보입니다. 단순하면서도 묵직한 외관은 엄숙한 분위기를 자아내며 고대 문화 전통을 계승하려는 의지를 담고 있지요.

내셔널 갤러리는 19세기 후반부터 꾸준히 내부를 넓히고 다듬어왔습니다. 1991년에는 '세인즈버리 윙Sainsbury Wing' 완공하여 더욱 풍성한 전시 공간을 확보했지요. 지금도 시대에 발맞춰 시설을 개선하며 고전의 아름다움과 현대적인 편리함이 공존하는 미술관으로 사랑받고 있답니다.

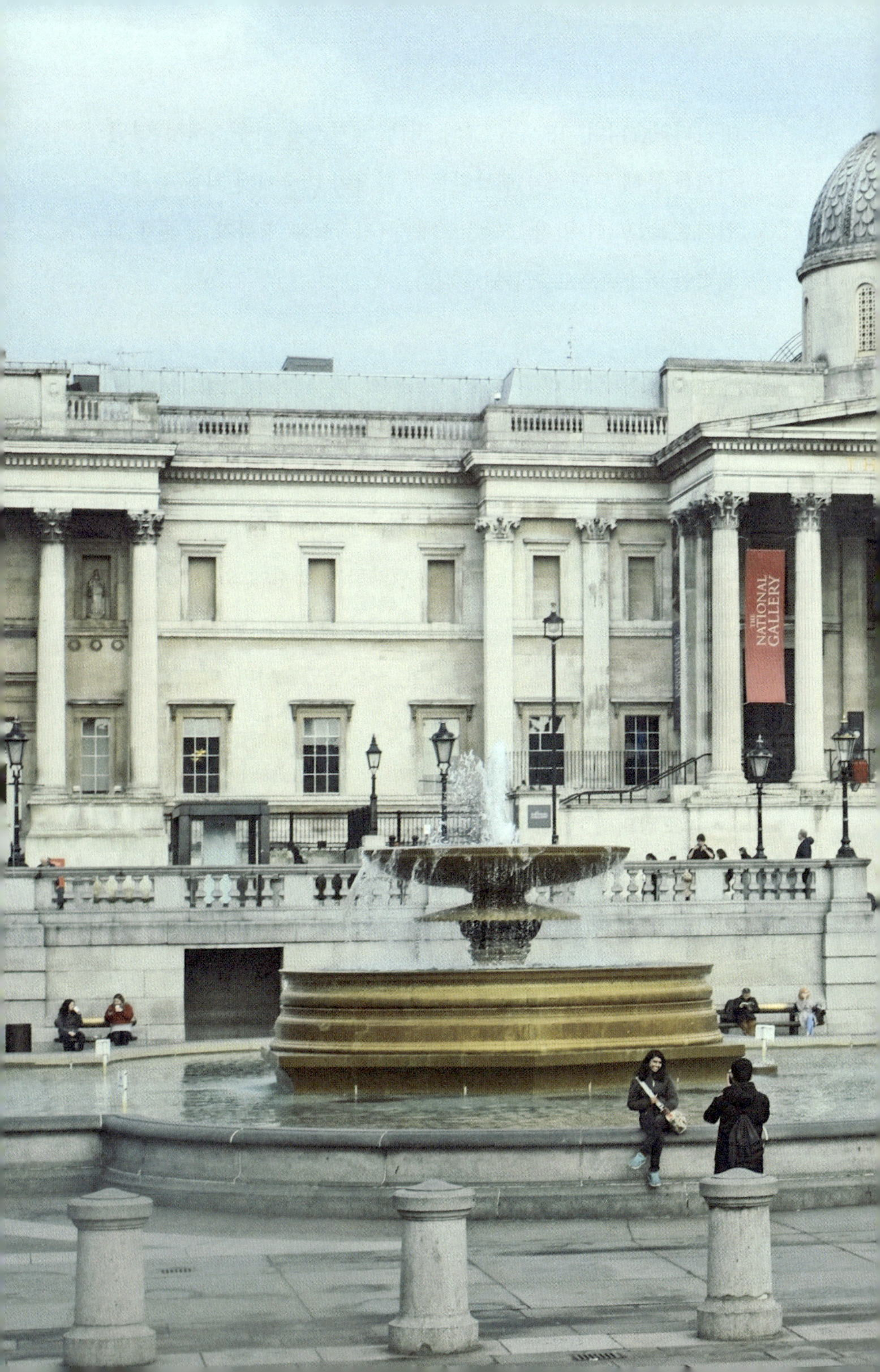
THE NATIONAL GALLERY

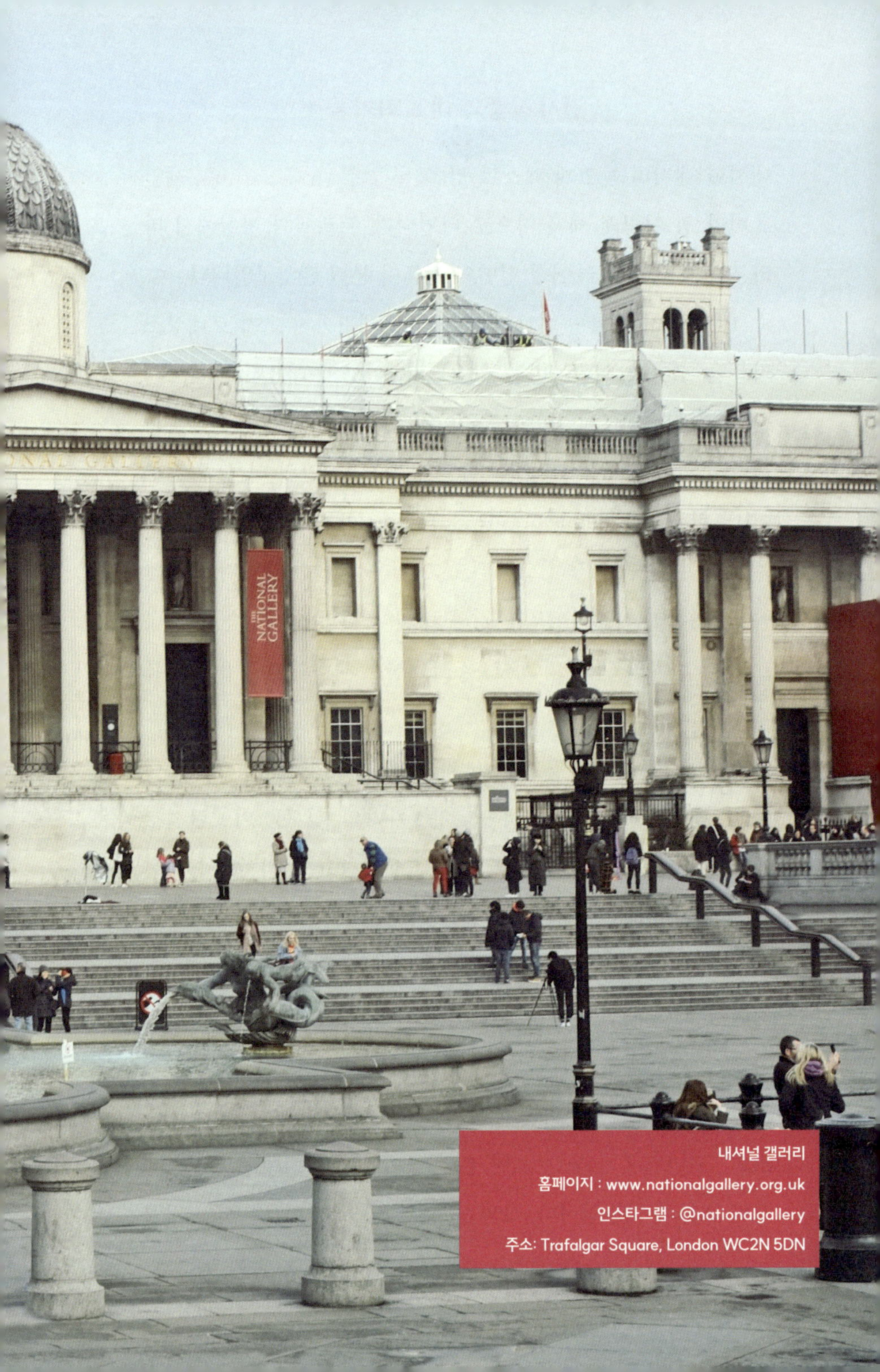

내셔널 갤러리

홈페이지 : www.nationalgallery.org.uk

인스타그램 : @nationalgallery

주소: Trafalgar Square, London WC2N 5DN

전시 작품과 대표 화가들

•••

내셔널 갤러리는 크게 웨스트 윙West Wing, 본관Central Building, 세인즈버리 윙 이렇게 세 구역으로 나뉩니다. 트라팔가 광장에서 바라볼 때 기둥들이 늘어선 정면의 건물이 본관 출입구입니다.

먼저 들러야 할 곳은 13세기부터 15세기까지 초기 르네상스 작품을 모아둔 세인즈버리 윙입니다. 이곳의 대표작은 돋보기를 대고 그린 듯 세밀함이 돋보이는 얀 판 에이크의 〈아르놀피니 부부의 초상〉입니다. 그림 속 거울에는 방 안의 다른 두 인물이 더 비치고 'Johannes de Eyck fuit hic(얀 반 에이크가 여기에 있었다)'라는 문구가 적혀 있는데요. 그림을 자세히 들여다보며 찾아보세요. 또한 신비로운 미소와 빛의 조화가 인상적인 레오나르도 다 빈치의 〈암굴의 성모〉로 르네상스 시대의 시작을 느껴볼 수 있습니다.

본관으로 자리를 옮기면 16세기 미술의 황금기가 펼쳐집니다. 르네상스의 거장, 라파엘로의 〈가바의 성모〉, 미켈란젤로의 〈매장〉 같은 작품이 있지요. 특히 한스 홀바인의 〈대사들〉은 꼭 눈여겨보세요. 그림 아래쪽에 '죽음을 기억하라(메멘토 모리)Memento Mori'는 메시지를 담은 길게 늘어진 해골 그림이 있습니다. 정면이 아닌 옆면에서 보아야 제 모습을 드러내니까 놓치지 말고 꼭 살펴보세요.

17세기 바로크 회화는 역동적이고 강렬합니다. 특히 카라바조의 〈도마뱀에게 물린 소년〉은 금방이라도 비명이 들릴 듯 생생한 표정이 압권입니다. 그의 또 다른 걸작 〈엠마오에서의 저녁

식사〉에서는 빛과 어둠의 극적 대비를 확인할 수 있습니다. 이곳엔 또 다른 거장, 렘브란트의 〈63세의 자화상〉이 전시되어 있습니다. 주름진 피부와 힘 빠진 눈빛까지 화가의 고단한 삶의 흔적을 숨김없이 드러낸 솔직함이 우리를 그림 앞에 오래 멈춰 서게 만듭니다.

마지막으로 18세기부터 20세기 초까지의 근대 명화들을 만나볼 차례입니다. 여성 화가로서 자부심을 부드러운 미소 속에 우아하게 담아낸 엘리자베트 비제 르 브룅의 〈밀짚모자를 쓴 자화상〉가 전시되어 있습니다. 터너의 작품에 이르면 내셔널 갤러리의 하이라이트에 도착한 겁니다. 퇴역하는 전함의 운명을 통해 시대의 전환점을 그려낸 〈전함 테메레르〉, 그리고 비와 증기라는 자연과 기술이 '속도'라는 주제로 맞물리는 〈비, 증기 그리고 속도 - 대서부 철도〉는 풍경화의 현대적 진화를 극명하게 보여줍니다. 동선의 끝자락에서 우리에게 친숙한 작품, 반 고흐와 모네, 르누아르 같은 인상주의 거장을 만납니다. 고흐의 〈해바라기〉가 주는 노란색 에너지를 마주하면서 관람을 마무리해 보기를 추천합니다.

내셔널 갤러리 관람 팁

•••

내셔널 갤러리는 상설 전시를 무료로 개방하여 누구나 부담 없이 명화의 숲을 거닐 수 있습니다(특별 기획전 제외). 방대한 작품들 사이에서 길을 잃을까 걱정된다면, 초기 르네상스부터 바로

크를 거쳐 인상주의로 이어지는 이 여정을 따라가 보세요. 여러분만의 멋진 '미술사 지도'가 자연스럽게 완성될 것입니다. 관람을 마친 뒤에는 트라팔가 광장이 보이는 미술관 계단에 앉아 잠시 달콤한 휴식을 즐겨보세요.

그림을 실제로 만난다는 건 화가의 작업실 한가운데 서 있는 듯한 설렘을 줍니다. 교과서에 갇혀 있던 딱딱한 미술이 생생한 숨결로 살아날 거예요. 화가들이 건네는 내밀한 이야기에 귀를 기울이며 작품 속 진짜 의미를 찾아가는 시간 여행을 이제 시작해 볼까요?

새로운 시대를 맞이하는 마음

전함 테메레르 (1839)
The Fighting Temeraire, tugged to her last Berth to be broken up
조지프 말로드 윌리엄 터너
JMW(Joseph Mallord William) Turner (1775-1851)
121.6 × 90.7cm, 캔버스에 유채

#영국 최고의 화가 터너 #산업혁명 시대 #증기선 #함선의 퇴장 #풍경화이자 역사화 #작별인사 #왜 큰 배가 작은 배에 끌려가고 있을까? #옛 기술은 사라지면 쓸모없는 걸까?
#우리는 언젠가 이 배처럼 될까? #변화는 항상 좋은 것일까?

빛은 곧 색이다

•••

노을이 붉게 물든 강 위로 거대한 배 한 척이 검은 증기선에 끌려갑니다. 끌려가는 배가 전함 '테메레르'입니다. 테메레르 호는 1805년 트라팔가 해전에서 넬슨 제독이 이끄는 영국 해군이 프랑스·스페인 연합군을 격파할 때 눈부신 활약을 펼쳤던 승리의 주역이었습니다. 그로부터 30여 년이 흐른 1838년 소임을 다하고 해체를 위해 템스강의 마지막 항해에 나섰습니다. 터너는 이 장엄하고도 애잔한 장면에 영감을 받았습니다.

터너는 〈전함 테메레르〉에서 함선의 실체를 실제보다 하얗고 창백하게 그려냈습니다. 마치 안개 속에서 헤매는 유령처럼 말

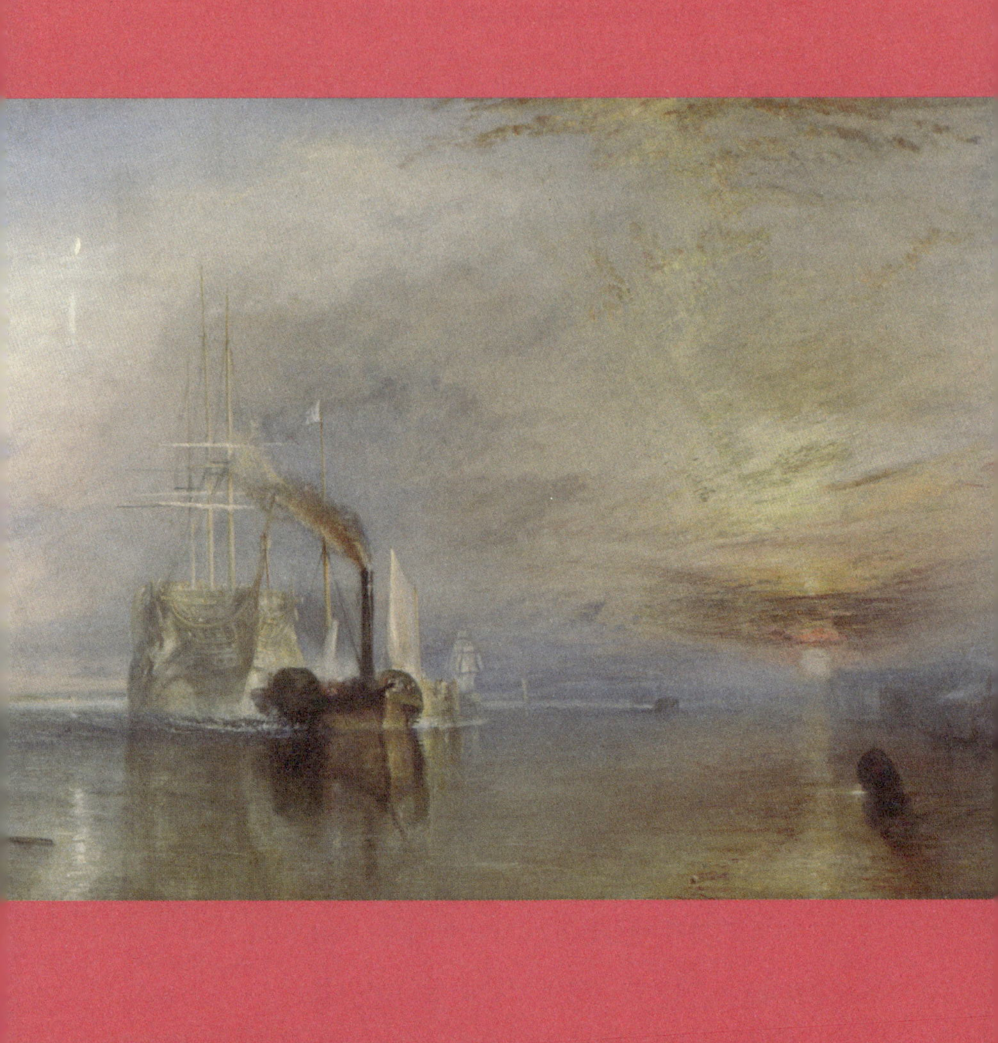

입니다. 반면 전함을 끌고 가는 작은 증기선은 시커먼 연기와 붉은 불꽃을 내뿜으며 존재감을 드러내지요. 터너는 이 대비를 통해 돛을 올리던 목조선의 시대가 저물고 기계와 엔진의 힘으로 움직이는 증기선의 시대가 도래했음을 보여줍니다. 노을로 붉게 물든 강물은 영광의 시대가 저물었음을 알리며 떠나가는 배를 향해 작별의 인사를 하고 있지요. 터너는 한 시대의 마지막 순간이자 새로운 산업혁명의 시대가 시작되는 순간을 화면에 담았습니다.

이 작품은 2005년 BBC 투표에서 '영국인이 가장 사랑하는 그림' 1위로 선정되었습니다. 터너의 독보적인 위상은 지폐에서도 확인할 수 있습니다. 2020년부터 발행된 20파운드 지폐 뒷면에 그의 초상과 함께 이 명화가 새겨진 것이죠. 지폐의 한편에는 그의 예술 철학을 상징하는 문장 "빛은 곧 색이다 *Light is therefore colour*"라는 인용구도 함께 담겼습니다.

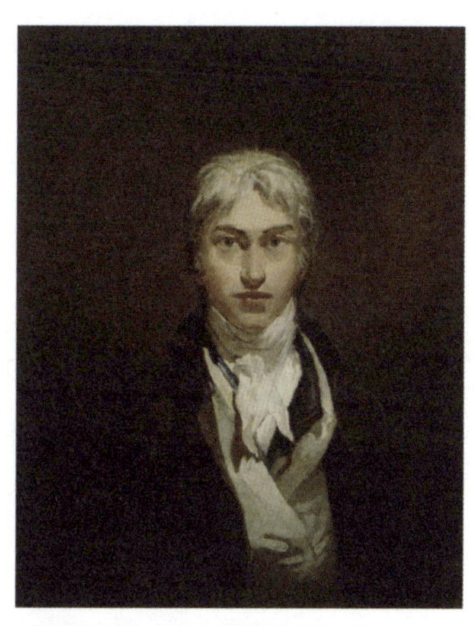
〈터너의 초상〉(1799) / 테이트 브리튼 소장

터너는 빛을 다루는 혁신가였어요. 사물의 겉모양을 정교하게 그리기보다 빛과 색채를 표현하는 데 집중했습니다. 당시 사람들은 형태가 뭉개진 듯한 그의 그림을 보고 당황하기도 했지요. 하지만 예술을 통해 살아있는 빛과 공기를 담아내고자 했던 터너의 노력은 그를 '빛의 화가'로 만들었습니다.

달리는 기차와 함께 온 새로운 시대

〈전함 테메레르〉와 함께 꼭 봐야 할 터너의 명작은 〈비, 증기 그리고 속도 - 대서부 철도〉입니다. 거침없이 질주하는 기차를 통해 눈부시게 변화하는 새 시대의 에너지를 보여준 작품이죠. 길게 뻗은 철교 위로 증기기관차가 달려오는 모습은 우리를 순식간에 산업혁명의 한복판으로 데려갑니다. 빗줄기 사이로 뿜어져 나오는 하얀 증기와 검은 연기는 비에 젖은 흐릿한 배경의 하늘로 퍼지고, 기차는 화면 밖으로 튀어나올 듯 그 속을 힘차게 뚫고 달려오지요. 그림 왼쪽의 강가에는 노를 젓는 작은 배 한 척이 떠 있어요. 느릿한 나룻배와 힘차게 증기를 내뿜는 기관차의 대비. 세상이 얼마나 빠르고 거대하게 변하는지 느껴지나요?

19세기 중반 증기기관차는 산업혁명이 만든 속도, 새로운 시대의 상징이었어요. 당시 사람들은 빨라지는 속도가 인류의 찬란한 미래라고 믿었지요. 지금 우리가 인공지능이나 로봇 기술이 미래를 바꿀 것이라고 믿는 것과 비슷합니다. 터너 역시 격변의 시대를 캔버스에 기록하고 싶었을 거예요. 하지만 그는 기차의 형태를 꼼꼼히 그리기보다 빛과 공기의 움직임을 색으로 표현해 눈에 보이지 않는 속도를 표현했습니다. 기차의 세부적인 모습은 생략한 채, 흐릿한 빗줄기와 연한 노란빛이 번지는 철교, 검은 연기 등은 마치 추상화처럼 뿌옇게 섞여 있지요.

당시 사람들에게 이런 표현 방식은 그야말로 충격이었습니다. 어떤 평론가는 물감을 그냥 캔버스에 흘려버린 것 같다고 했을 정도였으니까요. 터너의 파격적인 시도는 인상주의 화가 클로드 모네에게 영감을 주었습니다.

전쟁을 피해 잠시 런던에 머물렀던 모네는 터너의 작품을 마주하고 큰 충격을 받았습니다. 빛과 색을 다루는 터너의 대담함에 감탄한 모네는 이를 바탕으로 자신만의 독창적인 인상주의 화법을 발전시켜 나가게 되지요. 비록 두 화가가 같은 시대를 살지는 않았지만 자연의 빛을 캔버스에 담으려는 뜨거운 열정만큼은 하나로 이어져 있었던 셈입니다. 형태에 얽매이지 않고 빛과 색의 변화 자체에 집중했다는 점에서 터너와 모네는 닮았습니다. 만약 터너라는 선구자가 없었다면 인상주의의 자유로운 색채는 지금과 사뭇 다른 모습이었을지도 모릅니다.

영국이 자랑하는 국민화가

〈전함 테메레르〉에서 군함은 저무는 태양 속으로 마지막 항해를 떠납니다. 〈비, 증기 그리고 속도-대서부 철도〉에서 증기기관차는 비를 뚫고 템스강 위를 질주합니다. 터너는 이 두 작품에서 영국의 영광과 쇠퇴, 자연의 장엄함을 동시에 표현했습니다.

터너는 그림의 대상을 눈으로만 보지 말고 몸으로 느끼는 것이 중요하다고 믿은 예술가였습니다. 그래서 역사와 시대의 변

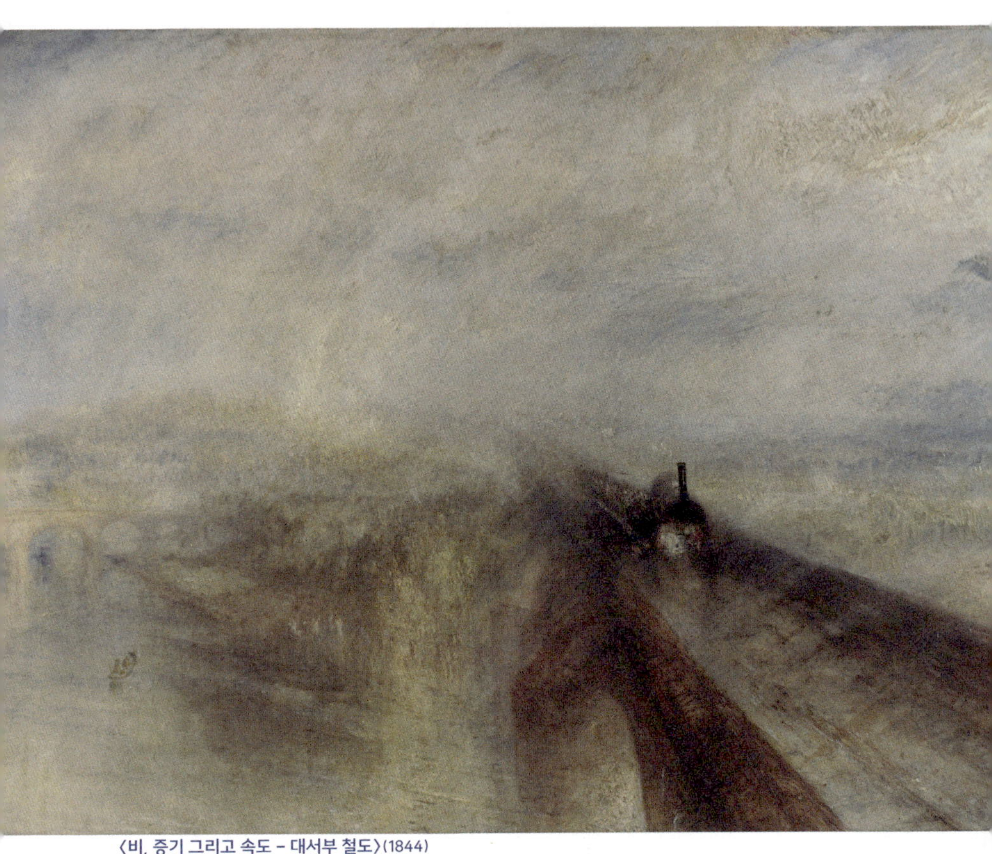

〈비, 증기 그리고 속도 – 대서부 철도〉(1844)

화를 그릴 때도 자연의 생동감을 체험하려 했어요. 영국 전역을 여행하며 바다와 강, 도시의 항구를 끝없이 스케치했지요. 그의 방대한 예술 세계는 테이트 브리튼에서, 국가적 상징이 된 걸작은 이곳 내셔널 갤러리에서 만날 수 있습니다. 두 곳을 함께 둘러본다면 영국이 그토록 터너를 사랑하는 이유를 이해하게 될 겁니다.

내가 그리고 싶은 나

밀짚모자를 쓴 자화상 (1782)
Self-Portrait in a Straw Hat / Autoportrait au chapeau de paille
엘리자베트 비제 르 브룅
Élisabeth Vigée Le Brun (1755-1842)
70.5×97.8cm, 패널에 유채

#자화상 #여성 궁정화가 #마리 앙투아네트 #부드러운 색채 #자기 연출 #여성 예술가의 자의식 #왜 화가는 밀짚모자를 쓰고 자신을 그렸을까? #여성 화가가 자신을 그리는 건 어떤 의미였을까 #나라면 나를 어떻게 그릴까?

'진짜 나'를 찾아서

여러분은 '나'라는 존재에 대해 고민해 본 적 있나요? 나는 어떤 순간에 가장 나답게 느껴지는지, 세상 앞에 어떤 얼굴로 서 있는지 말이에요. 여기 "나는 나일 뿐이다. 그 어떤 가면도 쓰지 않겠다."라고 당당하게 외치는 작품이 있습니다. 엘리자베트 비제 르 브룅의 〈밀짚모자를 쓴 자화상〉입니다.

그림 속 밀짚모자를 쓴 화가, 엘리자베트 비제 르 브룅은 팔레트와 붓을 든 채 정면을 바라보고 있습니다. 그녀가 쓴 밀짚모자는 당시 귀족 여성들의 화려한 장식과는 거리가 멀어 보입니다. 소박하고 자연스러운 멋이 흐르지요. 빛을 머금은 그녀의 얼

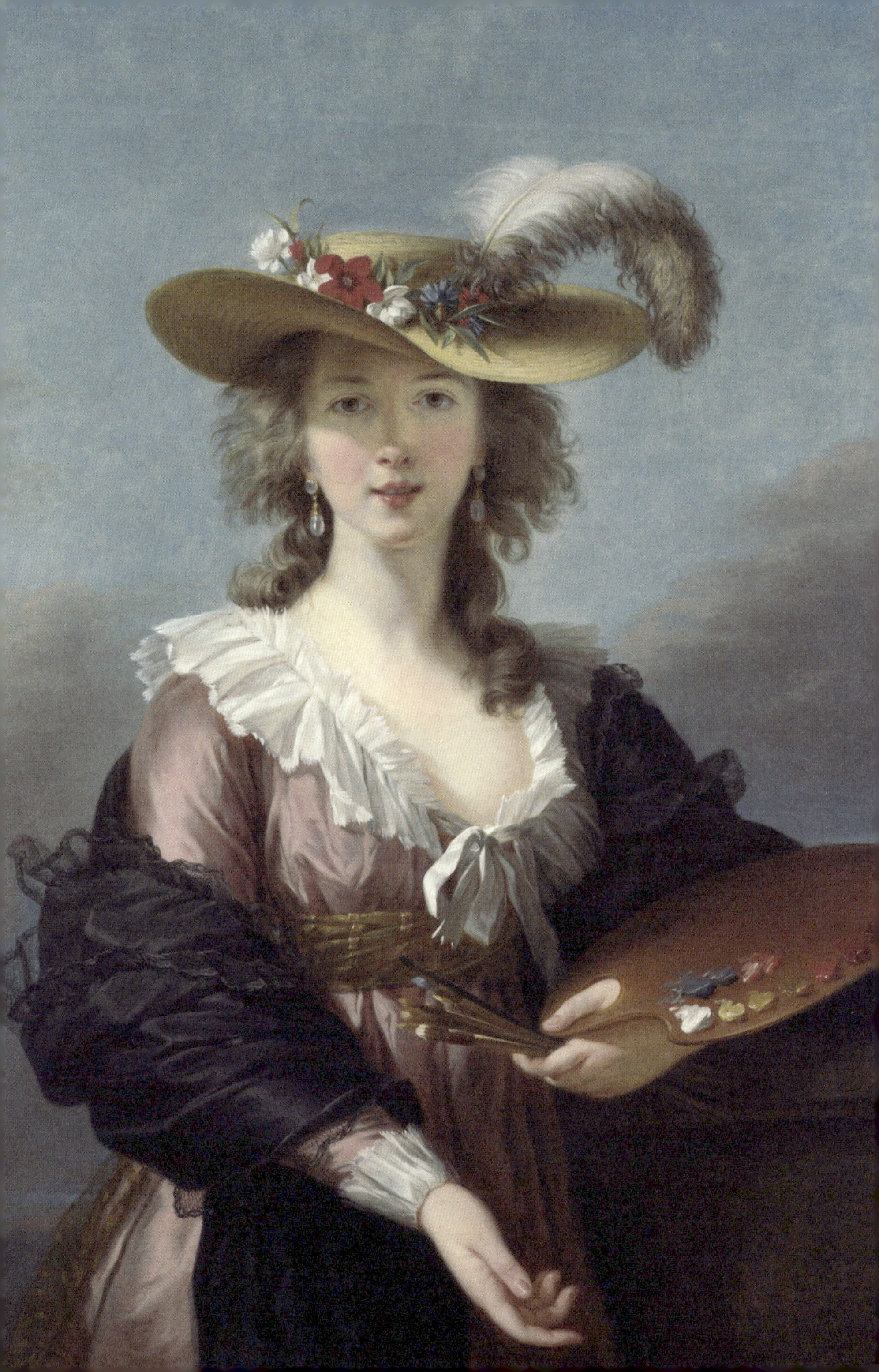

굴은 살결의 온기가 느껴질 만큼 섬세하고 따스합니다. 살짝 머금은 미소와 먼 곳을 향한 눈빛에서는 평온한 자신감이 배어 나오지요. 크림색 프릴과 자주색 드레스는 청아한 빛을 발하며 옷감의 세밀한 질감은 붓끝에서 스르륵 움직일 것 같습니다. 배경의 부드러운 푸른빛은 지성을 드러내는 동시에 독립적인 예술가로서 르 브룅의 자부심을 상징합니다. 편견을 딛고 자신의 길을 개척한 화가의 굳건한 의지가 미소 너머로 전해져 옵니다.

왕실의 문턱을 넘은 소녀의 시작과 도전

•••

엘리자베트 비제 르 브룅은 18세기 후반 프랑스 파리에서 태어났습니다. 초상 화가였던 아버지 루이 비제 덕분에 화실은 어린 르 브룅에게 최고의 놀이터였습니다. 그녀는 아버지가 갑작스레 세상을 떠난 이후에도 그림을 그렸지요. 그녀의 재능이 알려지기 시작한 것은 10대 중반 무렵부터였습니다. 어린 나이임에도 불구하고 실력을 인정받아 귀족 가문의 초상화를 그리며 집안의 생계를 이어 나갔습니다.

당시 예술계는 철저히 남성만의 영역이었습니다. 프랑스 왕립 미술 아카데미는 여성의 입학을 엄격히 제한했고, 공식적인 전시 기회를 얻는 것조차 하늘의 별 따기였어요. 그녀는 탁월한 실력으로 견고한 장벽을 허물었습니다. 귀족들 사이에 입소문이 나며 베르사유 궁전에 입성했고, 온갖 편견을 극복하며 왕립 아카데미 정회원이자 궁정 화가라는 독보적인 지위에 올랐습니다.

마리 앙투아네트와의 특별한 인연

• • •

베르사유 궁전에 입성한 르 브룅의 인생을 바꾼 결정적 인물은 마리 앙투아네트였습니다. 오스트리아 출신 젊은 왕비는 르 브룅의 섬세한 감각에 마음을 빼앗겼습니다. 르 브룅은 왕비를 화려한 권력자로만 그리지 않았습니다. 아이들을 사랑하는 자상한 엄마로 때로는 따뜻한 인간미를 가진 여인으로 그렸지요. 타국 생활로 외로웠던 왕비는 자신의 진심을 알아봐 주는 르 브룅의 그림에서 위안을 얻었습니다. 그렇게 왕비의 전폭적인 총애를 받으며 르 브룅은 최고의 궁정 화가로 자리 잡게 됩니다.

세 자녀와 나란히 앉아 있는 〈마리 앙투아네트와 그녀의 아이들〉을 살펴볼까요? 왕비는 흰 드레스를 입은 막내를 무릎에 앉혔습니다. 곁에서 왕비와 똑같은 붉은 드레스를 입은 첫째는 엄마의 손을 꼭 잡고 있지요. 둘째는 아기 침대의 푸른 천을 잡고 정면을 응시하고 있습니다. 그림에는 아이들을 향한 왕비의 사랑이 스며 있습니다. 여성이자 아이를 둔 어머니로서 르 브룅도 왕비이기 이전에 엄마인 마리 앙투아네트의 진심을 누구보다 잘 표현하고 싶었을 거예요. 오붓하게 찍은 가족사진 같은 이 작품을 보며 여러분은 어떤 분위기를 느끼나요?

성공 뒤에는 차가운 시선이 숨어 있기 마련입니다. 당시 사회는 여성이 예술가가 될 수 있다는 사실조차 의심했지요. 설상가상으로 프랑스 혁명의 불길이 타오르자 왕비의 측근이었던 그녀에게 비난이 쏟아졌습니다. 결국 왕실의 몰락과 함께 르 브룅도 고국을 떠나야 했습니다. 하지만 그녀는 이탈리아, 오스트

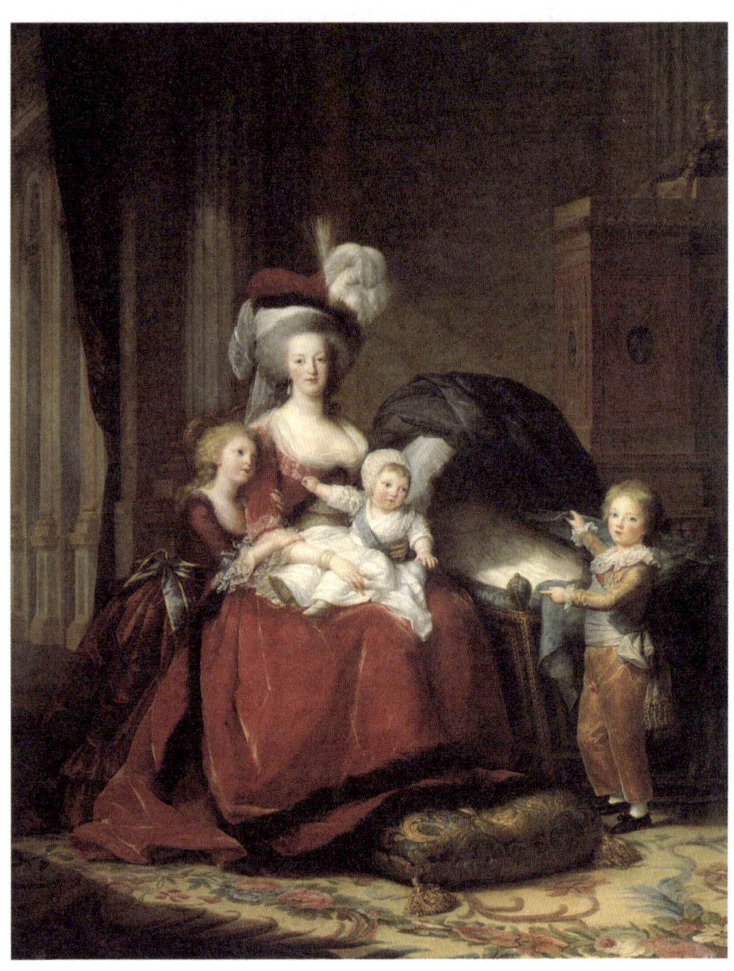

〈마리 앙투아네트와 그녀의 아이들〉(1787) / 베르사유 궁전 소장

리아, 러시아를 여행하며 계속 그림을 그렸고 그곳 귀족과 황실은 그녀의 초상 작품을 원했어요. 그렇게 르 브룅은 18세기 유럽을 대표하는 초상화가가 되었습니다.

당당한 예술 주체가 된 화가의 초상

여성, 어머니, 예술가. 엘리자베트 비제 르 브룅은 이 세 가지 정체성을 모두 가진 사람이었습니다. 〈밀짚모자를 쓴 자화상〉에서 르 브룅은 자신의 삶과 예술을 얼마나 사랑했는지 보여줍니다. 용기와 자부심으로 자신을 그려낸 르 브룅의 정신은 오랜 세월을 지나고 대륙을 건너서 오늘을 사는 우리에게 질문을 던집니다.

"여러분은 자신의 눈으로 세상을 보고 있나요, 아니면 남이 정해준 안경을 쓰고 세상을 보고 있나요?"

여러분이 꿈꾸는 진짜 나는 어떤 모습인가요? 이 그림이 여러분만의 답을 찾아가는 여정에 길잡이가 되기를 바랍니다.

빛과 어둠이 공존하는 화가와 닮은 그림

도마뱀에 물린 소년 (1594-1595)
Boy Bitten by a Lizard / Ragazzo morso da un ramarro
미켈란젤로 메리시 다 카라바조
Michelangelo Merisi da Caravaggio (1571-1610)
49.5×66cm, 캔버스에 유채

#바로크 회화 #사실주의 #자연주의 #강한 명암 대비 #키아로스쿠로 #연극적 조명 #카라바제스키 #놀람과 반사행동 #살인 혐의와 도주 #표정이 왜 이렇게 생생하게 느껴질까?
#화가는 왜 이 순간을 골랐을까? #왜 배경은 어두울까?

캔버스 너머로 터져 나오는 소년의 비명

어두운 배경 속, 한 소년이 오른쪽 어깨를 훤히 드러낸 채 몸을 움츠리고 있습니다. 미간을 잔뜩 찌푸린 소년의 얼굴에는 예고 없이 닥친 고통에 당혹감이 서려 있습니다. 반쯤 벌어진 입술 사이로 비명이 새어 나오는 듯합니다. 도마뱀에게 물린 오른 손가락 끝에서 시작된 통증에 소년의 어깨는 잔뜩 솟구쳤고, 허공을 향해 다급하게 뻗은 왼손의 마디마디에는 긴장감이 느껴집니다.

투명한 꽃병 표면에는 창으로 들어온 빛줄기가 어른거리고, 그 안의 맑은 물은 실감 나게 묘사되어 있습니다. 자세히 보면 꽃병 속 장미는 힘없이 시들어가고 있지만, 바닥에 흩어진 과일

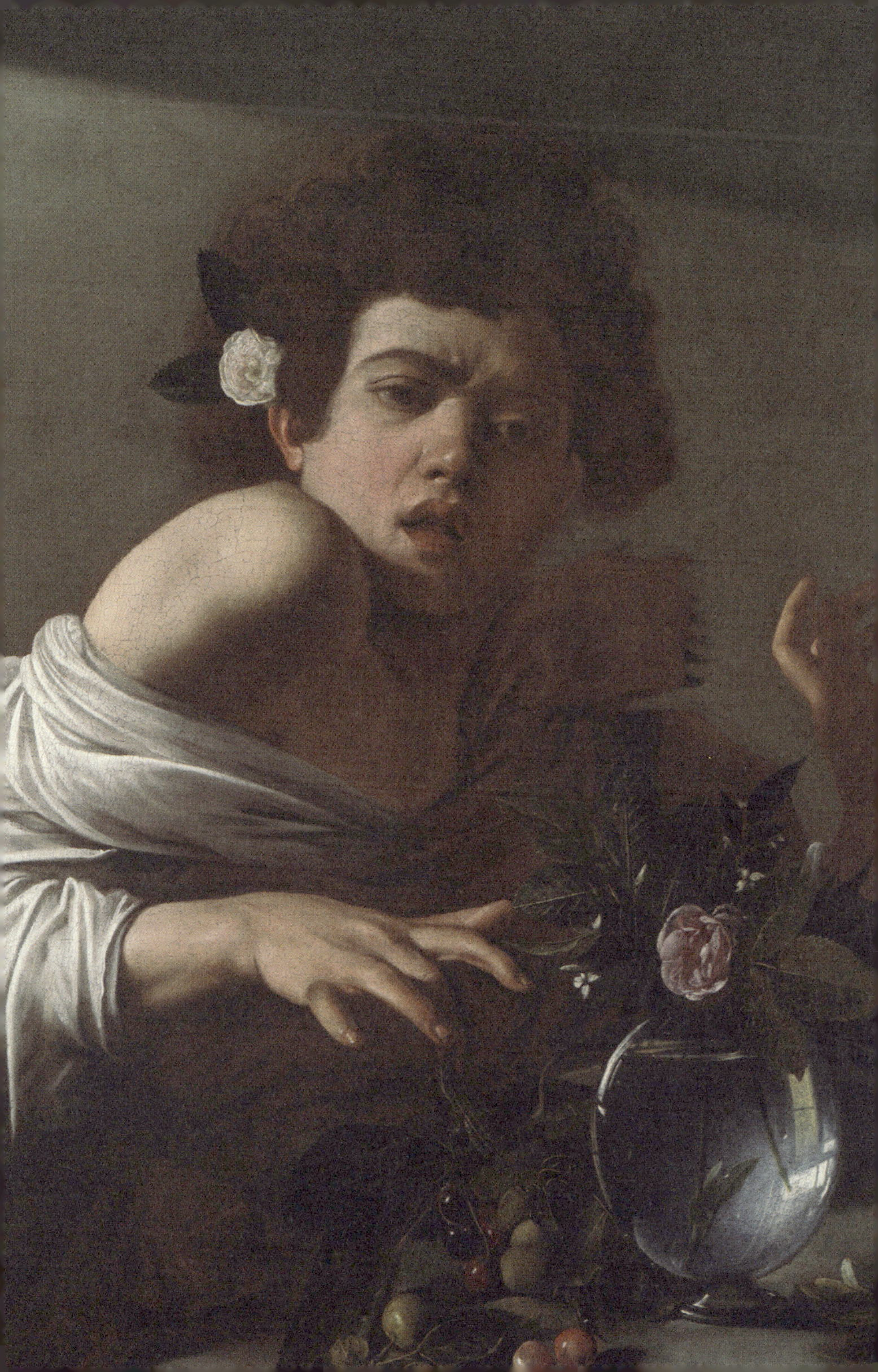

들은 여전히 싱싱한 빛을 띠며 소년을 유혹하는 듯합니다.

카라바조는 〈도마뱀에 물린 소년〉을 통해 즐거움 뒤에 숨은 예기치 못한 고통을 이야기합니다. 화려하고 아름다운 것조차 영원할 수 없다는 걸 시들어가는 꽃과 탐스러운 과일의 대비를 통해 보여주고 있지요. 그림의 왼쪽 위에서 내려오는 빛줄기는 소년의 얼굴과 가슴, 옷의 하얀 주름을 비추고 있습니다. 반대로 소년의 뒤편은 한 치 앞도 보이지 않는 짙은 어둠에 잠겨 있지요. 이처럼 카라바조는 배경을 과감히 지우고 오직 소년의 얼굴과 손가락 끝에만 시선이 가게 했어요. 주인공에게 스포트라이트를 비춰 긴장감을 높인 연극의 한 장면처럼 말입니다.

이 작품은 인간의 감정을 가감 없이 드러낸 카라바조의 초기 대표작으로 손꼽힙니다. 그는 사람의 마음을 들여다볼 줄 아는 화가였습니다. 굳이 말로 설명하지 않아도 표정 하나, 몸짓 하나에 담긴 감정이 얼마나 강력한 힘을 가졌는지 누구보다 먼저 알아차렸지요.

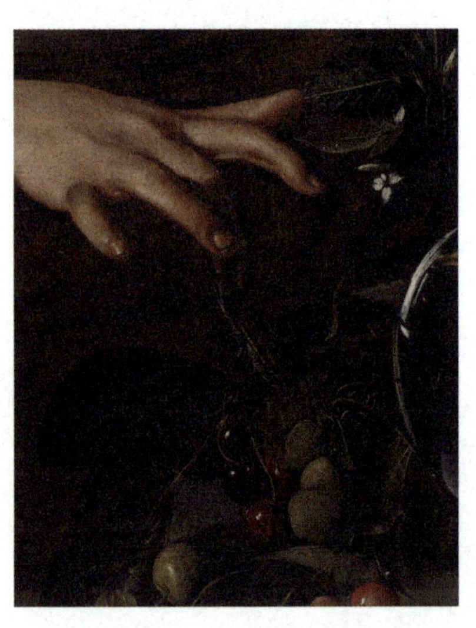

그전까지 화가들은 슬픔을 표현할 땐 고개를 숙이고, 기쁨을 표현할 땐 두 손을 치켜드는 식으로 약속된 연기를 하듯 감정을 꾸며 그렸습니다. 하지만 카라바조는 찰나의 표정 하나

로 모든 이야기를 대신했습니다. 누구나 살면서 겪는 갑작스러운 고통의 순간이 있잖아요. 그 관찰의 시작이 바로 〈도마뱀에 물린 소년〉이었습니다.

로마를 뒤흔든 낯선 천재의 등장

'미켈란젤로 메리시'라는 이름을 들으면 아마 〈최후의 심판〉을 그린 르네상스의 거장, 미켈란젤로 부오나로티를 제일 먼저 떠올릴 겁니다. 이런 혼동을 피하려 그는 고향 마을의 이름을 따서 카라바조Caravaggio를 예명으로 삼았습니다. 당시 예술가들이 출신지를 이름으로 쓰는 일은 자연스러운 관행이었거든요.

1571년 이탈리아 북부의 작은 마을 카라바조에서 태어난 소년은 밀라노에서 기초를 닦은 뒤, 스물한 살이 되던 해 꿈의 도시 로마로 향했습니다. 당시 로마는 전 유럽의 예술가들이 모여드는 곳이었습니다. 교황청과 귀족들의 전폭적인 후원 아래 궁정과 성당은 날마다 새로운 그림들로 채워지고 있었습니다.

로마에서 이름 없는 견습 화가로 백합이나 포도 같은 정물을 주로 그리던 카라바조의 마음속에는 사람을 그리고 싶다는 갈망이 있었습니다. 그는 이때부터 기존의 화법을 버리고 자신만의 길을 택했습니다. 스케치 단계를 과감히 생략하고 캔버스 위에 바로 색을 입히기 시작한 거죠.

그는 모델을 눈앞에 두고 빛이 얼굴의 굴곡을 따라 어떻게 흐르는지 관찰하며 곧장 캔버스에 붓질을 해나갔습니다. 망설임 없는 붓끝에서 태어난 선들은 놀라울 만큼 생생했습니다. 그렇게 완성된 그림은 강렬한 조명을 받는 연극의 한 장면 같았지요. 선명한 명암 대비 속에 인물의 눈빛은 깊어졌고, 사실적인 묘사는 보는 이의 마음을 단숨에 사로잡았습니다.

살인자가 된 천재, 도망자의 길에 오르다

카라바조는 명암으로 입체감을 살리는 '키아로스쿠로Chiaroscuro'를 발전시켜 연극 무대의 조명처럼 극적인 긴장을 주는 '테네브리즘Tenebrism'이라는 독보적인 화풍을 완성했습니다. 그는 이 강렬한 대비를 통해 인물의 표정과 일렁이는 감정, 나아가 존재의 무게를 또렷하게 세상 밖으로 끄집어냈습니다.

화가로서의 명성은 나날이 높아졌고 그의 이름은 로마 전역에 퍼졌습니다. 하지만 그림이 명성을 얻는 동안 정작 그의 일상은 어둠 속으로 조금씩 기울고 있었습니다. 1606년 5월, 돌이킬 수 없는 비극이 터지고 말지요. 사소한 다툼 끝에 상대가 숨지는 사건이 벌어졌고 그날 이후 그의 고단한 도주가 시작되었습니다. 나폴리와 몰타, 시칠리아의 여러 도시를 떠돌던 그는 다시 로마로 돌아오지 못했습니다.

살인을 저지른 카라바조는 위태로운 삶을 살았습니다. 하지만 도피의 시간조차 예술을 멈추게 하지는 못했습니다. 그는 귀족 가문의 비호 아래 나폴리에서 제단화를 그렸고, 몰타에서는 기사단의 힘을 빌려 사면을 꿈꾸기도 했습니다. 투옥과 탈출을 반복하는 폭풍 같은 삶 속에서도 시칠리아의 여러 교회를 거치며 그림 주문은 끊이지 않았습니다.

1610년 사면 소식을 접한 카라바조는 로마로 향하던 중 해안가 마을에서 병을 얻어 39세의 나이로 눈을 감았습니다. 그의 짧은 인생 중 화가로 산 시간은 겨우 18년, 그중 절반을 도망자로 보냈지만 그의 예술만큼은 수백 년의 세월을 건너 우리 곁에 살아 숨 쉬고 있지요.

〈도마뱀에 물린 소년〉과 같이 보면 좋은 작품들

•••

어둠 속에서 우리를 응시하는 〈도마뱀에 물린 소년〉의 눈빛이 느껴지나요? 카라바조는 지금 여러분의 시선이 어디를 향하고 있는지 묻습니다. 카라바조는 독자적인 화파를 세우거나 제자를 양성하지 않았음에도 그 누구보다 긴 생명력을 가진 화가가 되었습니다. 수많은 화가가 그의 강렬한 명암 대비와 연극적이고 사실적인 표현 방식을 따르며 그 예술적 성취를 이어갔기 때문입니다. 카라바조 화풍을 따르는 이들을 '카라바제스키 *Caravaggisti*'라고 불렀습니다. 대표적으로 아르테미시아 젠틸레스키, 조르주 드 라 투르, 루벤스, 렘브란트가 있습니다.

내셔널 갤러리에서는 젠틸레스키의 〈성녀 카타리나로서의 자화상〉, 루벤스의 〈삼손과 델릴라〉, 렘브란트의 자화상 뿐만 아니라 〈벨사살의 연회〉도 만날 수 있어요. 각자의 시선과 빛의 질감을 비교하며 감상해 보는 것도 의미 있겠죠?

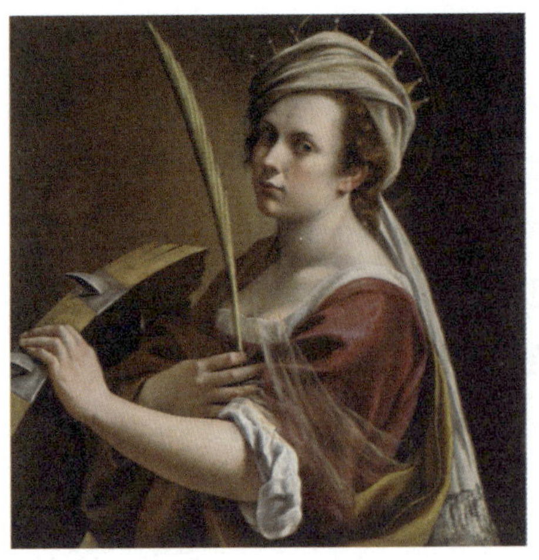

〈성녀 카타리나로서의 자화상〉(1615-1617),
아르테미시아 젠틸레스키

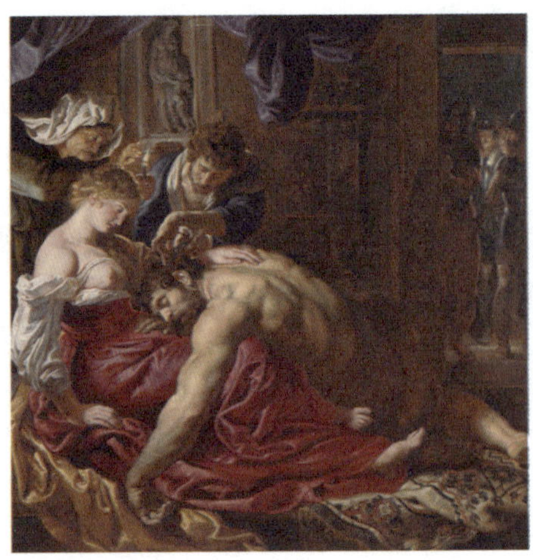

〈삼손과 델릴라〉(1609-1610), 페테르 파울 루벤스

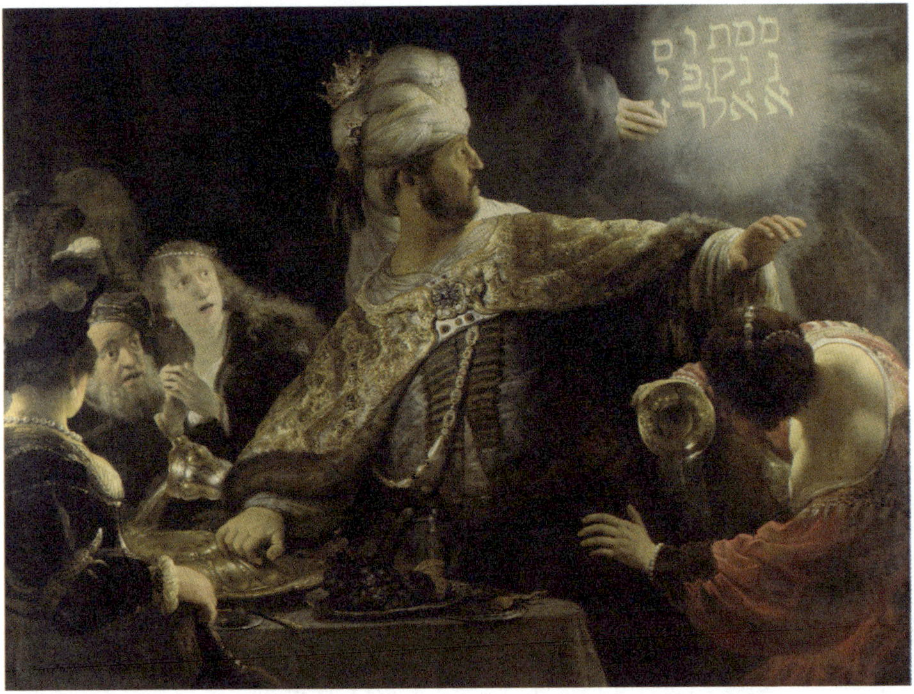

〈벨사살의 연회〉(1635-1638), 렘브란트 하르먼손 판레인

터너가 빠르게 변화하는 시대를 기차로 표현한 〈비, 증기 그리고 속도 – 대서부 철도〉처럼 2025년 11월 27일 새벽 전남 고흥군 나로우주센터에서 발사된 누리호를 그림으로 표현하면 어떨까요?

① 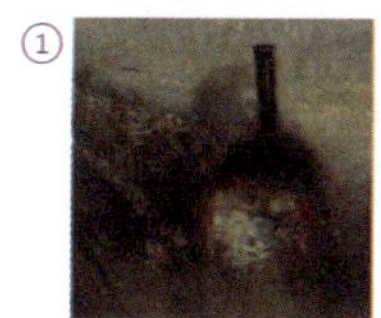
② 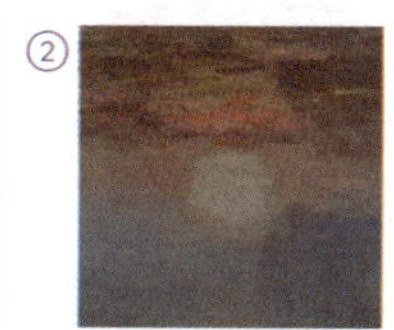
③ 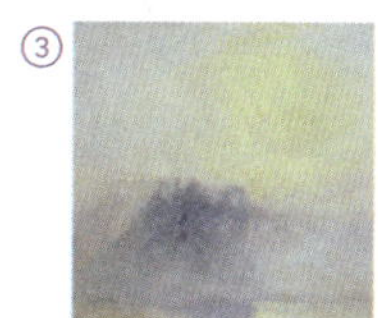

'밀짚모자'를 선택해 독립적인 예술가로서의 자아를 드러낸 〈밀짚모자를 쓴 자화상〉을 보고 '진짜 나'를 표현할 소품을 골라본다면?

① 선물 받거나 내가 고른 키링을 달아둔 가방
② 항상 신는 브랜드의 운동화
③ 최애의 스티커를 붙인 노트북 또는 태블릿
④ 배경화면을 이름 이니셜이나 나만의 문장으로 설정한 스마트폰
⑤ 머리에 쏙 들어가는 야구모자 또는 후드 집업

〈도마뱀에 물린 소년〉에 말풍선을 넣으면 '악!', '꺄악', '헐!', '엄마야' 다음에 소년은 무슨 말을 할까요?

아래 그림에서 스포트라이트를 비춰서 강조하고 싶은 인물이 있다면?

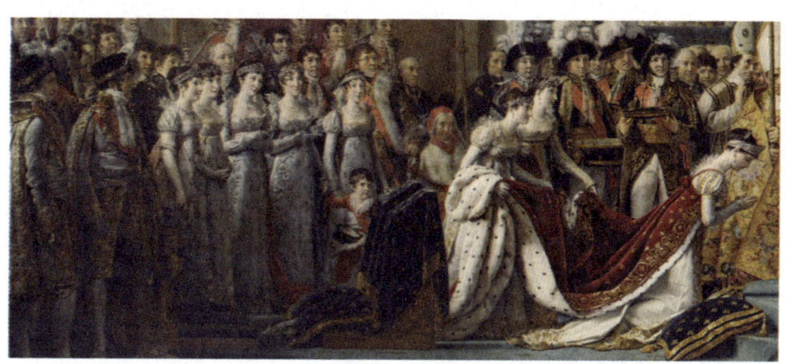

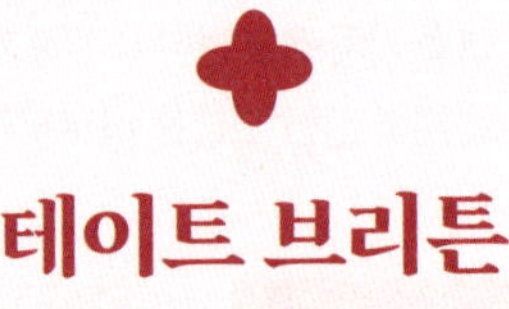

테이트 브리튼

Tate Britain

테이트 브리튼의 역사

국립미술관인 테이트 브리튼은 1897년 문을 열었습니다. 당시 내셔널 갤러리는 작품을 충분히 전시하기 어려웠습니다. 이때 설탕 재벌 헨리 테이트 경이 소장품과 건립 비용을 기부했고 덕분에 새로운 미술관이 세워질 수 있었습니다. 이제 그의 이름 TATE는 영국 전역에 있는 네 곳의 '테이트*Tate*' 미술관의 이름이 되었습니다.

런던에는 테이트 브리튼과 테이트 모던*Tate Modern*, 영국 북서부에는 테이트 리버풀*Tate Liverpool*, 영국 남서부 바닷가 마을에는 테이트 세인트 아이브스*Tate St Ives*가 있습니다. 이렇게 네 곳이 영국 미술의 과거와 현재 그리고 세계 현대미술의 흐름까지 두루 보여주고 있지요.

영국 미술의 흐름을 읽고 싶다면 테이트 브리튼을 찾아가 보세요. 16세기 고전부터 현대미술까지 영국 화가들의 작품을 방대한 규모로 선보이는 '영국 미술의 보물창고'라 불릴 만합니다. 특히 '윌리엄 터너 컬렉션'이 유명합니다. 영국 미술의 독자적인 색채를 확립하고 이를 세계로 확장한 터너는 영국인의 자랑이죠. 테이트 브리튼은 그를 매개로 영국의 과거와 현재를 잇는 든든한 다리 역할을 하고 있답니다.

테이트 브리튼의 건축 이야기

테이트 브리튼은 1897년 '내셔널 갤러리 오브 브리티시 아트'라는 이름으로 처음 문을 열었습니다. 미술관 정면의 늘어선 기둥과 조각된 삼각형 지붕은 고대 그리스 신전을 연상시킵니다. 신고전주의 양식의 특징이죠. 당시 신고전주의는 민주주의와 시민사회의 이상을 상징했기에 모두를 위한 공공건물인 미술관으로 적격이었지요.

이후 20세기 초 에드워드 7세 시대를 거치며 미술관은 증축과 개보수를 통해 지금의 모습을 갖춥니다. 이때 새롭게 더해진 스타일이 바로 '에드워디안 바로크*Edwardian Baroque*' 양식인데요. 두툼한 석재 외벽과 웅장한 돔, 우아한 아치가 특징인 이 양식은 중후한 균형미를 보여줍니다. 미술관 천장의 돔과 아치들이 만든 조화로움을 느낄 수 있습니다.

신고전주의가 계몽과 합리의 시대정신을 담았다면 에드워디

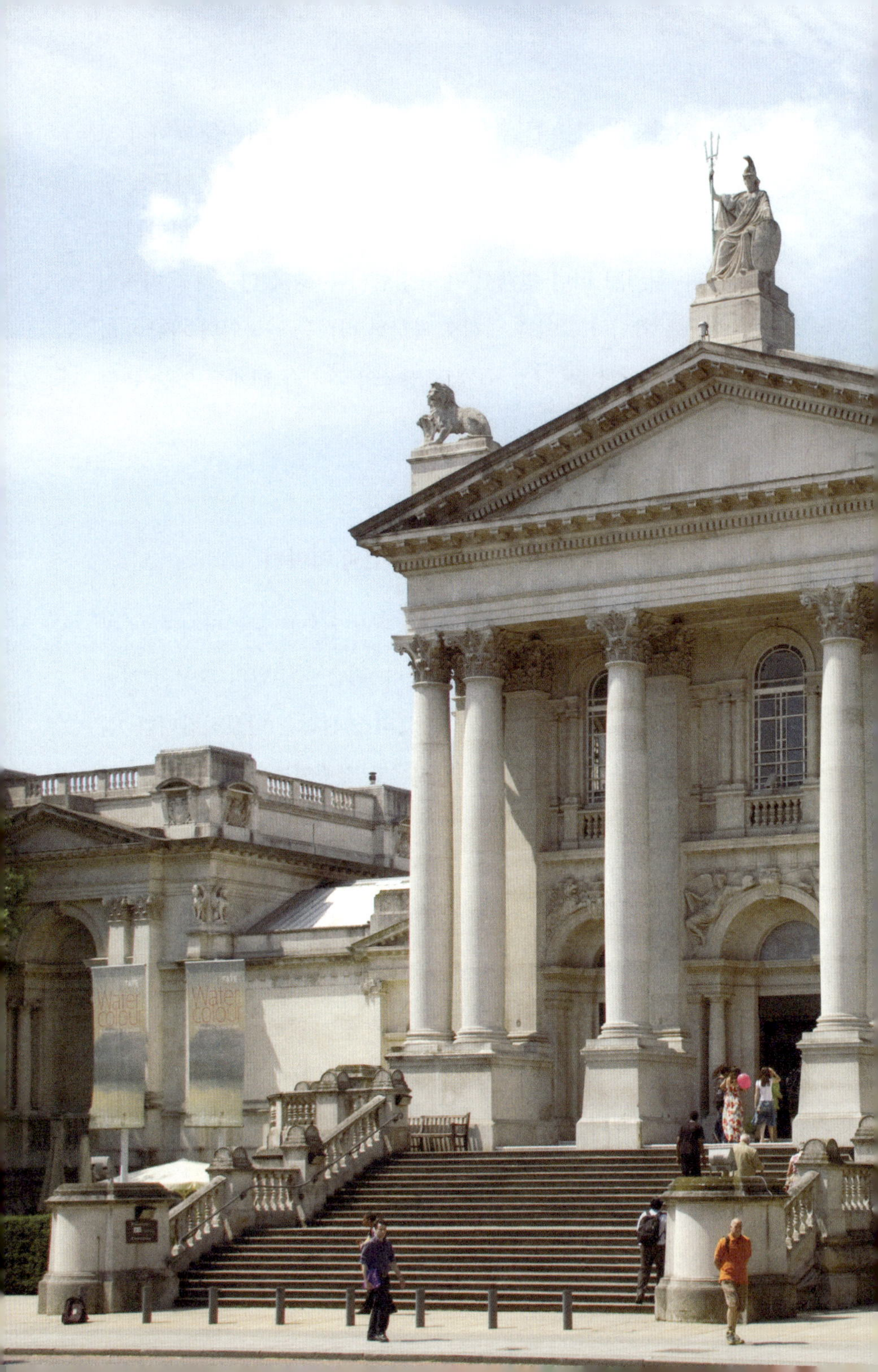
Water
colour
Water
colour

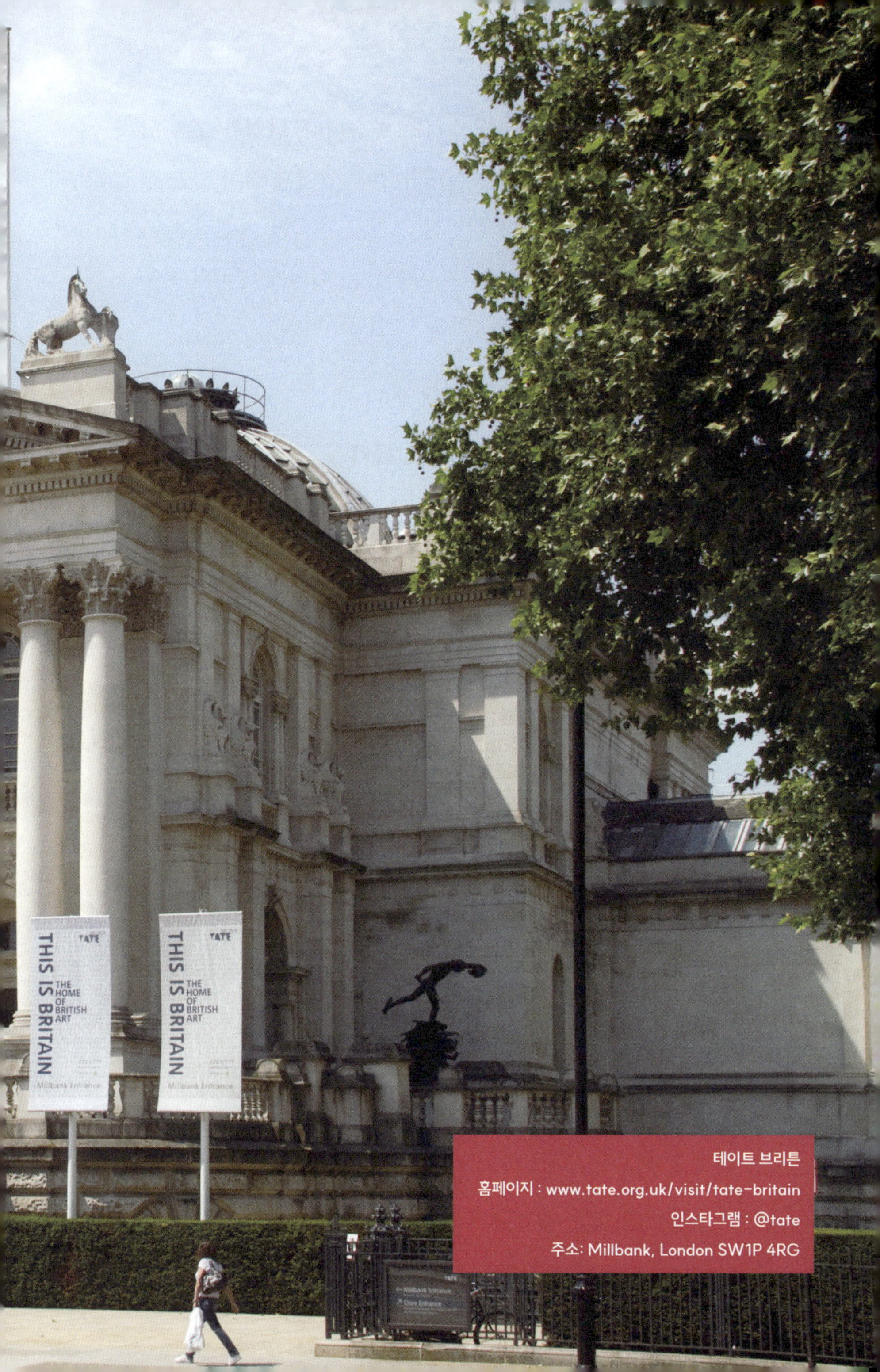

테이트 브리튼

홈페이지 : www.tate.org.uk/visit/tate-britain

인스타그램 : @tate

주소: Millbank, London SW1P 4RG

안 바로크는 제국의 위엄을 표현하려 했습니다. 단정한 교복 위에 커다란 브로치를 단 듯, 두 시대의 건축 언어가 겹쳐 있는 셈이지요. 합리적인 계몽의 시대정신 그리고 제국의 자신감을 과시하던 20세기 초의 욕망. 테이트 브리튼은 이렇게 영국의 자부심과 이상이 새겨진 시간의 문턱에 서 있답니다.

전시 작품과 대표 화가들

테이트 브리튼은 층별로 시대를 나누어 전시하고 있어 관람 동선을 따라 걷기만 해도 영국 미술의 역사를 한눈에 훑어볼 수 있습니다. 1층에서는 영국의 고전 회화, 2층에서는 개성 넘치는 근현대 작품을 만날 수 있지요. 미술관을 한 바퀴 돌아보는 것만으로도 영국 미술이 걸어온 긴 여정을 시대별, 작가별로 생생하게 체험하게 됩니다.

1층 전시실은 19세기 이전 영국 회화 있는 곳으로 테이트 브리튼의 핵심 공간입니다. 독창적인 상상력과 상징주의로 유명한 윌리엄 블레이크와 선명한 색채와 세밀한 묘사로 화단에 충격을 주었던 '라파엘전파'의 주역 존 에버렛 밀레이의 걸작들을 볼 수 있어요.

1층에서 고전 미술의 아름다움을 만끽했다면 2층에서는 19세기 후반부터 오늘날에 이르는 새롭고 파격적인 작품들을 볼 수 있어요. 영국 초상화의 대가인 존 싱어 서전트를 시작으로 인간의 뒤틀린 감정을 강렬하게 그려낸 20세기의 아이콘 프랜시스 베이컨, 수영장 그림으로 전 세계적인 사랑을 받는 팝아트의 거장 데이비드 호크니의 작품을 만날 수 있습니다. 그뿐만 아니라 실험적인 설치미술로 화제의 중심에 선 데미안 허스트, 현대 조각의 새로운 지평을 연 헨리 무어까지 현대미술의 '슈퍼스타'들이 총출동합니다. 테이트 브리튼에 가신다면 베이컨과 호크니의 회화는 물론, 영국 최고의 조각가 헨리 무어의 작품도 꼭 감상하길 추천합니다.

테이트 브리튼 관람 팁

•••

테이트 브리튼에서 놓치지 말아야 할 것이 바로 터너상*Turner Prize* 입니다. 1984년부터 시작된 이 상은 영국 국적이거나 영국에서 활동하는 현대미술 작가라면 꿈꾸는 최고의 상입니다. 영국에서 가장 권위 있는 현대 미술상으로 상을 받은 작가는 단숨에 세계적인 작가로 발돋움하게 됩니다.

역대 수상자 중 가장 화제가 된 인물을 꼽으라면 단연 데미안 허스트일 거예요. 그는 1995년, 소와 송아지를 반으로 갈라 투명한 유리 수조 속에 담은 〈분리된 엄마와 아기〉라는 충격적인 작품으로 터너상을 탔으니까요. 파격적인 이 작품은 생명과 죽음 그리고 과학과 종교 사이의 팽팽한 긴장감을 불러일으키며 현대 미술계에 커다란 질문을 던졌습니다. 운이 좋다면 여러분도 미술관에서 터너상 후보자들의 전시를 직접 볼 수 있을지도 모릅니다.

테이트 브리튼이 영국 미술의 뿌리와 전통을 보여준다면 같은 테이트의 일원인 '테이트 모던'은 세계 현대미술을 상징하는 공간입니다. 아마 전 세계에서 가장 유명하고 사랑받는 현대미술관 중 하나일 거예요. 테이트 모던은 원래 화력발전소였습니다. 붉은 벽돌 외관과 길게 뻗은 창문 99미터 높이의 굴뚝이 눈길을 끕니다. 1981년 발전소가 문을 닫으며 버려졌던 공간을 스위스의 건축가 듀오 헤르조그와 드 뫼롱의 손길을 거쳐 2000년 미술관으로 부활했습니다.

테이트 모던에서는 영국 작가들뿐만 아니라 피카소, 살바도르 달리, 앤디 워홀, 마크 로스코 등 이름만 들어도 가슴 설레는 세계적인 거장들의 작품을 한자리에서 만날 수 있습니다. 특히 발전기가 놓여 있던 널찍한 공간을 그대로 살린 '터빈 홀'은 워낙 층고가 높아서 다른 미술관에서는 엄두도 못 낼 초대형 설치 작품들이 전시되곤 하는데요. 독보적인 규모 덕분에 미술관을 더욱 활기차게 만들었습니다.

런던 미술관 투어를 계획 중이라면 '테이트 브리튼→내셔널 갤러리→테이트 모던' 순으로 관람해 보는 건 어떨까요? 먼저 테이트 브리튼에서 영국 미술의 독자적인 흐름을 살펴보고, 내셔널 갤러리로 이동해 유럽 고전 미술을 만끽하고, 마지막으로 테이트 모던에서 전 세계 다채로운 현대미술 작품을 마주하는 거죠. 이런 일정을 짜면 미술이 시대별로 어떻게 변화하고 발전해 왔는지 눈앞에 선명하게 펼쳐질 겁니다.

그녀는 왜 몸을 웅크렸을까?

수태고지 (또는 주님의 여종을 보라) (1850)
Ecce Ancilla Domini (Behold the handmaiden of the Lord) /
The Annunciation
단테 가브리엘 로세티
Dante Gabriel Rossetti (1828-1882)
41.9× 73cm, 캔버스에 유채

#수태고지 #성모 마리아 #대천사 가브리엘 #라파엘전파
#백합_순결의 상징 #하얀 비둘기 #성령 #빅토리아 시대 종교 회화
#왜 마리아는 놀란 표정을 하고 있을까? #예전 수태고지 그림과 뭐가 다를까? #나라면 이 순간 어떤 표정을 지었을까?

은총이 가득한 이여 기뻐하라

그림 속 방 안은 온통 흰색입니다. 벽과 바닥, 침대까지 모두 하얗습니다. 침대 위 흰옷 차림의 소녀는 불쑥 나타난 인물을 보고 놀란 듯 몸을 웅크리고 있습니다. 어깨 위로 붉은 머리칼을 늘어뜨린 소녀의 표정에는 놀라움과 두려움이 보입니다. 소녀 앞에 선 인물은 맨발에 소박한 흰 옷차림으로 순결을 상징하는 백합을 들고 있고요. 다른 한 손은 소녀를 안심시키고 조심스레 인사를 건네려는 듯 가슴께로 들어 올린 모습입니다.

그림을 자세히 들여다보면 신비로운 흔적이 보입니다. 소녀와 방문객의 머리 위에는 은은한 금빛 후광이 감돕니다. 방문객

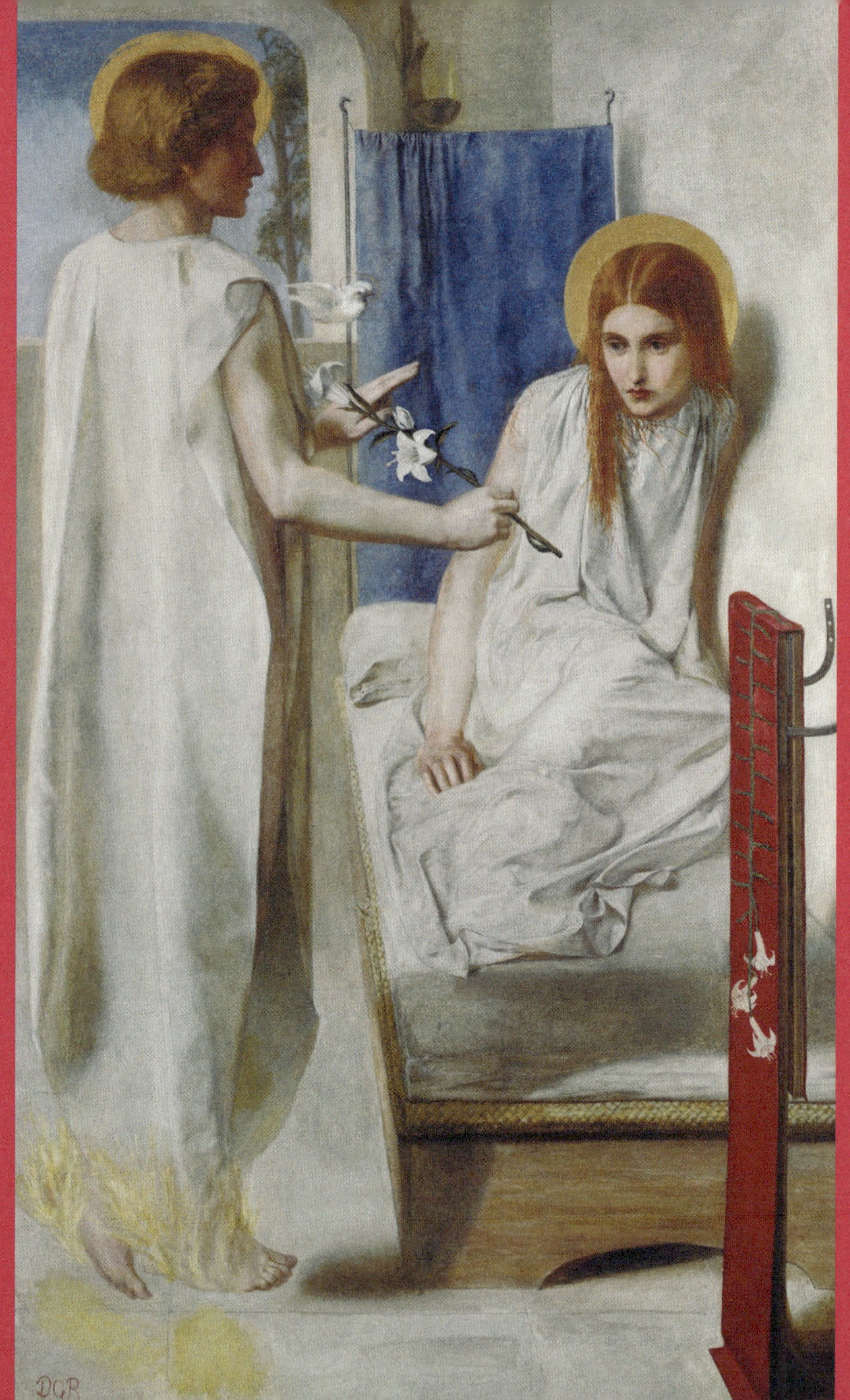
DGR

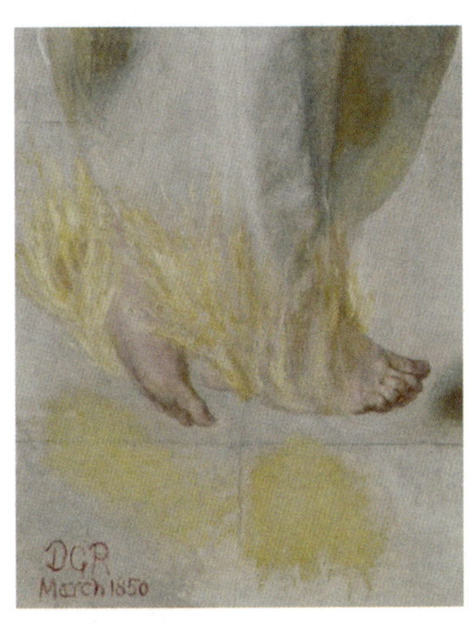

의 발끝에는 금빛 불꽃이 일렁이며 바닥에서 살짝 떠 있는 것 같습니다. 금빛 후광은 성스러운 순간임을 암시합니다. 하얀 방 안의 두 인물은 대체 누구일까요?

그림을 이해하기 위해선 종교적인 배경지식이 필요합니다. 우선 이 장면의 실마리는 그림의 제목에서 찾을 수 있습니다. 라틴어 'Ecce Ancilla Domini'는 "보십시오, 저는 주님의 종입니다."라는 뜻입니다. 성경에 있는 구절로 성모 마리아가 가브리엘 천사의 전갈을 듣고 건넨 대답이죠. 하느님의 명령으로 천사 가브리엘은 나사렛 지역의 요셉이라는 사람과 약혼한 마리아를 찾아갑니다. 마리아는 가브리엘 천사로부터 성령으로 아기를 잉태할 것이니 이름을 예수로 하라는 고지를 받습니다. 이에 마리아는 그림의 제목처럼 대답합니다. "저는 주님의 종입니다." 침대 위 소녀가 성모 마리아, 방문객은 가브리엘 천사이지요. 단테 가브리엘 로세티는 예수의 탄생을 예고하는 '수태고지Annunciation'의 순간을 그린 거예요.

침대 끝에 길게 세워진 붉은 태피스트리에는 세 송이의 흰 백합이 수놓아져 있습니다. 이 백합은 가브리엘 천사가 손에 들고 마리아에게 건네는 백합과 시각적으로 이어져 성스러운 기적을 암시합니다. 또한 창문과 푸른 칸막이 사이로 날아드는 하얀 비둘기는 기독교 미술에서 전통적으로 '성령'을 상징합니다. 이 장면이 신의 메시지가 전달되는 결정적인 순간이라는 걸 알 수 있습니다.

로세티의 〈수태고지〉는 단순한 공간에 흰색, 빨간색, 파란색, 금빛만을 남겼습니다. 이 생경한 구성은 수천 년간 반복된 익숙한 주제를 새로운 시선으로 바라보게 합니다.

낯선 모습의 성모 마리아

수태고지는 서양 미술사에서 가장 자주 다뤄진 주제입니다. 화가마다 이 이야기를 해석하는 방식도 다양합니다. 그중에서 유명한 두 작품을 설명해 보겠습니다. 먼저 피렌체 산 마르코 수도원에 있는 르네상스 초기 화가 프라 안젤리코의 작품부터 만나볼까요?

고개를 살짝 숙이고 단정하게 앉아 있는 마리아와 화려한 날개를 활짝 펼치고 정중하게 인사를 하는 천사의 모습입니다. 배경에는 아치형 회랑과 정원이 질서 있게 자리 잡고 있습니다. 정교한 원근법이 적용된 건축물과 부드러운 빛은 화면에 평온함을 더합니다. 마리아의 표정 또한 놀라움보다는 경건함이 묻어나죠. 이는 르네상스가 추구한 질서와 조화, 이상적인 아름다움을 잘 보여줍니다.

레오나르도 다 빈치의 〈수태고지〉도 살펴볼까요? 그림에서

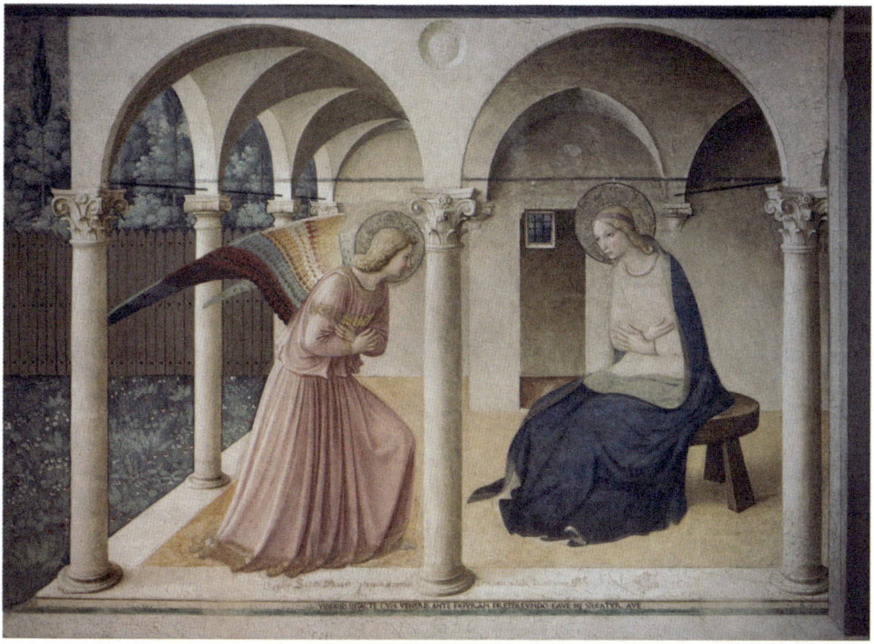

〈수태고지〉(1440-1445), 프라 안젤리코 / 피렌체 산마르코 미술관 소장

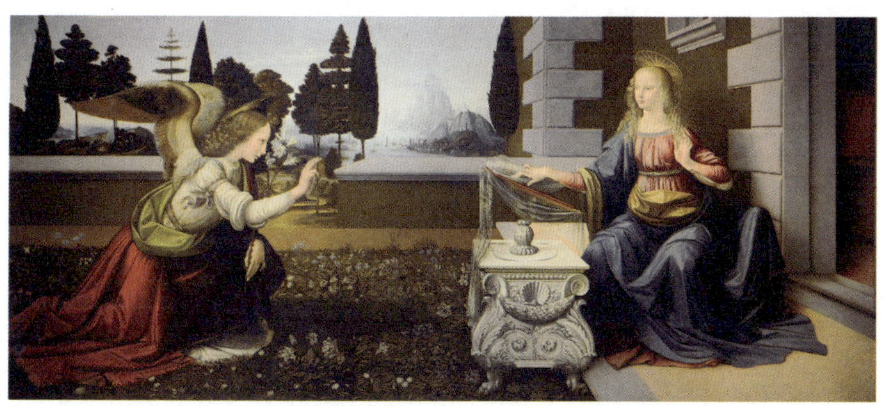

〈수태고지〉(1472-1475), 레오나르도 다빈치 / 피렌체 우피치 미술관 소장

마리아는 정원에 앉아 책을 읽고 있습니다. 무릎을 꿇은 천사는 날개를 펼친 채 인사를 건넵니다. 균형 잡힌 건축물과 섬세한 자연 풍경이 배경을 채워 안정감을 주며 마리아의 표정 역시 두려움보다는 이 순간을 예견한 듯 차분하고 평화롭습니다.

로세티의 〈수태고지〉로 돌아와 다시 그림을 보니 어떤가요? 여기엔 이상적인 건축물도, 아름다운 정원도, 장엄한 풍경도 없습니다. 침대와 하얀 벽이 전부인 단조로운 방 안, 작은 창밖으로 보이는 것은 푸른 하늘과 나무 한 그루뿐입니다. 방 안에는 화려한 날개를 펼친 존재 대신 맨발에 소박한 옷차림을 한 천사가 서 있습니다.

무엇보다 눈에 띄는 건 마리아의 표정입니다. 경건하다거나 평온해 보이지 않고 침대 끝에 몸을 움츠린 채 앉아 망설이는 소녀처럼 보입니다. 극적인 장면의 장엄함보다는 삶이 송두리째 바뀔 소식을 마주한 소녀의 떨림과 인간적인 망설임이 더 크게 다가옵니다.

서양 미술에서 성모 마리아는 항상 완벽하고 이상적인 모습으로 그려졌습니다. 평온한 얼굴로 천사의 말을 공손하게 받아들이는 여인으로 말이지요. 하지만 로세티는 마리아를 성스러운 상징으로만 보지 않았습니다. 앞선 〈수태고지〉 두 작품에서 마리아가 '평온하고 이상적인 성모'였다면 로세티의 마리아는 '현실에서 갈등하는 소녀'입니다. 우리는 이 그림 속 마리아가 성인이기에 앞서 우리와 같은 감정을 지닌 한 인간으로 느끼게 되지요. 전통적인 수태고지에서 강조되던 질서와 장엄함 대신 두려움과 용기, 망설임과 결단이 동시에 교차합니다.

읽히고 들리는 그림

이 작품이 그려진 19세기 중반의 영국은 산업혁명으로 사회 전체가 급격히 요동치던 시기였습니다. 증기기관차가 대지를 가로지르고 거대한 공장 굴뚝이 도시의 풍경을 메우던 시절, 예술가들은 역설적으로 '옛것'에 주목했습니다. 그 중심에 바로 '라파엘전파'가 있었습니다.

이 젊은 화가들은 르네상스의 거장 라파엘로 이후의 미술이 지나치게 세련된 기교에만 치중해 오히려 공허해졌다고 생각했어요. 그래서 이들은 '라파엘 이전', 즉 르네상스 절정기 이전의 미술로 돌아가고자 했습니다. 관습에 얽매인 낡은 방식에서 벗어나 중세 성화처럼 단순하면서도 진실한 감정을 담아내고 싶었던 젊은 예술가들은 인간의 내밀한 감정과 진실한 순간을 화폭에 새롭게 그려내고자 했습니다. 그 혁신의 중심에 단테 가브리엘 로세티가 있었습니다.

화가이자 시인이기도 했던 로세티는 미술과 문학의 경계를 넘나들며 독창적인 감수성을 펼쳤습니다. 그는 "은총이 가득한 이여, 기뻐하라."라는 천사의 인사에 "저는 주님의 종입니다."라는 마리아의 대답을 '수태고지'에 대한 짧은 시처럼 해석했습니다. 그래서인지 성스러운 인물도 우리 곁에 살아있는 존재로 가깝게 다가오지요.

이 작품은 라파엘전파의 정신이 깃든 그의 초기 대표작으로, 문학과 종교, 인간과 예술이 조화롭게 어우러져 있습니다. 인류의 오래된 이야기를 읽듯 찬찬히 살펴보세요. 질문 하나가 떠오를지도 모릅니다.

"두렵지만 마음을 정해야 할 때 나는 망설임 없이 답할 수 있을까?"

하늘을 연구한 사람

초원에서 본 솔즈베리 대성당 (1831)
Salisbury Cathedral from the Meadows
존 컨스터블
John Constable (1776-1837)
192× 153.7cm, 캔버스에 유채

#풍경화 #솔즈베리 대성당 #구름 연구 #무지개 #대지와 하늘의 대비 #빛과 대기의 변화 #자연 속 성당의 상징성 #이 그림은 맑은 날일까, 폭풍 후일까? #이 그림은 실제 풍경일까, 화가의 감정일까? #자연 속에서 인간(나)은 얼마나 작은 존재일까?

폭풍우와 무지개가 만난 풍경

전시실 한 벽을 압도하는 커다란 작품이 시선을 붙잡습니다. 양팔을 벌린 너비보다 넓고 높이는 사람 키만 한 이 그림은 존 컨스터블의 〈초원에서 본 솔즈베리 대성당〉입니다. 작품 앞에 서면 그림이라기보다 '창문' 같다는 기분이 듭니다. 창문 너머로 영국의 들판이 시원하게 펼쳐지고 머리 위로는 금방이라도 비가 쏟아질 듯한 하늘이, 눈앞에는 생생한 무지개가 걸려 있는 것처럼 느껴지니까요.

그림을 가까이 볼까요? 먼저 시선을 빼앗는 건 하늘입니다. 그림의 절반을 차지한 하늘의 표정이 예사롭지 않습니다. 먹구

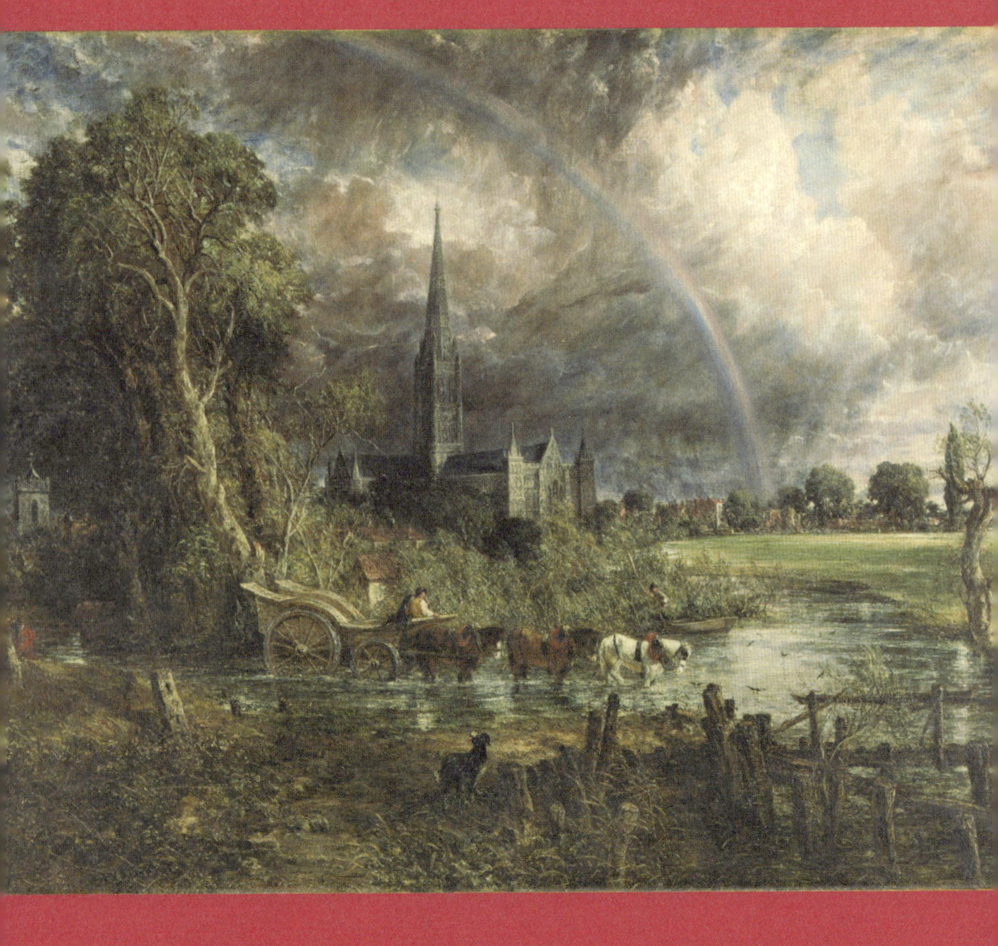

름의 회색빛과 하늘의 푸른빛이 뒤섞여 세상을 뒤덮었습니다. 금방이라도 거친 폭풍이 쏟아질 듯 불안합니다. 먹구름을 뚫고 서 있는 성당 첨탑 위로 무지개가 선명하게 보이네요. 하늘을 찌를 듯 솟은 성당의 첨탑은 먹구름과 무지개 사이에서 든든한 버팀목처럼 자리를 지키고 있습니다.

그림의 왼편에는 두꺼운 줄기와 짙은 색의 잎사귀가 가득한 나무가 버티고 서 있습니다. 오른편에는 줄기와 잎사귀가 거의 없는 키 작은 나무가 서 있습니다. 폭풍에 휘말리지 않을까 걱정스러운데요. 커다란 나무와 작은 나무의 대비는 우리 일상에 동전의 양면처럼 늘 도사리고 있는 두려움과 희망, 어둠과 빛을 보여주는 것만 같습니다.

세 마리의 말이 끄는 마차에 앉은 인부가 얕은 강가를 건너고 있고 앞쪽에서 개 한 마리가 멈춰 서서 이 모습을 지켜보고 있네요. 왼편 숲길에는 붉은 옷차림의 인물이 눈에 띕니다. 그 앞에 소 한 마리가 희미하게 보입니다. 폭풍이 몰려오는 하늘 아래서도 마차는 길을 건너고, 개는 주인을 바라보고, 사람은 묵묵히 자기 일을 이어갑니다. 소박한 풍경 덕에 그림이 현실적으로 다가옵니다. 자연의 거대한 힘과 평범한 하루의 삶이 한 캔버스 속에 공존하는 것이지요.

무지개 아래의 성당, 슬픔과 희망을 품다

컨스터블에게 솔즈베리 대성당은 특별한 장소였어요. 이곳의 성

직자 존 피셔와의 인연 때문입니다. 든든한 친구이자 후원자였던 피셔는 여러 차례 "솔즈베리 대성당을 그려 달라." 부탁했습니다. 컨스터블은 그 요청에 응해 대성당을 다양한 각도에서 그렸습니다. 그러다 1832년 존 피셔가 세상을 떠나자, 그를 추모하며 〈초원에서 본 솔즈베리 대성당〉을 남겼습니다. 먼저 떠난 벗을 향한 화가의 애도가 담긴 작품입니다.

그림 속 무지개를 보면 자연스럽게 창세기의 '노아의 방주 이야기'가 떠오릅니다. 대홍수 이후 하느님은 다시는 세상을 물로 멸하지 않겠다고 약속하며 무지개를 하늘에 걸었잖아요. 무지개는 서양 회화에서 '신의 약속과 희망'을 상징합니다. 그림 속 폭풍우로 뒤덮인 하늘 아래에 있는 성당은 당장이라도 무너질 듯 위태롭게 보입니다. 하지만 그 위로 선명하게 걸린 무지개는 우리에게 아직 희망은 사라지지 않았다고 속삭이는 것 같지요. 이처럼 그림 속 무지개는 먼저 떠난 친구를 향한 애도의 마음이자 슬픔에 잠긴 남은 이들에게 전하는 신의 약속으로 느껴지기도 합니다.

그런 데다가 작품이 완성되기 몇 해 전, 컨스터블은 아내를 잃었습니다. 아내의 죽음으로 그는 세상의 빛이 모두 사라진 것 같은 슬픔을 느꼈을 겁니다. 그래서인지 몰려오는 폭풍처럼 휘몰아친 붓질은 하늘을 더욱 무겁고 어둡게 보이게 하고, 그 속에서 떠오른 무지개는 화가 자신이 붙잡고 싶었던 희망으로 보입니다.

이렇듯 〈초원에서 본 솔즈베리 대성당〉 속 폭풍과 성당, 무지개는 인간의 시련과 믿음, 희망을 상징합니다. 작품 속에 어우러진 이 세 가지 이야기는 우리 삶을 지탱하는 진정한 힘이 무엇일지 생각하게 만듭니다. 인간의 삶과 신앙, 희망을 깊이 성찰하여 컨스터블이 남긴 '종교적인 풍경화'로 평가받는 작품입니다.

풍경의 절반은 하늘

•••

이 작품은 화가 개인의 슬픈 마음을 고백하는 데서 끝나지 않고 영국 풍경화의 지평을 넓힌 역사적 전환점이 되었습니다. 그전까지 영국 회화에서 자연 풍경은 대체로 인물화나 역사화의 배경 역할에 머무는 경우가 많았습니다. 하지만 컨스터블은 단순한 '배경'이나 '장식'으로 여기지 않고 조연이었던 자연을 스포트라이트를 받는 주인공으로 그렸어요. 그는 과학자처럼 자연을 꼼꼼하게 관찰하고 기록했습니다. 공기가 바뀌면 빛의 색깔이 달라지고, 빛이 달라지면 그 풍경을 보는 우리의 기분도 미묘하게 변하곤 하지요? 컨스터블은 이 '빛과 공기의 미세한 변화'를 그림의 중요한 주제로 삼았습니다.

컨스터블에게 풍경이란 공기의 이야기였고 그 공기의 표정은 대부분 하늘에서 시작된다고 믿었습니다. 그는 존 피셔에게 보낸 편지에 하늘은 풍경의 '으뜸음Keynote'이며, 자연 속 모든 빛이 시작되는 곳이라고 적었습니다. 모든 것을 지배하는 하늘이 중요하다고 말이지요. 이게 무슨 뜻일까요? 한마디로 하늘이 바뀌면 풍경 전체의 분위기와 우리 마음속 감정까지 통째로 바뀐

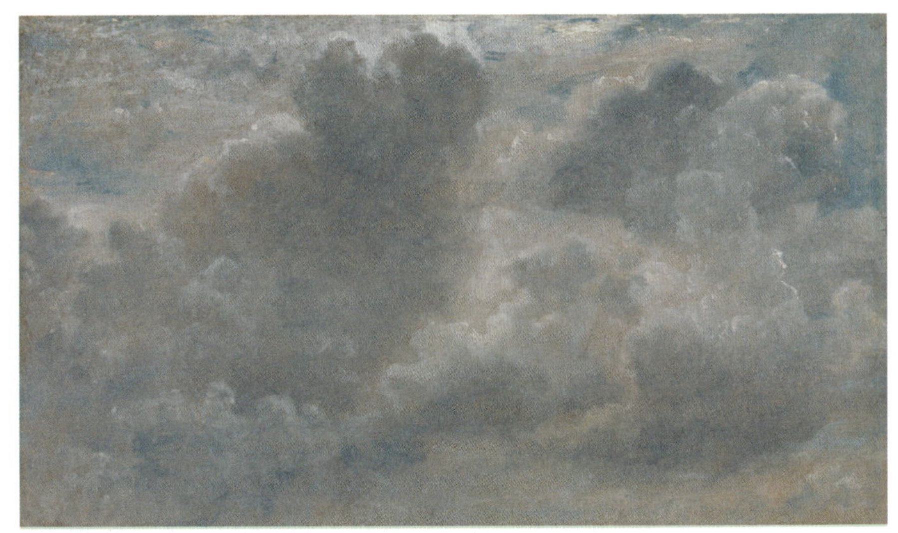

〈구름 연구 Cloud Study〉(1822) / 50.8 x 30.5cm / 캔버스에 붙인 유화 / 예일 영국 미술 센터, 폴 멜론 컬렉션 / 캔버스에 붙은 라벨에는 "1822년 8월 1일 오전 11시. 매우 덥고, 태양 아래 큰 구름이 떠오르고 있었다. 바람은 서풍이었다."라고 적혀 있음

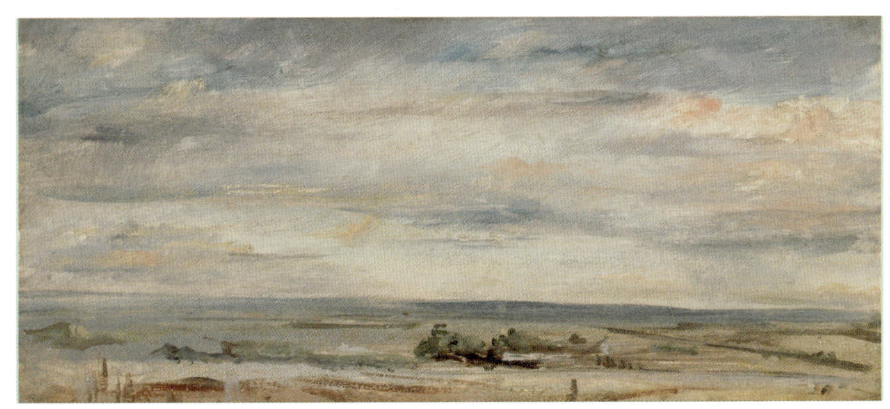

〈구름 연구: 이른 아침, 햄프스테드에서 동쪽을 바라보며 Cloud Study, Early Morning, Looking East from Hampstead〉(1821) / 32.4 x 14.6cm / 종이에 유화, 판지에 부착 / 예일 영국 미술 센터, 폴 멜론 컬렉션 / 뒷면에 갈색 잉크로 "7월 19일 오전 5시, 동쪽을 바라보며. 정오의 날씨는 아름다웠고 하늘은 맑고 푸르렀다."라고 적혀 있음

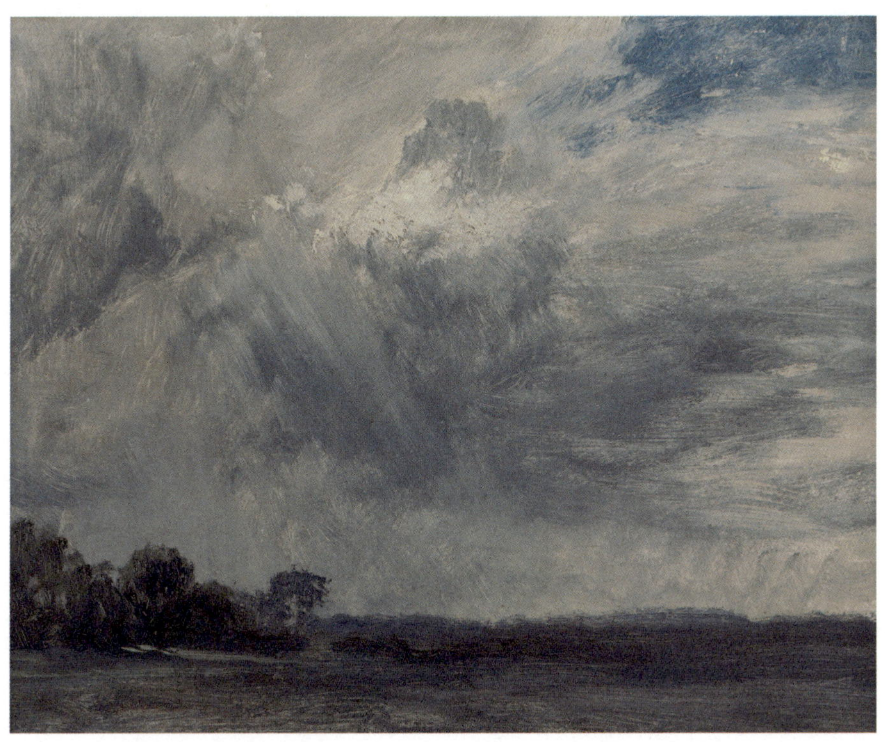

〈흐린 하늘 연구 Study of a Cloudy Sky〉(1825) / 33 x 26.4cm / 종이에 유화, 판넬에 유화 / 예일 영국 미술 센터, 폴 멜론 컬렉션

다는 뜻이에요.

컨스터블은 런던 북쪽의 햄프스테드 언덕에 올라가 스케치와 유화를 수없이 남겼습니다. 변화무쌍한 하늘을 끈질기게 바라보고 눈 깜짝할 새 변해버리는 구름의 속도를 필사적으로 따라잡으려 애썼습니다. 카메라 셔터를 누르듯 붓과 연필로 그 찰나의 날씨를 기록했던 거예요. “1822년 8월 1일 오전 11시. 매우 덥고, 태양 아래 큰 구름이 떠오르고 있었다. 바람은 서풍이었

다.” 캔버스의 라벨이나 종이 뒷면 등에 남긴 이런 메모는 컨스터블이 하늘을 연구해야 할 관찰의 대상으로 보았다는 걸 알려주죠. 컨스터블은 이 작업을 ‘스카잉skying(하늘 연구)’이라고 불렀답니다.

컨스터블의 하늘 스케치는 그 하나하나가 이미 완성 작품입니다. 그의 그림을 통해 무심코 지나쳤던 하늘이 매 순간 얼마나 웅장한 드라마를 쓰고 있었는지 깨닫게 되죠. 〈초원에서 본 솔즈베리 대성당〉은 영국 풍경화의 정점입니다.

순수하고 아름다운 비극

오필리아 (1851-1852)
Ophelia
존 에버렛 밀레이
John Everett Millais (1829-1896)
111.8 × 76.2cm, 캔버스에 유채

#라파엘전파 #셰익스피어 #햄릿 #오필리아 #빅토리아 시대 #상징적 꽃들 #문학 인용 #자연의 묘사 #왜 이렇게 예쁜 모습으로 그렸을까? #그림은 슬픈데 왜 눈길이 갈까?
#이 장면을 지금 시대에 그린다면 꽃대신 무얼 그릴까?

비극 속으로 잠긴 〈오필리아〉

물 위에 뜬 채 떠내려가는 한 여인이 있습니다. 양팔은 힘없이 벌어져 있고 가늘게 뜬 눈은 초점을 잃었습니다. 곧 물 아래로 가라앉아 죽음을 맞이할 절박한 상황이지만 표정은 평온해 보여요. 이상하지요? 비극적인 모습이 묘하게 아름다워서 숭고한 느낌을 줍니다.

〈오필리아〉를 가까이 바라보면 오필리아의 숨결이 닿을 듯합니다. 귓가에는 잔잔한 물결 소리가 스며드는 것만 같습니다. 삶과 죽음이 교차하는 순간의 아우라에 이끌려 한참 동안 발걸음을 멈추게 됩니다.

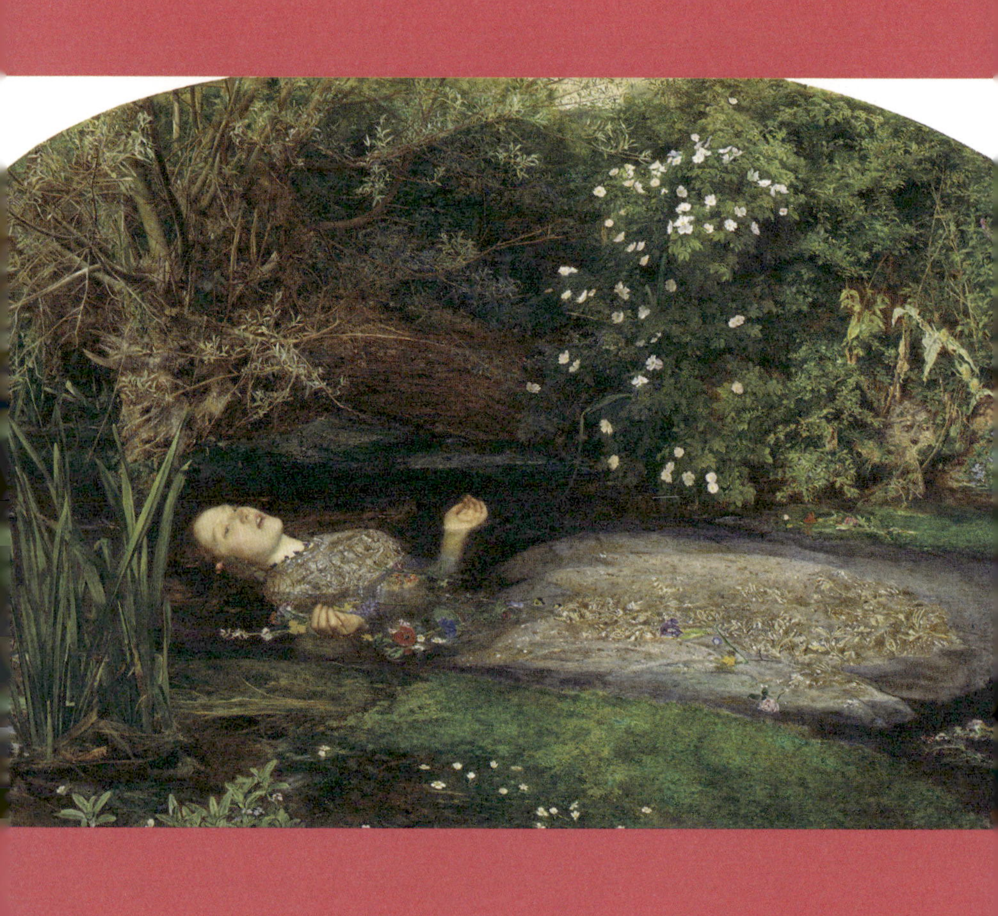

'오필리아'는 셰익스피어의 희곡 『햄릿』에 나오는 인물이에요. 『햄릿』은 아버지를 죽인 숙부에게 복수하기 위해 고뇌하는 덴마크 왕자 햄릿의 비극적인 여정을 다룬 작품입니다. 진실을 좇으며 분노와 고독에 빠진 햄릿은 연인 오필리아를 외면하고, 급기야 그녀의 아버지 폴로니우스마저 실수로 살해합니다. 아버지의 죽음과 연인의 배신이라는 감당하기 힘든 슬픔 속에 오필리아는 결국 정신을 놓아버리죠. 꽃을 꺾으며 강가를 헤매던 그녀는 물속으로 떨어져 비극적인 생을 마감합니다.

셰익스피어는 오필리아의 마지막을 무대 위에 올리지 않았습니다. 대신 거트루드 왕비의 입을 빌려 그녀의 마지막 모습을 담담하게 전할 뿐이었죠. 화가 존 에버렛 밀레이는 바로 이 대목에서 상상력을 발휘해서 활자 속에만 갇혀 있던 오필리아의 마지막 순간을 화폭 위로 불러냈습니다. 〈오필리아〉는 그렇게 탄생했습니다.

꽃이 들려주는 오필리아의 마음

밀레이는 〈오필리아〉를 완성하기 위해 다섯 달 동안 주 6일 하루 열한 시간씩 런던 근교 호그스밀 강가에 머물렀습니다. 그는 꽃이 피고 지는 과정을 지켜보며 꽃잎 하나, 잎사귀 하나 색과 형태를 세밀하게 기록했습니다. 그는 꽃 하나하나가 오필리아의 마음을 대신해 주길 바랐습니다. 실제 강가의 생생한 자연을 통해 문학 작품의 비극을 19세기 당시의 풍경으로 불러낸 셈이지요.

그림에는 제각기 다른 계절에 피는 꽃들이 한데 어우러져 있습니다. 밀레이는 현실에서 불가능한 이 풍경을 의도적으로 연출하여 오필리아의 복잡한 내면을 표현했습니다. 이 장치 덕분에 작품 속 오필리아는 개인의 슬픔과 꿈, 깊은 무의식을 온전히 품은 인물로 우리에게 다가옵니다.

셰익스피어의 『햄릿』에서 거트루드 왕비는 오필리아가 버드나무 가지에 화관을 걸려다 가지가 부러져 시냇물에 떨어졌다고 전합니다. 그림 속 물 위에 흩어진 꽃들이 그녀가 마지막 순간까지 화관을 만들고 있었다는 사실을 떠올리게 하지요. 밀레이는 오필리아 주위에 핀 꽃들이 마치 그녀의 속마음을 대신 말하도록 배치했어요.

귀 옆에 있는 장미는 오빠 레어티스가 오필리아를 "5월의 장미"라 부른 대목에서 따온 것으로 젊음과 사랑, 아름다움을 뜻합니다. 목을 감싼 제비꽃은 충실함과 순결, 젊은 죽음을 상징합니다. 원작에서도 오필리아는 아버지가 죽었을 때 "이제 제비꽃은 모두 시들었어요."라고 말하지요. 오른손 근처의 붉은 양귀비는 원작에는 없지만 밀레이가 추가한 요소입니다. '죽음과 망각, 덧없는 사랑'을 의미합니다.

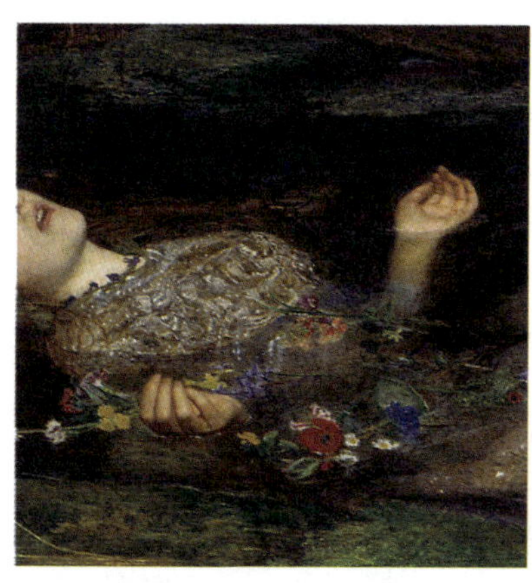

〈오필리아〉 흩어진 꽃들

오필리아의 왼팔 아래의 흰 데이지는 '순수와 무고함'을 상징합니다. 팬지꽃은 '나를 기억해 주세요'라는 뜻을 담습니다. 원작에서 오필리아는 실성한 채 오빠 레어티스에게 팬지를 건네지요. 밀레이가 그린 노란 팬지는 특히 '밝은 생각과 희망'을 나타냅니다. 요절한 청년의 신화에서 유래한 작은 아도니스 꽃은 '슬픔과 짧은 생애'를 상징합니다. 이처럼 〈오필리아〉에 그려진 꽃들은 이야기를 품고 있습니다. 그림을 오래 바라볼수록 문학과 회화, 인간의 운명이 겹친 이야기가 펼쳐집니다.

도덕과 규범을 엄격히 중시했던 당시 영국 사회에서 감정을 솔직하게 드러내는 일은 좀처럼 허용되지 않았습니다. 대신 사람들은 꽃말을 통해 마음을 전했지요. 이것이 바로 '플로리오그라피*Floriography*(꽃의 언어)' 문화입니다. 빨간 장미는 사랑, 흰 백합은 순결, 데이지는 무고함을 뜻했지요. 편지로 말하지 못한 속마음을 꽃다발에 담아 주고받는 놀이였습니다.

비극적인 순간임에도 이 그림이 아름답게 보이는 이유는 무엇일까요? 밀레이는 죽음의 순간을 역설적으로 화려한 자연 속에 담아냈습니다. 또 세밀하게 묘사된 꽃들은 각자의 꽃말로 오필리아의 심정을 말해주죠. 덕분에 오필리아는 생의 마지막 순간마저 평화롭게 잠든 듯 보입니다.

라파엘전파, 새로운 길을 열다

문학 작품 속 비극적인 여인의 모습을 담은 〈오필리아〉로 인해

19세기 영국 미술은 새로운 길에 들어서게 됩니다. 그 중심에는 앞서 설명한 1848년 존 에버렛 밀레이, 로세티, 윌리엄 홀먼 헌트가 결성한 '라파엘전파'가 있었지요. 르네상스 시대 화가들이 성경이나 신화를 바탕으로 '완벽한 아름다움'을 추구했다면 밀레이가 속한 라파엘전파는 눈앞의 자연을 있던 그대로 세밀하게 그렸습니다. 관념적인 아름다움이 아니라 눈앞에 보이는 풀잎, 꽃잎, 빛에 반짝이는 물결처럼 '현실의 아름다움'에 주목한 거예요. 이들은 성경과 신화라는 틀을 벗어나 문학과 현실로 화폭을 넓혔습니다. 치밀한 관찰과 묘사로 미술의 지평을 확장했지요. 따라서 〈오필리아〉에는 새로운 길을 개척하고 시대의 감수성을 담아내려 한 영국 미술의 변화가 오롯이 담겨 있습니다.

라파엘전파가 내세운 원칙은 네 가지였어요. 첫째, 자연을 관찰해 사실적으로 담아내야 한다는 것과 둘째, 문학이나 시, 역사 속에서 주제를 찾아 그림 속에 이야기를 불어넣어야 한다는 것이었지요. 셋째로 라파엘로 이전의 단순한 양식을 따르려 했습니다. 마지막으로 예술은 반드시 도덕적이고 정신적인 진지함을 지녀야 한다는 믿음을 가지고 있었습니다. 그 결과 이들의 작품에는 몇 가지 공통된 특징이 드러납니다. 선명하고 강렬한 원색의 사용, 풀잎 하나와 물방울 하나까지 꼼꼼히 옮겨 담은 세밀한 묘사, 문학과 시에서 가져온 상징적인 주제 그리고 인간 감정의 사실적 표현이 그것이지요.

테이트 브리튼은 라파엘전파의 뛰어난 작품들이 모인 곳입니다. 밀레이의 〈오필리아〉를 비롯해 로세티의 〈베아트리체의 환영〉, 윌리엄 홀먼 헌트의 〈깨어난 양심〉 등을 한자리에서 만날 수 있습니다. 이 작품들은 라파엘전파가 문학과 역사, 인간의 감정을 얼마나 깊이 있게 탐구했는지 보여줍니다. 전시실에 들어서는 순간 화가들의 치열한 고민과 열정이 뜨겁게 전해집니다.

빛이 주인공

노럼성, 일출
Norham Castle, Sunrise
조지프 말로드 윌리엄 터너
JMW(Joseph Mallord William) Turner (1775-1851)
121.6× 90.7cm, 캔버스에 유채

#노럼성 #풍경화 #빛의 변화 #수채화 #실루엣으로 남은 성 #안개 #새벽빛 #형태의 해체 #빛의 변화 #터너의 실험 #반복과 변주 #성보다 하늘이 더 눈에 띄는 이유는 뭘까? #성은 주인공일까 배경일까? #같은 장소를 다시 가면 다르게 보일까?

빛의 화가 터너를 테이트 브리튼에서 만나다

테이트 브리튼에서 가장 돋보이는 공간은 오직 터너의 작품만을 위해 마련된 '터너관*Clore Gallery*'입니다. 영국인이 자랑하는 화가, 윌리엄 터너의 작품을 기리는 세계 유일의 전용 전시관이죠. 터너는 평생 3만 점이 넘는 작품을 남길 만큼 열정적이었으며 여행 중에도 스케치북에 아이디어를 빼곡히 기록했습니다. 그가 기증한 수백 점의 풍경화와 수채화를 이곳에서 감상할 수 있습니다.

터너관에는 힘 있는 붓질로 구현된, 부서지듯 번지는 빛의 잔상이 가득합니다. 새벽 강 위로 피어오르는 안개, 폭풍우 속에

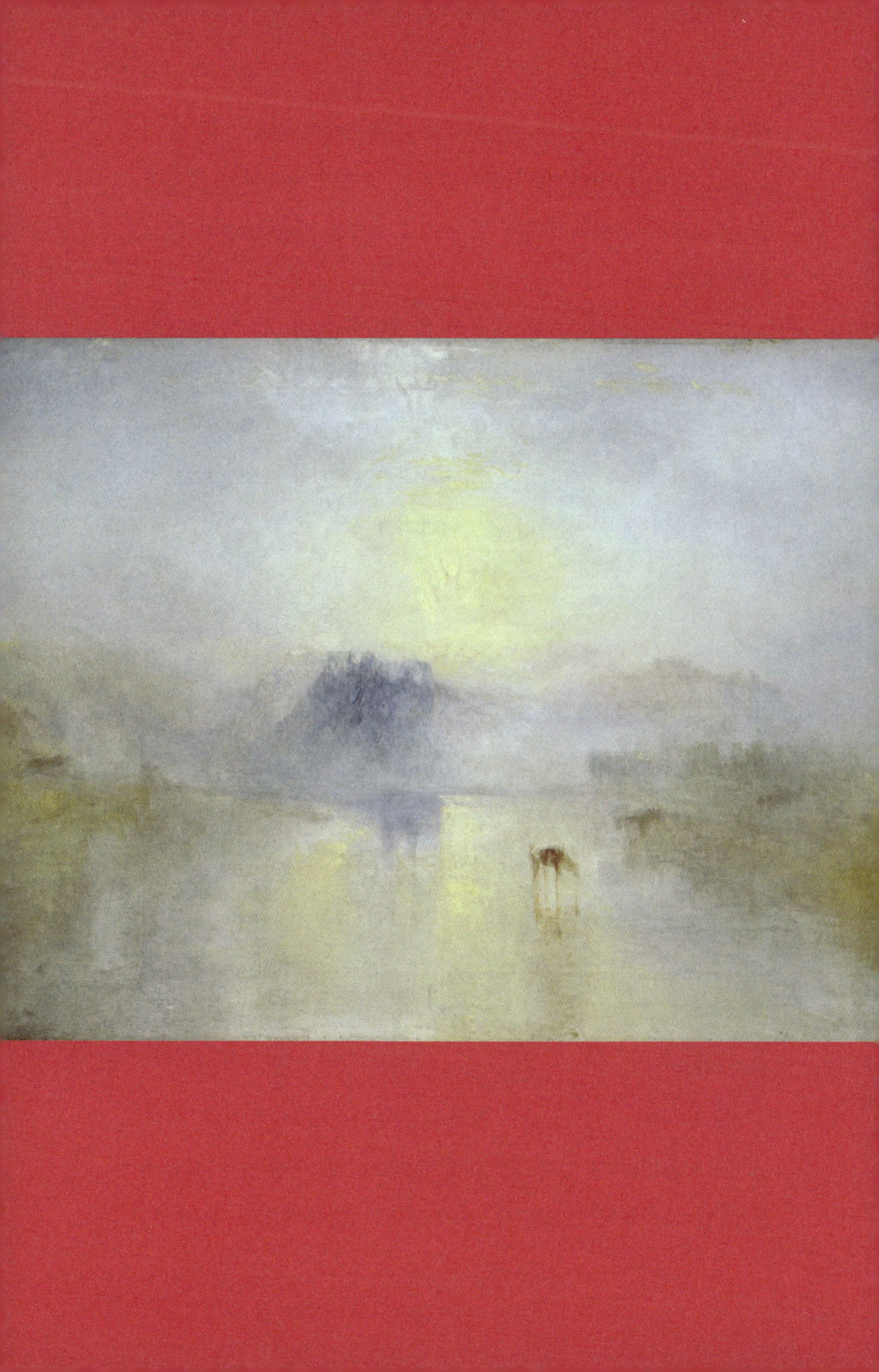

서 요동치는 증기선, 바다를 항해하는 배들이 차례로 눈에 들어오지요. 터너는 빛과 색채라는 언어로 작품에 자유롭게 풀어냈습니다. 당시 사람들에게는 충격으로 다가올 만큼 낯설고 혁신적이었지요.

전시관 곳곳에는 빛의 미묘한 변화를 담아낸 터너의 대표작이 걸려 있습니다. 부드러운 새벽 햇살이 스며든 〈노럼성, 일출〉, 눈보라 치는 바다 위 증기선의 긴박함을 담은 〈눈보라－항구 어귀의 증기선〉, 황금빛 바다가 자아내는 낭만적인 정경을 그린 〈베네치아의 태양〉이 우리를 맞이하지요.

〈노럼성, 일출〉 빛을 주인공으로 세우다

〈노럼성, 일출〉을 살펴보기에 앞서, 1820년대에 그려진 〈노럼성, 트위드 강변〉을 먼저 만나보겠습니다. '노럼성'은 영국 북동부 스코틀랜드 국경과 가까운 노섬벌랜드에 있는 중세 성곽입니다. 한때는 국경을 지키던 요새였지만 터너가 그리던 19세기 무렵에는 폐허처럼 변해 있었지요. 이 그림에서 멀리 보이는 성곽과 잔잔하게 흐르는 강물은 고요합니다. 터너는 성의 돌벽, 강가의 나무, 갈색과 검은색 소 등 강가 풍경을 비교적 사실적으로 담아냈습니다.

약 20년이 지난 뒤 같은 장소를 그린 〈노럼성, 일출〉을 볼까요? 성곽은 흐릿한 실루엣으로 남아있습니다. 아침 햇살과 안개는 화면 전체를 덮고 있고요. 강가의 소는 갈색과 붉은 점 몇 개

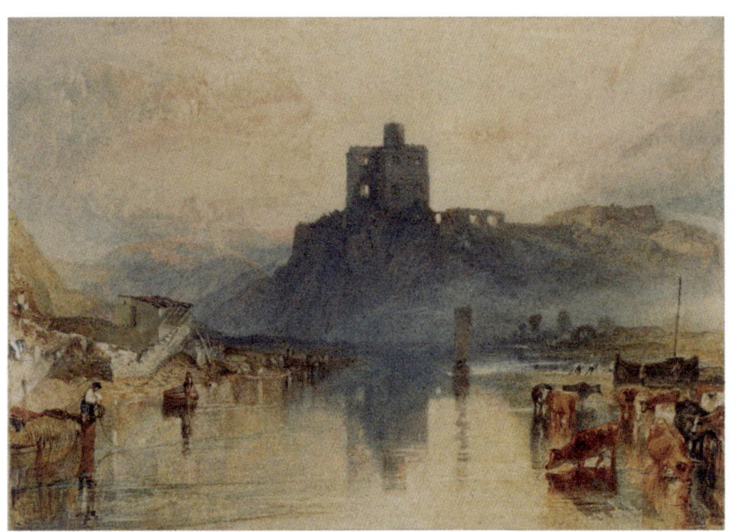

〈노럼성, 트위드 강변〉(1822~1823)

로만 보일 뿐이에요. 자세히 들여다보아야 '아, 저게 소구나' 하고 알아볼 정도입니다.

두 작품을 비교하면 터너의 화풍 변화가 선명히 드러납니다. 사물과 동물을 충실히 담은 풍경화는 시간이 흐를수록 형태가 사라지고 빛과 색채만 남았습니다. 〈노럼성, 일출〉에 보이는 소의 모습은 빛에 스며든 생명의 흔적에 가깝습니다. 풍경의 일부였던 성곽과 소 대신 빛 자체가 작품의 주인공이 되었답니다.

고요한 새벽 햇살을 담은 〈노럼성, 일출〉을 더 자세히 살펴볼까요? 성벽보다 먼저 새벽 햇살이 눈에 들어옵니다. 터너는 막 떠오르는 순간의 해를 둥글고 또렷하게 그리지 않고 물결 속에 스며들며 번져나가는 빛으로 표현했습니다. 노럼성은 세밀한 묘사 대신 파란색과 보랏빛이 섞인 실루엣으로 안개 속 그림자처럼 어렴풋이 표현되어 있어요. 하늘은 노란빛, 흰빛, 옅은 파란빛이 겹치며 빛의 층을 이룹니다. 그 빛은 아래로 내려오면서 강물 위에 반사되지요. 수면은 거울처럼 맑게 반사되지 않고 빛 자체가 물 위를 흘러가는 듯 번져 보입니다. 화면 오른쪽 아래에는 작게 붉은색과 갈색 흔적이 보이는데 이는 강가에 서 있는 소의 모습입니다. 형태는 희미하지만 이 작은 요소 덕분에 풍경 속에 생기가 더해집니다.

터너의 붓질은 거침없습니다. 경계는 사라지고 색은 서로 스며들며 번집니다. 이 작품에서 성의 구조는 거의 사라지고 태양과 안개, 빛의 떨림만 남았습니다. 희미한 성곽과 대조적으로 새벽 햇살은 강렬한 인상을 남깁니다. 우리는 무너진 성벽의 옛 모습 대신 공기 속으로 퍼져 나가는 빛을 마주하게 됩니다. 터너가 창조한 빛은 사물을 비추는 수단을 넘어 화면 전체에 생명력을 불어넣었습니다.

〈노럼성, 일출〉을 보면서 '도대체 무엇을 그린 걸까?' 하고 당혹스러울 수 있어요. 작품에서 요동치는 빛과 색채에 집중해 보세요. 분명 그림 속 스며드는 빛처럼 마음의 움직이게 될 겁니다. 〈노럼성, 일출〉이라는 터너의 과감한 실험은 빛 그 자체를 주인공으로 세운, 미술사의 중요한 순간이라 하겠습니다.

예술과 나를 이어보기

로세티의 〈수태고지〉 작품 속 이미지를 골라주세요.

① 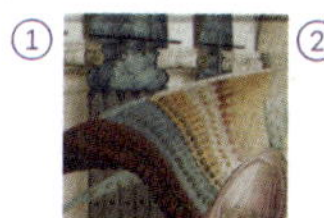 ② 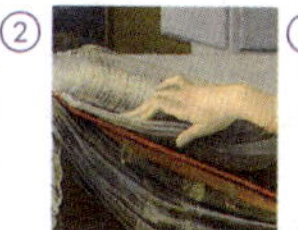 ③ 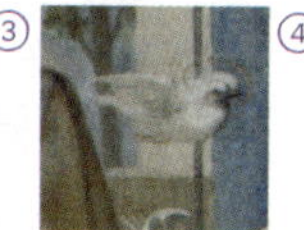 ④ 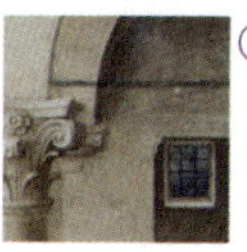 ⑤ 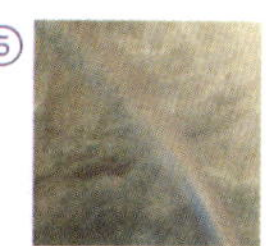

'아침 7시, 졸린 눈처럼 게으르게 떠 있는 구름'이라는 제목과 가장 잘 어울리는 컨스터블의 하늘 연구 그림을 골라보세요.

① 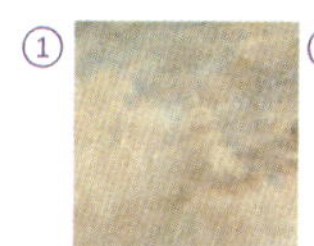 ②  ③ 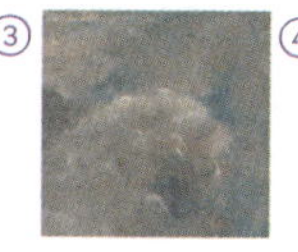 ④  ⑤ 

밀레이의 〈오필리아〉를 보면서 듣고 싶은 음악을 골라주세요.

① 드뷔시 – 〈Clair de Lune〉(달빛)

② 라벨 – 〈Pavane pour une infante défunte〉(죽은 왕녀를 위한 파반느)

③ 아이유 – 〈Love Poem〉

④ 태연 – 〈11:11〉

⑤ AKMU – 〈어떻게 이별까지 사랑하겠어〉

터너의 〈노럼성, 일출〉을 처음 본 당시 사람들이 받은 충격을 댓글로 달아본다면?

ㄴ 노럼성 찾느라 눈 운동함. 빛이 주인공이고 노럼성은 엑스트라네!

ㄴ 화질 깨진 줄 알고 다시 봄. 색이 번진 건가요, 일부러 이렇게 그린 건가요?

ㄴ 형태가 없는데 분위기는 미쳤다, 풍경이 녹아버린 것 같습니다

ㄴ 새벽 공기 냄새 나는 그림. 앞으로 풍경화는 이렇게 변할 것 같아요

ㄴ 아련함 MAX. 이래서 터너 터너 하는구나!

ㄴ ____________________

ㄴ ____________________

ㄴ ____________________

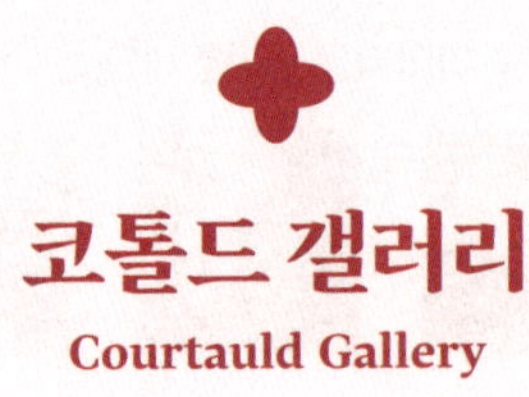

코톨드 갤러리

Courtauld Gallery

고전의 품격과 현대의 활기가 공존하는 서머싯 하우스

•••

런던의 번화가 스트랜드 거리에는 16세기 서머싯 공작의 화려한 궁전에서 시작된 '서머싯 하우스*Somerset House*'가 있습니다. 1776년에 이곳을 영국의 왕실 건축가 윌리엄 체임버스가 국가와 시민을 위한 공공 청사라는 새로운 목적에 맞춰 재설계했습니다.

건물 외벽을 감싼 밝은 크림색의 포틀랜드 석재는 런던의 흐린 하늘 아래서도 단연 눈에 띕니다. 워낙 단단한 석재 덕분에 오래전에 지은 건물임에도 지금까지 깔끔한 모습을 유지하고 있지요. 장식을 절제한 기둥과 좌우 대칭이 조화를 이룬 서머싯 하우스는 신고전주의 양식의 건물입니다. 이성적이고 질서 있는 세상을 중요하게 생각했던 18세기 계몽 정신을 잘 보여주죠. 중앙의 거대한 삼각 지붕과 기둥 배치는 고대 그리스·로마 건축의 비례미를 따랐고요.

본래 이곳은 해군본부, 세관, 조폐국 같은 국가 행정 기관은 물론 왕립 학회와 왕립 예술원 등 주요 학술 기관이 입주하도록 설계된 영국의 살림살이와 지성을 책임지던 곳이었습니다. 그러다 1989년 '코톨드 갤러리'가 서머싯 하우스로 이전하면서 예술과 맞닿는 문화의 광장으로 다시 태어났습니다.

현재 서머싯 하우스는 예술가를 위한 스튜디오와 혁신적인 문화 단체가 입주해 있습니다. 입구를 지나면 곧바로 펼쳐지는 널찍한 중앙 광장은 야외 전시·공연 공간으로 활용되며 여름이면 시원한 분수가, 겨울이면 활기 넘치는 스케이트장이 열리는 시민의 휴식처가 되고 있습니다.

사무엘 코톨드, 예술을 대중의 품으로 돌려준 선구자

서머싯 하우스 북쪽 동에 '코톨드 갤러리'가 있습니다. 코톨드 갤러리의 뿌리는 영국의 기업가이자 미술 수집가였던 '사무엘 코톨드*Samuel Courtauld*'의 열정에서 시작되었지요. 프랑스 인상주의에 매료된 그는 1932년 자신의 저택과 방대한 소장품을 기증해 영국 최초의 미술사 학술 기관인 '코톨드 예술 학교'를 세웠습니다. 그는 갤러리도 운영했는데요. 갤러리의 입장료 수익은 미술 교육 프로그램과 청소년을 위한 워크숍 운영에 그대로 재투자했습니다. 사적인 이익이 아닌 예술의 문턱을 낮추고 배움의 기회를 넓히려는 미래 세대를 위한 투자였습니다. 지금도 청

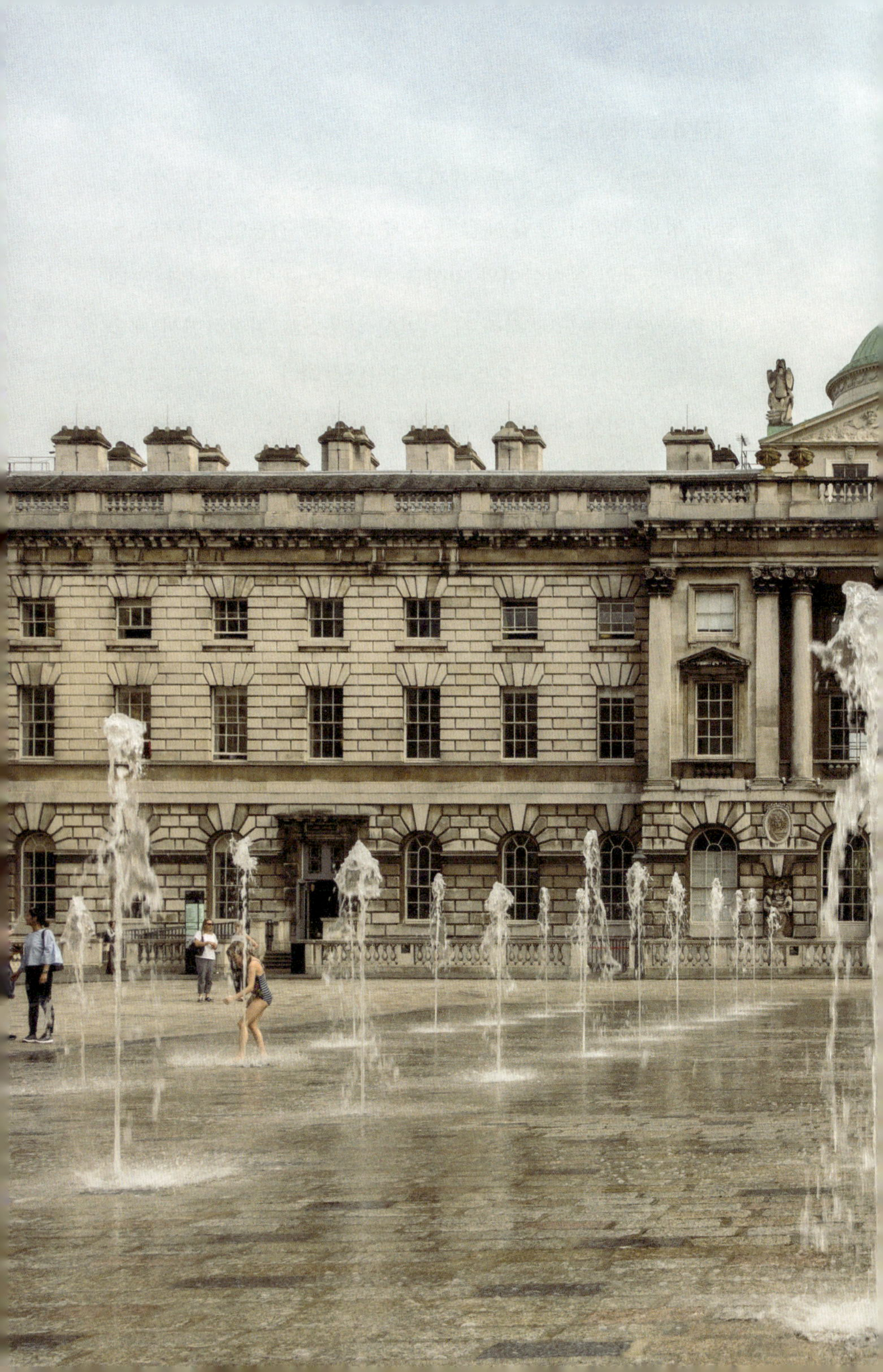

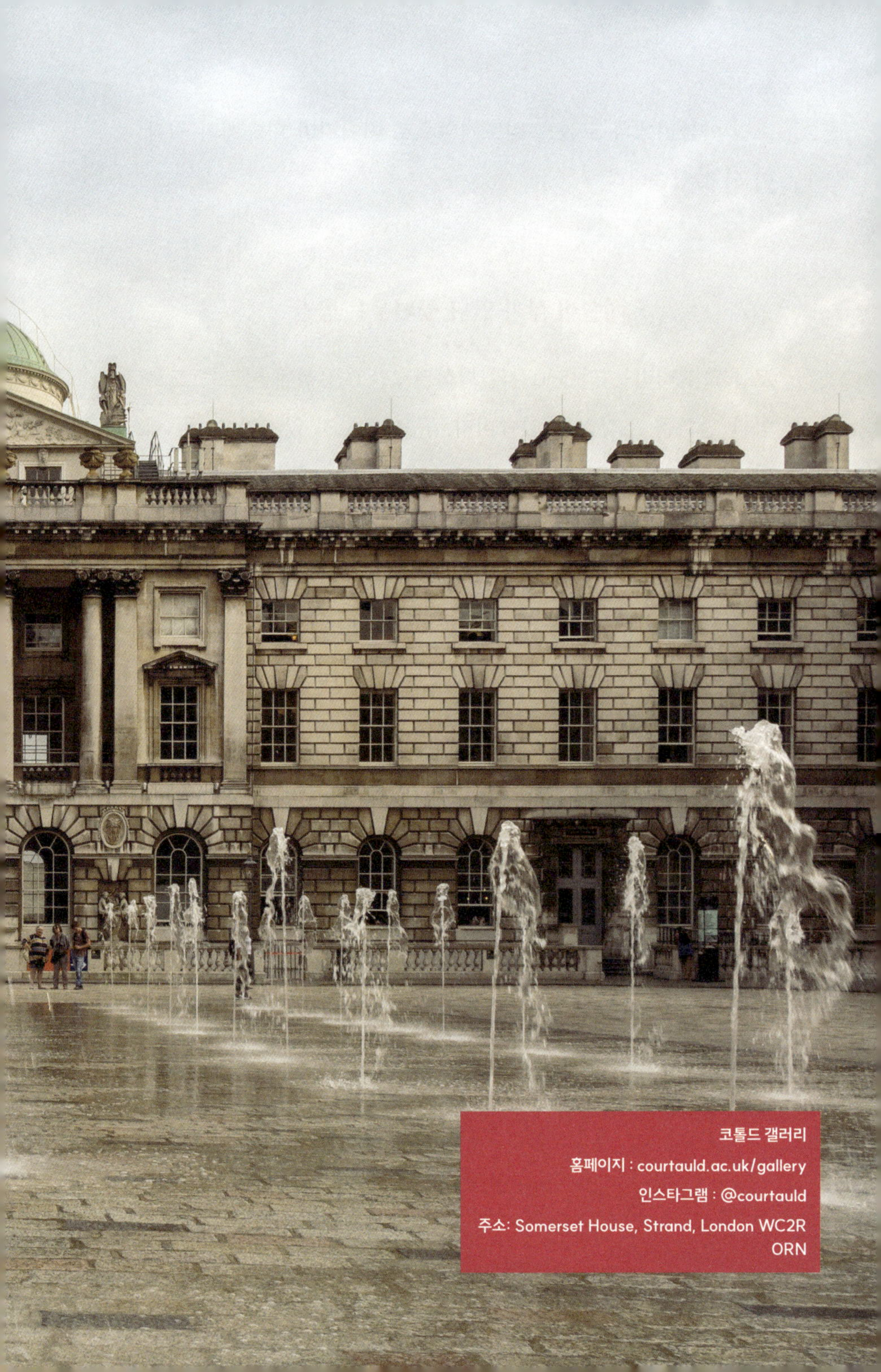

코톨드 갤러리

홈페이지 : courtauld.ac.uk/gallery

인스타그램 : @courtauld

주소: Somerset House, Strand, London WC2R ORN

소년 아틀리에와 코톨드 심포지엄으로 이어지며 미술계의 귀감이 되고 있습니다.

예술이 삶과 만나 꽃피우는 공간

코톨드 갤러리는 약 530점의 회화와 2만 6천 점에 이르는 드로잉과 판화를 소장하고 있습니다. 규모는 크지 않지만 모네, 세잔, 고흐 같은 인상파와 후기 인상파 작품은 세계 최고의 컬렉션을 자랑하지요. 코톨드의 예술적 유산이 이 유서 깊은 공간에서 사람들과 어떻게 호흡하는지 그 매력을 발견하게 될 거예요. 바쁜 런던 시내를 걷다 잠시 숨을 고르고 싶을 때 코톨드 갤러리는 명작과 함께하는 우아한 휴식처가 되어줄 겁니다.

내면 풍경을 그린 풍경화

커다란 소나무가 있는 생트빅투아르산 (1887)
Montagne Sainte-Victoire with Large Pine
폴 세잔
Paul Cézanne (1839-1906)
92 × 67cm, 캔버스에 유채

#생트빅투아르산 #엑상프로방스 주변 풍경 #커다란 소나무 #원근법의 해체 #형태의 단순화 #반복해서 그린 산 #인상주의 이후의 회화 #현대 미술의 출발점 #왜 산보다 소나무가 더 크게 보일까? #멀리 있는 산이 왜 납작해 보일까? #왜 선명한 윤곽선이 없을까?

커다란 소나무가 들려주는 세잔의 속마음

'자연을 원기둥, 구, 원뿔로 파악해 보라'라는 수수께끼 같은 이 말을 남긴 주인공은 누구일까요? 이번에 살펴볼 작품 〈커다란 소나무가 있는 생트빅투아르산〉의 화가 폴 세잔입니다.

그림을 보고 조금 놀랄지도 모릅니다. 캔버스 왼쪽을 거칠게 가로지른 강렬한 한 그루의 소나무 때문입니다. 비스듬히 기운 줄기와 중앙으로 길게 뻗은 가지가 화면의 절반 가까이 차지하며 단숨에 시선을 사로잡습니다.

흥미로운 점은 이 나무가 우리가 흔히 아는, 푸르고 뾰족한 잎의 소나무처럼 보이지 않는다는 거예요. 세잔은 세밀하게 묘

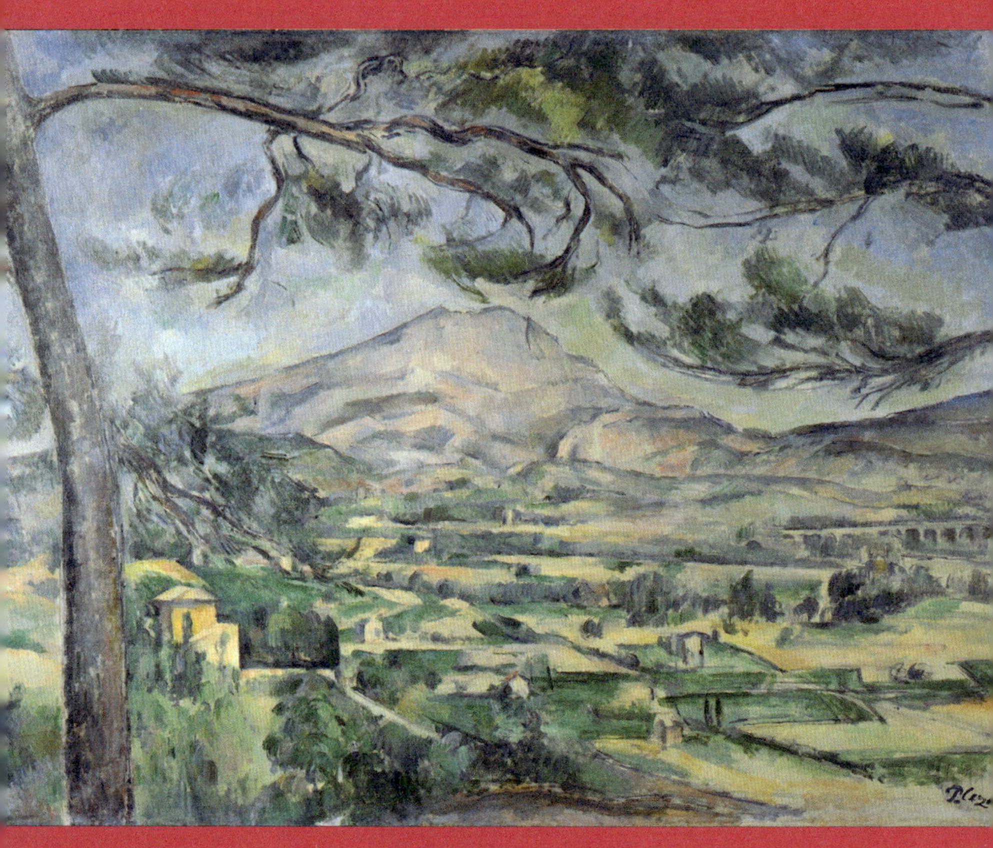

사하는 대신 나무가 거기 있다는 사실을 색과 붓질로 남겨 두었습니다. 생트빅투아르산 역시 세밀하지 않습니다. 멀리 보이는 산이라기보다 색과 형태의 조각들이 겹겹이 쌓여 있는 것 같고 전통적인 원근법도 사실적인 빛도 없습니다. 대신 각 부분이 두껍고 단단한 색으로 서로 부딪히며 어우러져 있어요.

하늘과 산, 들판과 소나무까지 모든 요소가 조금씩 불완전해 보이면서도 균형을 이루고 있어요. 누구의 시선에도 흔들리지 않고 제 자리를 지키는 당당함이 느껴진다고 할까요? 화가는 이 풍경을 빌려 자신의 굳건한 내면을 말하고 있습니다.

세잔의 산 그리고 마음의 풍경

프랑스 남부, 마르세유 근교 해안 마을 레스타크와 엑상프로방스의 생트빅투아르산은 세잔이 예술적 안목을 단련한 장소입니다. 그는 파리와 남프랑스를 오가며 자신의 독자적인 회화 언어를 단단하게 구축해 나갔습니다. 생트빅투아르산을 수없이 오르내리며 언제, 어느 지점에서, 어떤 빛을 담을 것인지 고민했습니다. 겨울엔 찬 바람을 맞으며 언덕을 오르고, 여름엔 태양 아래서 몇 시간씩 그림을 그렸지요.

세잔은 평범한 풍경 너머에 보이지 않는 질서와 리듬 그리고 자연과 인간을 잇는 흐름이 있다고 믿었습니다. 그는 생트빅투아르산 하나만 80점 넘게 남겼을 정도로 한 대상에 집요하게 매달린 화가였지요. 이 산이 그에게 얼마나 각별한 의미였는지 충분히 짐작할 수 있겠죠?

세잔은 산과 하늘, 들판과 나무, 심지어 그 사이의 공간까지 모두 색으로 짜인 하나의 구조로 보았습니다. 〈커다란 소나무가 있는 생트빅투아르산〉을 들여다보면 나무, 집, 산의 모양보다 겹겹이 쌓인 색들이 먼저 눈에 들어오지요. 특히 여러 겹의 초록빛으로 채워진 풍경은 우리가 흔히 말하는 '그림 같은' 풍경과는 사뭇 다르게 느껴질 거예요. 세잔은 무심히 지나쳤던 자연의 본모습을 그림이라는 창으로 다시 발견하게 만든 셈입니다.

세잔이 바꾼 그림의 법칙

세잔은 눈앞의 세상을 그리기에 앞서 '세상을 어떻게 바라보아야 할까?'라는 질문을 던졌습니다. 우리는 눈에 보이는 대상을 입체적으로 느끼고 그것을 똑같이 재현하는 것이 그림의 목적이라고 대부분 생각하잖아요. 하지만 세잔은 달랐습니다. 그는 전통적인 풍경화의 틀에서 벗어나 과학자가 구조를 연구하듯 자연 속에 숨은 본질을 찾아내려 했습니다. 그에게 중요한 건 똑같이 그리는 기술이 아니었지요. 대상을 '깊이 생각하고 다시 보는 것'이 진정한 예술이라 믿었습니다. 세상을 평평한 캔버스 위에 올려놓고, 색과 모양으로 새롭게 구성해야 한다고 생각했어요. 퍼즐을 맞추듯이 세상의 모습을 조립하는 거예요. 그 자체로 충분히 하나의 그림이 될 수 있다고 믿었던 거죠.

그의 실험정신은 20세기 미술의 미래를 바꾸는 씨앗이 됩니다. 피카소와 브라크는 물론 폴 고갱의 상징주의, 칸딘스키의 추상회화, 마티스의 색채 실험까지 세잔의 시선에서 출발하지 않은 현대미술은 상상하기 어려울 정도입니다. 그를 '현대미술의 아버지'라고 부르는 이유가 여기에 있답니다.

세상을 다시 보게 만드는 그림

〈커다란 소나무가 있는 생트빅투아르산〉을 그린 1887년은 세잔이 자신만의 시각으로 자연을 재해석하며 치열하게 고민하던 시기였습니다. 그래서인지 이 그림 앞에 서면 묘한 이질감이 느껴지곤 해요. 바람조차 멈춘 듯한 정적과 무딘 빛, 산과 나무의 낯선 형상이 차분하게 다가오지요. 이는 세잔이 발견한 세상의 본질이자 겉모습 뒤에 숨어 보이지 않는 질서입니다. 자연을 '생각하며' 바라본 화가의 시선이 주는 고요함이 있습니다.

〈커다란 소나무가 있는 생트빅투아르산〉 앞에 서면 나무의 잔가지 하나하나가 손짓하는 기분이 듭니다. 그 속삭임은 고독한 삶 속에서 끊임없이 자연과 대화를 시도한 예술가의 진심 어린 고백일지도 모르지요. 여러분도 언젠가 이 그림처럼 마음을 기대어 쉴 수 있는 자신만의 산을 찾게 될 거예요.

수수께끼 같은 그림의 주제

폴리 베르제르의 바 (1882)
A Bar at the Folies-Bergère / Un Bar aux Folies-Bergère
에두아르 마네
Édouard Manet (1832-1883)
130 × 96cm, 캔버스에 유채

#도시의 밤 #파리 대중문화 #여성 노동자 #응시와 시선 #거울 반사 #익명성 #남성 시선 #마네의 마지막 걸작 #여자는 무표정하게 어디를 바라보고 있을까? #거울 속 장면은 왜 이상하게 보일까? #사람은 많은데 왜 혼자인 느낌이 들까? #우리는 이 여자를 바라보는 손님일까?

거울은 모든 것을 비추지만 진실은 비추지 못해요

•••

커다란 캔버스에 그려진 〈폴리 베르제르의 바〉는 당시 파리의 공연장 '폴리 베르제르'의 모습을 담고 있습니다. 중앙에는 '쉬종'이라는 이름의 바텐더가 서 있습니다. 코톨드 갤러리의 기록에 따르면 그녀는 실제 이 장소에서 일하던 인물이었는데요. 마네의 요청으로 작품의 모델이 되었다고 전해집니다. 쉬종은 정면을 똑바로 바라보고 있지만, 눈동자에는 초점이 없습니다. 고단한 하루에 지친 걸까요, 아니면 마음이 딴 곳에 가 있는 걸까요? 그 속마음은 좀처럼 읽어내기 어렵습니다.

그녀 앞 테이블에는 당시 파리 상류층이 즐기던 샴페인과 맥

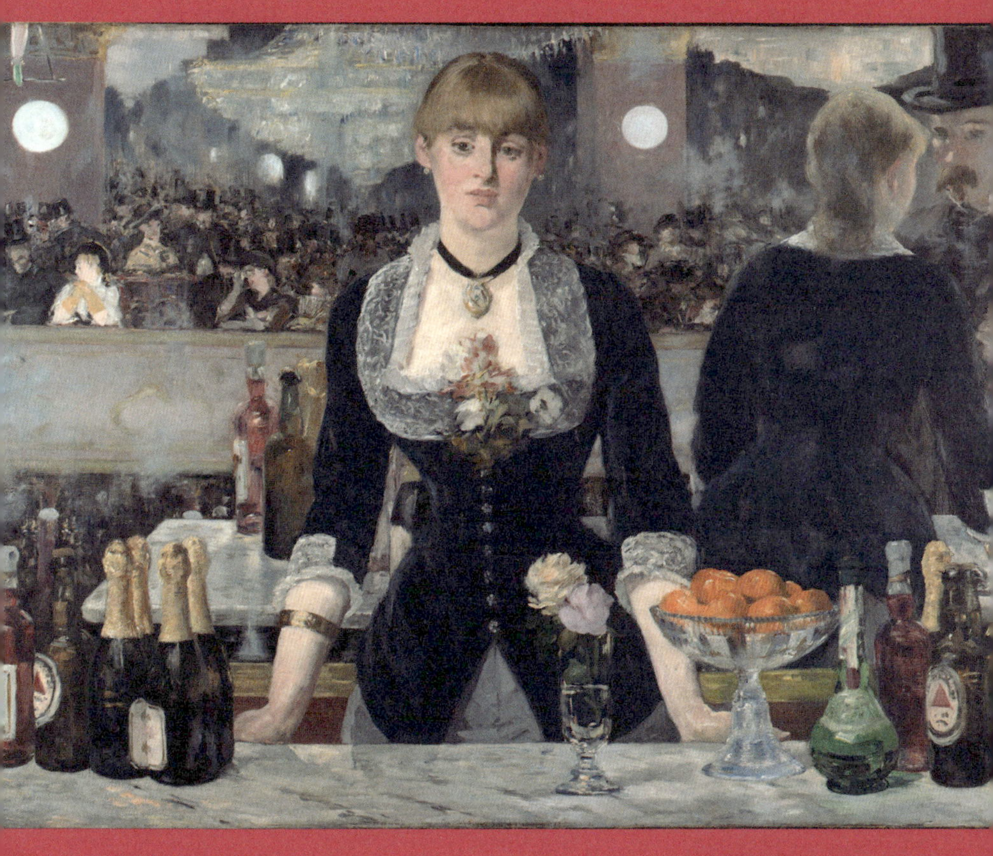

주, 오렌지가 놓여 있습니다. 지금은 흔한 오렌지는 당시에 귀한 수입 과일이었어요. 마네는 왜 쉬종 곁에 오렌지를 두었을까요? 여기에는 여성을 인격체가 아닌 '소비하고 싶은 물건'처럼 바라보던 씁쓸한 시대 분위기가 담겨 있습니다. 꽃병에 꽂힌 꽃들 역시 생생해 보이지만 생화인지 조화인지 알 수 없게 그려졌지요. 당시 공연장에는 진짜 꽃보다 조화가 훨씬 많았다고 하니 조화가 아닐까 하고 추측할 수밖에요. 마네는 생명력이 없는 꽃을 통해 사람의 진심이나 삶의 무게를 살피기보다 예쁘게 꾸며진 겉모습만 소비하던 당시 사회의 차가운 시선을 말하고 있는지도 모릅니다.

쉬종의 뒤편을 살펴볼까요? 그곳에는 바의 벽면을 채운 커다란 거울이 있습니다. 거울은 쉬종 앞에 펼쳐진 풍경을 그대로 비춰주고 있지요. 거울 속에는 테이블 위의 술병들과 천장에 매달린 화려한 샹들리에가 보입니다.

그림 왼쪽 윗부분을 자세히 보면 재미있는 장면이 숨어 있습니다. 무대 위에서 공연 중인 곡예사의 두 다리가 천장에 매달린 인형처럼 보이죠? 눈을 크게 뜨고 찾아보세요. 그 아래로는 공연을 즐기는 관람객의 모습이 스쳐 지나가듯 그려져 있습니다. 사람들의 왁자지껄한 대화 소리와 분주한 움직임이 거울 속에 그대로 비춰 보여요.

이제 시선을 오른쪽으로 돌려볼까요? 쉬종의 뒷모습이 비치고 있습니다. 여기서 이상한 점을 발견할 수 있어요. 우리에게 정면으로 바라보며 무표정하게 서 있던 실제 쉬종과 달리 거울 속에 비친 그녀는 몸을 비스듬히 기울여 손님과 대화를 나누고 있거든요. 분명 같은 사람인데 우리를 보는 모습과 거울 속 모습이 서로 달라요.

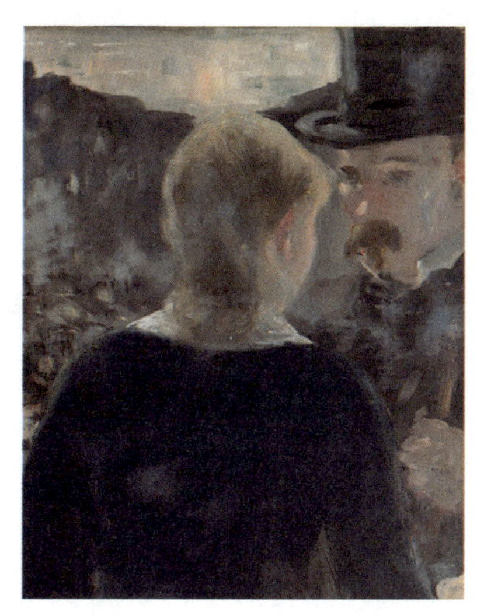

남성 손님은 거울 속에만 존재합니다. 여기서 마네는 우리에게 중요한 질문을 던지고 있지요. 거울은 현실을 그대로 비춘다고 믿지만 정말 그럴까요? 겉모습과 속마음은 언제나 같을까요? 그녀의 진짜 얼굴은 과연 어디에 있을까요?

환한 조명 아래, 혼자 멈춰 선 사람

마네는 테이블 위 샴페인 병은 짙은 청록색으로 배경은 푸른 회색으로 칠해 화면 전체에 차갑고 쓸쓸한 기운이 감돌게 했습니다. 특히 쉬종의 얼굴과 손을 비추는 회백색 빛은 피부에 스며들지 못한 채 겉면만 차갑게 맴돌다 흩어집니다. 창백한 얼굴과 검은 드레스는 분위기를 더욱 무겁게 가라앉히지요. 조명받고 있는데도 입체감은 거의 느껴지지 않아요. 윤곽선은 또렷하지만 빛과 그림자의 대비가 약해 인물이 감정 없는 인형처럼 납작해 보입니다.

더욱 놀라운 건 이 그림에서 실재하는 인물이 그녀뿐이라는 사실이에요. 북적이는 주변 사람들은 모두 거울 속에만 존재할 뿐, 화면 밖 현실에는 쉬종 홀로 서 있지요. 화려한 조명 속에서도 유독 쓸쓸함이 느껴지는 건 바로 그 때문입니다.

이 작품에는 서로 엇갈리는 것들이 숨어 있습니다. 무대와 관객, 현실과 거울 속의 모습, 닮았지만 미묘하게 다른 장면이 겹쳐 그림 전체에 묘한 분위기가 흐릅니다. 여러분은 이 그림에서 무엇을 보고 있나요? 쉬종은 화려한 공간 한가운데 서 있지만 어쩐지 홀로 고립된 사람처럼 보입니다. 주위는 사람들의 웃음소리와 말소리로 가득한데 그녀 혼자 시간이 멈춘 듯 묵음 처리된 것 같아요.

지금도 파리에는 그림의 배경인 폴리 베르제르 공연장이 있습니다. 여전히 화려한 무대와 쇼가 이어지고 있지요. 마네는 무대 뒤의 적막함과 눈부신 조명 아래 가려진 외로움을 포착했습니다. 그림은 140년 전 완성되었지만 조명과 웃음소리 뒤에 숨겨진 '진짜 내 모습'은 어디에 있는지 조용히 되묻고 있습니다.

경계에 서 있던 화가, 마네

• • •

〈폴리 베르제르의 바〉는 마네가 세상에 내놓은 마지막 공개작입니다. 이 작품을 완성한 다음 해 1883년, 그는 51세의 나이로 세상을 떠났습니다. 마네는 언제나 경계에 서 있던 화가였습니다.

전통과 혁신 사이, 고전적인 형식과 새로운 시선 사이, 살롱 전시처럼 권위 있는 제도와 자유로운 실험정신 사이를 끊임없이 오갔습니다. 어디에도 완전히 속하지 않았기에 오히려 모두에게 영감을 줄 수 있었지요. 그래서 그는 사실주의의 마지막이자 인상주의의 출발점 그리고 현대미술의 첫걸음으로 불립니다.

고독과 열정을 짊어진 존재의 기록

귀에 붕대를 감은 자화상 (1889)
Self-Portrait with Bandaged Ear
빈센트 반 고흐
Vincent van Gogh (1853-1890)
60 × 50cm, 캔버스에 유채

#자화상 #귀의 붕대 #고갱과 이별 #상처 #정신의 위기 #고독 #회복
#일본 판화 #외곽선 #불안 #자기 기록으로서의 회화
#표정이 생각보다 차분한 이유는 뭘까? #그림은 치료가 될 수 있을까?
#고흐는 왜 자화상을 여러 번 그렸을까?

붕대를 감은 얼굴

〈귀에 붕대를 감은 자화상〉 속 고흐는 붕대를 머리에 감은 채 어딘가를 응시하고 있습니다. 정면을 향해 있지만 그 어디에도 닿지 않는 시선에서 세상과 단절된 고독이 느껴집니다. 두꺼운 녹색 외투를 입은 그의 뒤편에는 일본 목판화가 걸려 있고, 이젤 위에는 캔버스가 놓여 있습니다. 자신이 그림을 그리는 화가라는 사실을 증명하려는 듯 말이에요.

고흐는 잘린 귀를 드러내지 않고 붕대로 감싸버렸습니다. 실제로 다친 쪽은 왼쪽이었지만, 거울에 비친 모습을 그렸기에 그림에서는 오른쪽 귀에 붕대를 감고 있지요. 상처가 직접 드러나

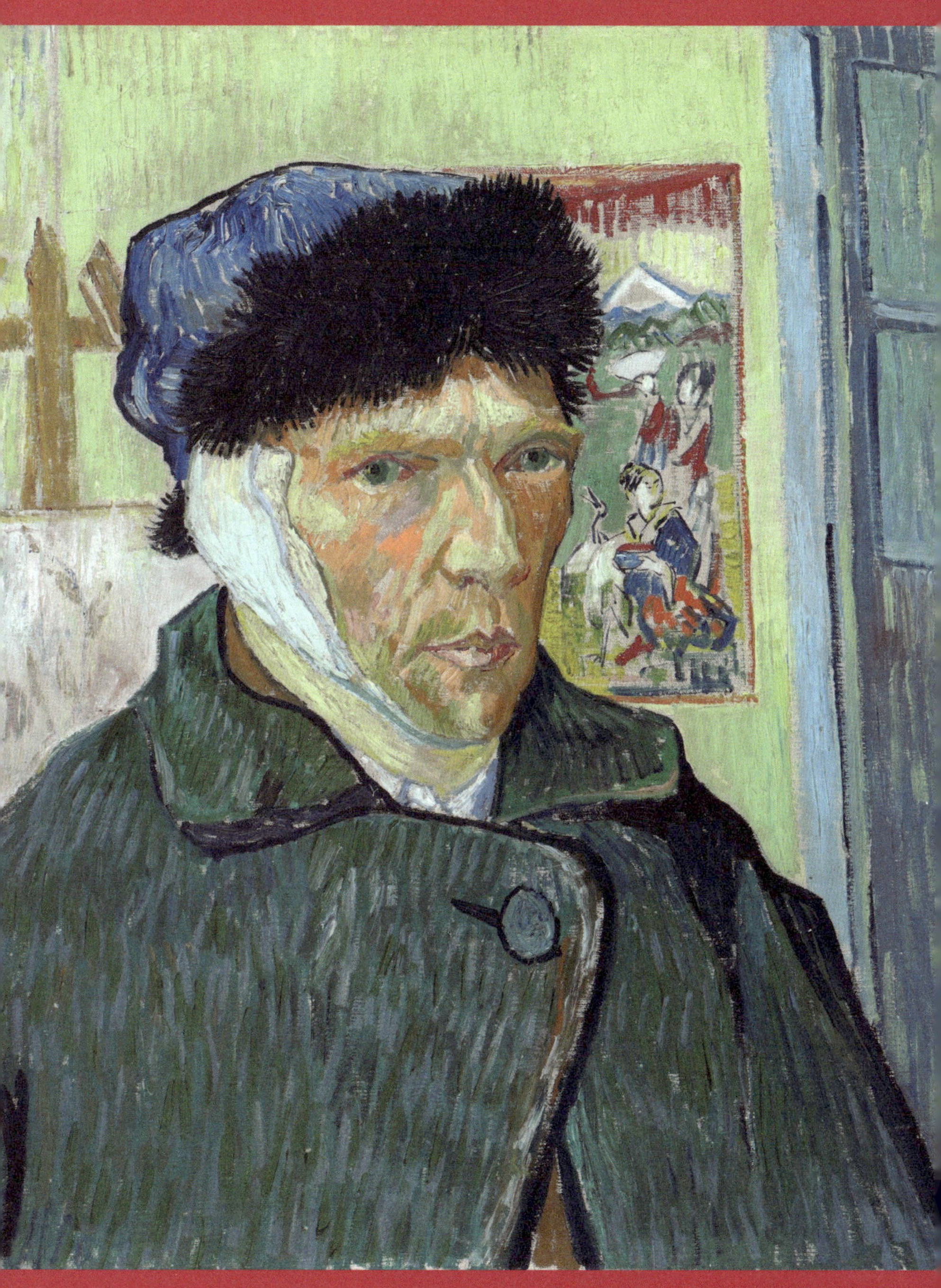

지 않고 표정 또한 덤덤해 보이지만 그 안에는 고통이 숨어 있어 보여요. 겉으론 고요해도 마음속에는 폭풍이 몰아치는 것만 같아요. 특히 물감을 두껍게 겹쳐 발라 입체적인 질감을 만드는 '마티에르Matière' 기법은 요동치는 고흐의 감정을 여실히 드러냅니다. 얼굴과 붕대 위로 거칠고 투박하게 층을 이룬 물감의 질감은 아물지 않은 상처처럼 예민하고 날카로운 느낌을 주지요. 붓질의 방향 역시 일정치 않고 복잡하게 얽혀 있어 당시 그가 느꼈을 혼란이 붓끝을 따라 화폭 위에 남겨진 것 같습니다.

고흐의 눈빛에는 슬픔도 분노도 서려 있지 않습니다. 이 작품은 그의 수많은 자화상 중에서도 유독 비극적이면서 인간적으로 다가옵니다. 삶이 무너져 내리는 순간에도 끝까지 자신을 붙잡으려 했던 한 화가의 절실한 의지가 담겨 있어서일까요?

노란 집의 두 사람

1888년, 고흐는 빛을 찾아서 프랑스 남부의 아를로 향합니다. 이곳에서 그는 태양처럼 빛나는 색으로 〈밤의 카페〉, 〈론강의 별이 빛나는 밤〉, 〈고흐의 방〉, 〈해바라기〉 같은 작품을 그렸습니다. 그리고 아틀리에로 사용할 '노란 집'을 마련하고 폴 고갱을 초청합니다. 두 사람은 이미 파리에서 만나 서로의 예술 세계를 깊이 공유했지요. 고흐는 고갱이 자신과는 다른 강한 표현력을 지닌 화가라고 느꼈습니다. 고갱과 함께 '예술가 공동체'를 만들고 싶었죠. 성향이 다른 두 화가가 한 공간에서 삶과 예술을 공유하면 새로운 미술이 태어날 것이라고 믿고 그를 아를로 초대한 겁니다.

하지만 둘이 함께 사는 일은 생각보다 어려웠습니다. 고갱은 밑그림을 치밀하게 준비하고 색을 미리 정해두는 계획적인 화가였지요. 주제 또한 상징적이고 관념적인 내용을 즐겨 다뤘습니다. 반면 고흐는 떠오른 감정을 캔버스에 쏟아붓듯 그리는 편이었어요. 고흐는 해바라기 연작을 쉼 없이 그리는가 하면, 고갱이 앉아 있는 모습조차 하루에 두 번씩 구도를 바꿔가며 화폭에 담았습니다. 순간의 감정을 놓치고 싶지 않아 했던 거예요. 고갱은 고흐의 즉흥적인 작업이 반복되자 점차 지쳐갔습니다. 고흐는 방안을 해바라기로 채우며 고갱과 형제처럼 지내길 바랐지만, 고갱은 그가 잠든 사이 몰래 그림을 그리거나 식탁에서 침묵을 지키며 거리를 두려고 했습니다.

둘 사이의 미세한 균열은 캔버스 위로 번지는 물감처럼 서서히 퍼져나갔습니다. 그러다 1888년 12월 23일 밤, 고흐와 고갱은 격한 말다툼을 벌였습니다. 노란 집을 떠나려던 고갱은 고흐의 행동에서 불안을 느끼고는 다른 숙소로 피했고, 고흐는 그 길로 돌아와 자신의 왼쪽 귀 일부를 잘라냈습니다.

자화상 안에 남긴 마지막 속삭임

고흐는 평생 35점의 자화상을 남겼습니다. 자신을 그리고 또 그렸지요. 그에게 자화상이란 자신을 깊이 들여다보는 기록이자 마음을 비추는 거울과도 같았습니다. 이 수많은 작품을 따라가다 보면 그의 거친 붓질 속에 담긴 심경의 변화를 오롯이 느낄 수 있습니다. 고흐의 자화상 몇 작품을 같이 볼까요?

1887년 파리에서 지낼 때 그린 〈회색 펠트 모자를 쓴 자화상〉을 보면 모자 아래 붉은 수염과 형형한 눈빛이 선명하게 다가옵니다. 배경을 채운 짧고 촘촘한 붓 터치는 공기가 진동하는 착시를 일으킵니다. 화면 전체에 흩뿌려진 색채의 점들은 고흐가 마주한 나날들의 열정적인 몰입을 그대로 보여줍니다.

같은 해 그린 〈화가로서의 자화상〉 속 고흐는 푸른 작업복 차림에 팔레트와 붓을 들고 우리를 마주합니다. 이젤 너머로 보이는 그의 모습은 영락없는 현장의 화가이지요. 밝고 차분한 배경과 달리 옷의 윤곽에 집중된 리듬감 있는 붓 터치에서 캔버스를 바쁘게 오갔을 화가의 손길이 전해집니다. 그리는 사람이라는 본질에 집중한 직업인으로서의 초상입니다.

1889년에 그린 또 다른 〈자화상〉에서는 붉은 수염과 깡마른 얼굴, 비스듬히 비켜선 눈빛이 무척 강렬하지요. 배경을 가득 채운 물결 모양의 붓 터치는 주변의 공기가 끊임없이 움직이는 것처럼 긴장감을 줍니다. 색채의 소용돌이 속에서도 굳건히 버티고 있는 표정에서 불안과 통제라는 두 가지 감정이 읽힙니다.

코톨드 갤러리에서 만난 〈귀에 붕대를 감은 자화상〉은 선은 정갈하고 색채는 가라앉아 있으며 구도 역시 안정적입니다. 폭풍이 지나간 뒤의 바다처럼 고요하지만 그 이면에는 차마 말 못 할 고통과 침묵이 숨어 있지요. 자신에게만은 끝까지 정직하고 싶었

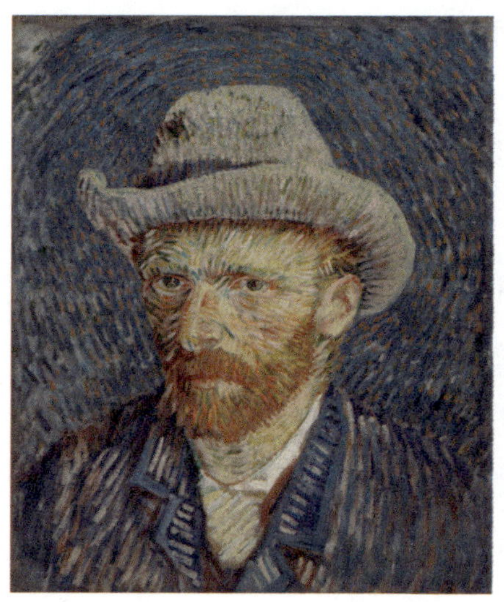

〈회색 펠트 모자를 쓴 자화상〉(1887), 반 고흐 미술관 소장

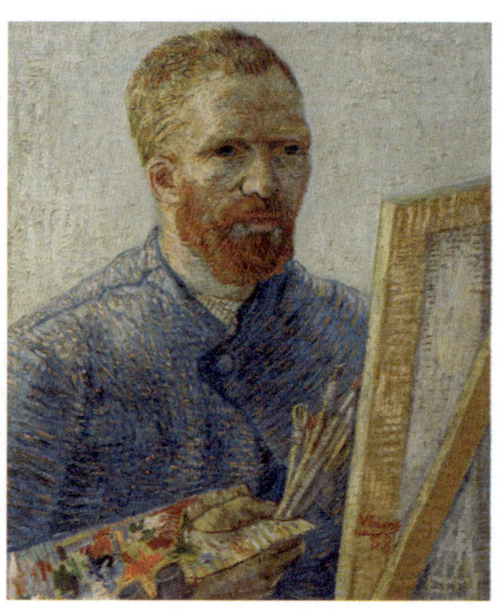

〈화가로서의 자화상〉(1887), 반 고흐 미술관 소장

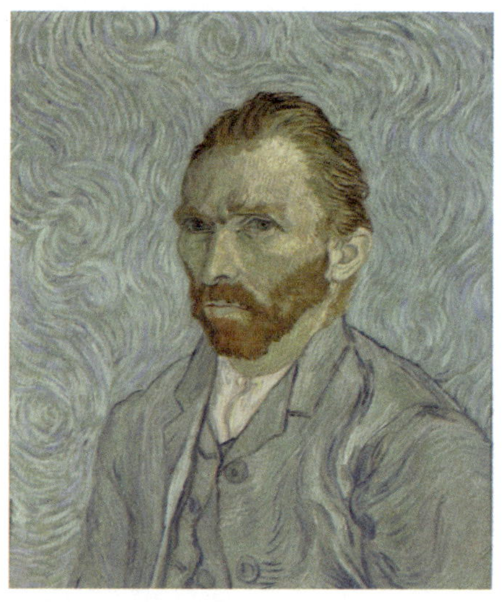

〈자화상〉(1889), 오르세미술관 소장

던 고흐가 남긴 작별 인사가 아닐까요?

고흐는 가슴 속 뜨거운 불꽃을 그림으로 불태운 화가였습니다. 거친 마티에르와 투박한 붓 터치로 표현한 자화상에서 볼 수 있듯 그의 삶은 항상 진심을 향해 있었지요. 그에게 그림이란 일상을 지탱하는 유일한 수단이자 처절한 생존의 기록이기도 했으니까요. 고흐가 보내온 편지를 읽어 내려가는 마음으로 그의 자화상에 남겨진 고독한 흔적을 하나하나 따라가 보기 바랍니다.

자연을 색으로 짜인 구조물로 그린 현대 미술의 아버지, 세잔이 그린 풍경을 골라 주세요.

① 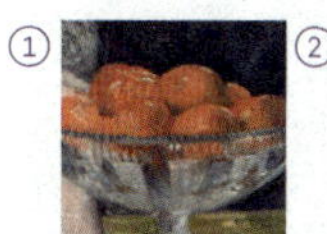 ② 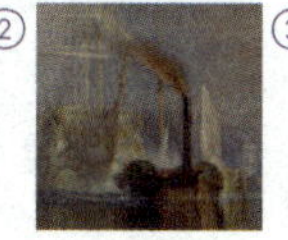 ③ 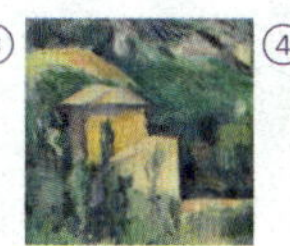 ④ 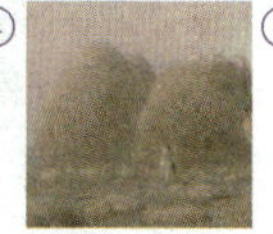 ⑤ 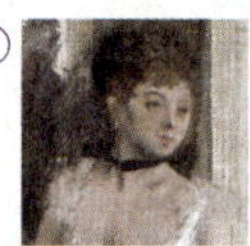

〈폴리 베르제르의 바〉의 장면을 지금 그려본다면 바텐더 자리에는 무엇이 놓여 있을까요?

① 카드 결제 단말기와 태블릿 주문 화면
② 스마트폰과 테이크아웃 커피 컵
③ SNS 라이브 방송용 작은 삼각대
④ 아무것도 없는 깨끗한 카운터
⑤ 어쩌면 키오스크

〈폴리 베르제르의 바〉의 쉬종이 혼잣말을 한다면 어떤 말을 하고 싶을까요?

물감을 두껍게 겹쳐 발라 입체적인 질감을 내는 마티에르 기법으로 그린 고흐의 그림이 아닌 것을 골라주세요.

① 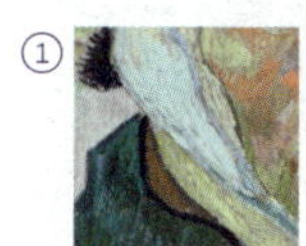 ② 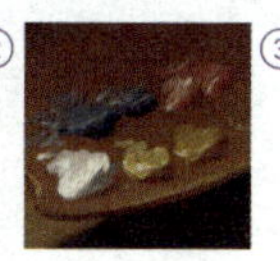 ③ 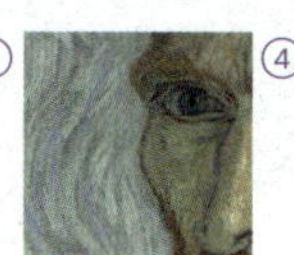 ④ 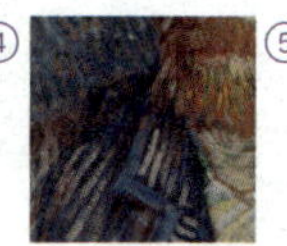 ⑤ 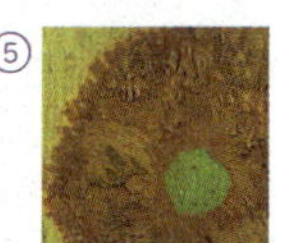

힘든 순간에도 〈자화상〉을 계속 그린 고흐와 같이하고 싶은 활동은 무엇인가요?

① 산책하면서 하늘 사진 찍기
② 강아지나 고양이 영상 보기
③ 아무것도 안 하고 창밖 보기
④ 음악 크게 틀어놓고 듣기
⑤ 일기나 편지 대신 끄적거리며 낙서하기

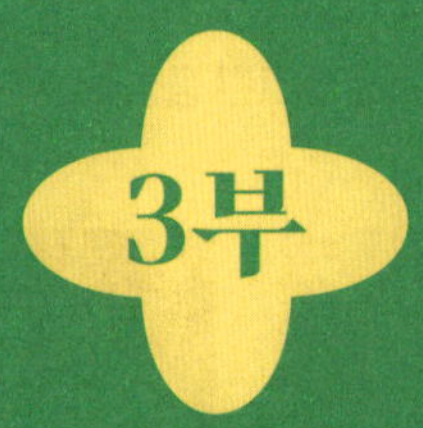

Netherlands

Rijksmuseum Amsterdam
Van Gogh Museum
Mauritshuis

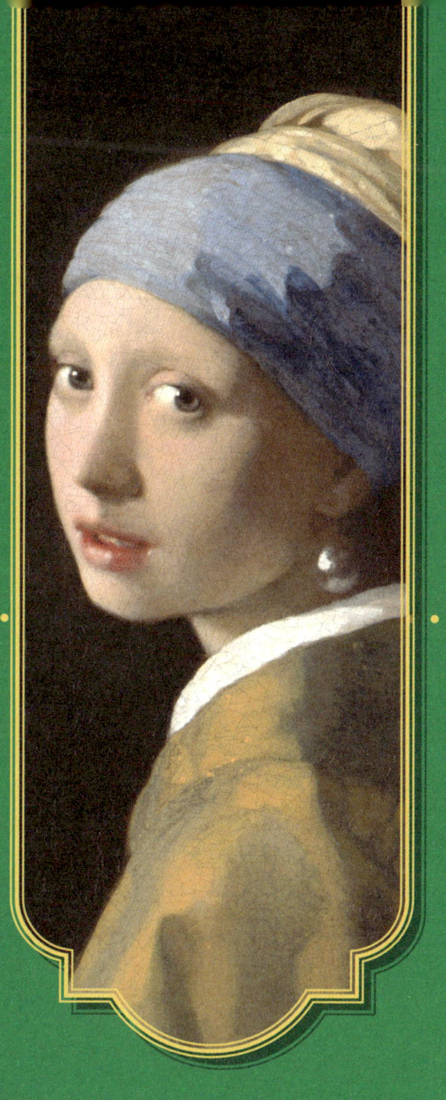

네덜란드

암스테르담 국립미술관

Rijksmuseum Amsterdam

운하 너머 미술관이 말을 건네는 순간

•••

암스테르담 구도심의 싱겔흐라흐트 운하 너머, 붉은 벽돌 건물의 높은 첨탑과 둥근 아치형 통로가 눈에 확 띕니다. 네덜란드의 역사와 예술이 숨 쉬는 암스테르담 국립미술관입니다.

암스테르담 국립미술관의 정면 중앙에 있는 아치형 터널을 지나 계단을 내려가면 지하 로비가 나타납니다. 이곳에서 눈길을 사로잡는 건 넓은 천장을 통해 쏟아지는 화사한 햇살이지요. 지하로 들어왔는데도 오히려 빛이 가득한 세상에 발을 들인 듯한 기분이 듭니다. 건물 외관의 고전적인 분위기와는 달리 내부는 깔끔하고 현대적인 느낌이에요. 천장에는 가느다란 철제 와이어에 매달린 조명이 달려 있어 은은한 분위기를 자아냅니다. 사람들의 웅성임과 안내 방송, 미술관 특유의 적막함이 어우러진 이 공간은 예술이 시작되는 첫 장면입니다.

암스테르담 국립미술관의 역사

암스테르담 국립미술관의 역사는 1800년 헤이그에서 '국립예술관'이라는 이름으로 문을 열었습니다. 초기에는 회화와 유물 200여 점을 갖춘 소박한 규모였지요. 그러다 1808년 루이 보나파르트 국왕의 명령으로 암스테르담 이전이 결정되면서 새 출발점을 맞이합니다.

네덜란드의 자부심이라 불리는 렘브란트의 〈야경〉이 국립미술관의 대표작으로 자리 잡은 것도 바로 이때입니다. 지난 200여 년간 이어진 수집과 노력이 쌓여 네덜란드의 미술과 역사를 온전히 담아낸 현재의 국립미술관이 되었습니다.

예술로 지어진 집, 암스테르담 국립미술관의 건축

암스테르담 국립미술관은 암스테르담 중앙역을 설계한 건축가 피에르 카위퍼르스의 작품입니다. 붉은 벽돌 외벽과 뾰족한 아치, 스테인드글라스, 조각 장식 등이 어우러져 네덜란드의 긍지를 품격 있게 드러내지요.

암스테르담 국립미술관은 성당이나 궁전, 혹은 거대한 도서관 같기도 합니다. 네오 르네상스*Neo-Renaissance*와 네오 고딕*Neo-Gothic* 양식이 절묘하게 어우러진 덕분이지요. 15세기 이탈리아의

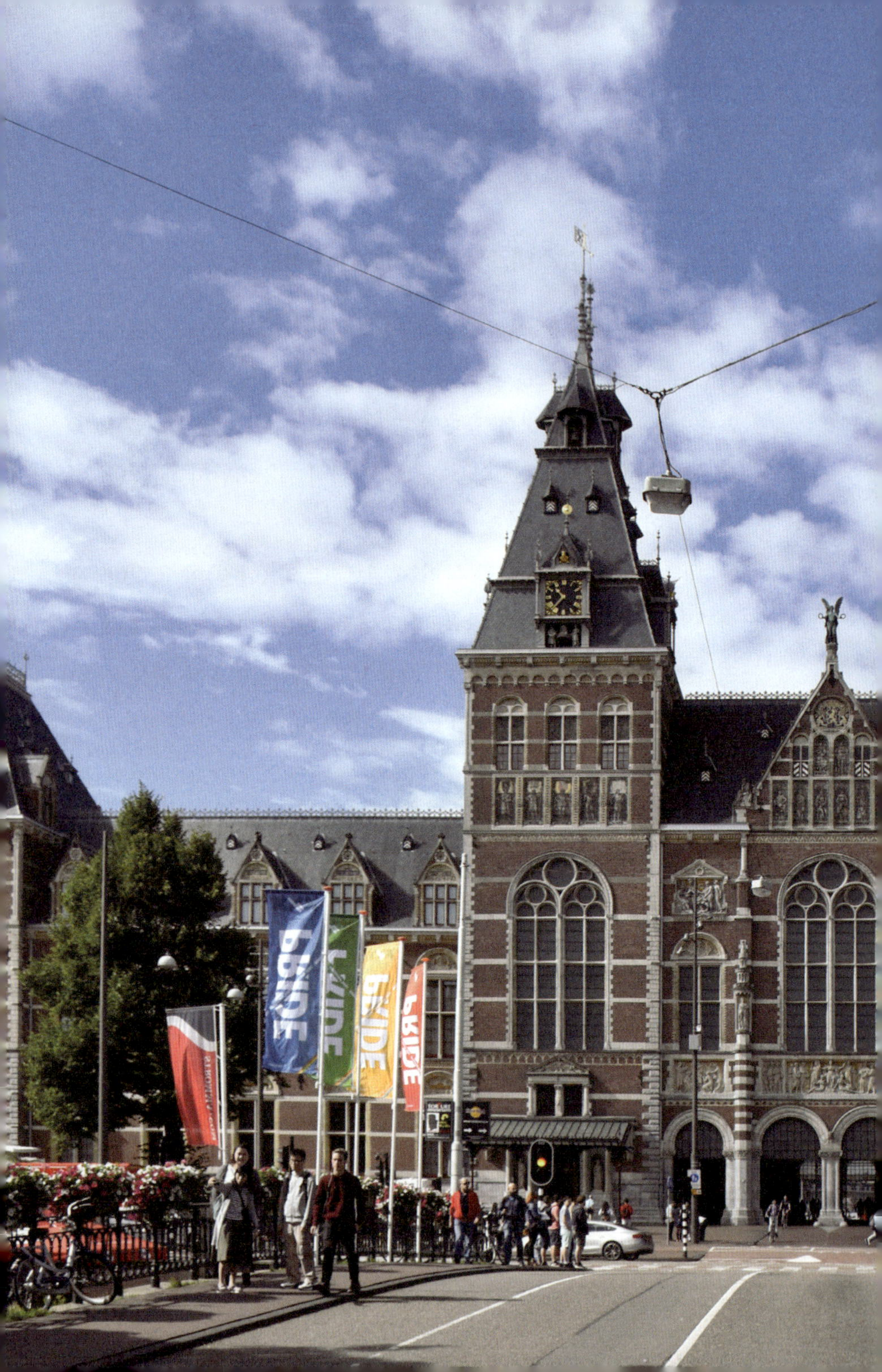

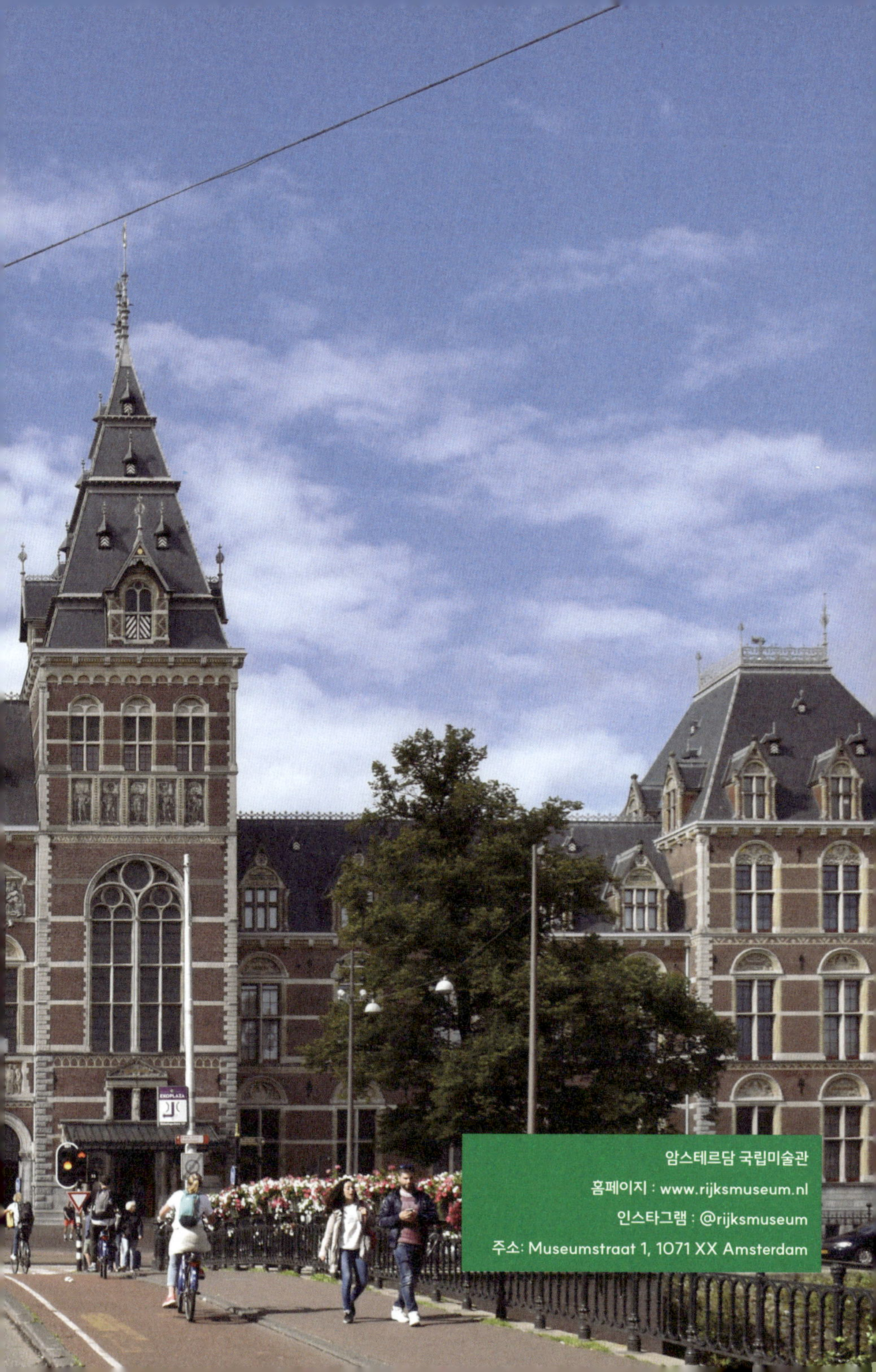

암스테르담 국립미술관

홈페이지 : www.rijksmuseum.nl

인스타그램 : @rijksmuseum

주소: Museumstraat 1, 1071 XX Amsterdam

예술 부활을 뜻하는 르네상스를 19세기에 새롭게 재해석한 것이 '새로운' 혹은 '다시'라는 뜻의 '네오*Neo-*', 즉 새로운 르네상스였지요. 이 양식은 전체적으로 기하학적 대칭, 정돈된 구조, 균형 잡힌 장식을 중요하게 생각합니다. 미술관 건물 정면에 보이는 붉은 벽돌의 줄무늬, 창과 아치의 반복적인 구성, 정중앙으로 열린 복도 등이 바로 르네상스 시대 건축에서 따온 균형 잡힌 아름다움이에요.

그렇다면 '네오고딕'은 무엇일까요? 하늘로 솟구친 첨탑, 뾰족한 아치, 화려한 스테인드글라스에는 신의 세계에 닿고자 했던 중세의 열망이 담겨 있습니다. 네오 고딕은 바로 이러한 고딕 양식을 근대에 이르러 새롭게 해석하고 재현한 스타일을 말합니다. 건축가 카위퍼르스는 고전적 양식을 다시 불러와 19세기의 기술과 미감으로 새롭게 해석하여 재창조한 거예요.

1885년 완공된 미술관은 오랜 세월을 거치며 여러 차례 보수되었습니다. 가장 큰 변화는 2003년부터 10년간 진행된 대규모 리노베이션이었지요. 세월에 가려졌던 주요 공간의 장식화들이 복원되고 재현되었는데요. 덕분에 우리는 백여 년 전 건축가가 구상했던 예술 공간을 다시 볼 수 있게 되었습니다. 이 숭고한 분위기를 완성하는 건 바로 창을 수놓은 스테인드글라스입니다. 창을 투과한 햇살은 성경 이야기와 네덜란드의 역사, 예술가들의 고단했던 삶이 형형색색의 빛으로 번져 나옵니다. 말 그대로 '빛으로 읽는 그림책'인 셈이지요. 이처럼 미술관 건물은 그림을 담는 틀을 넘어 그 자체로 하나의 예술 작품이 됩니다.

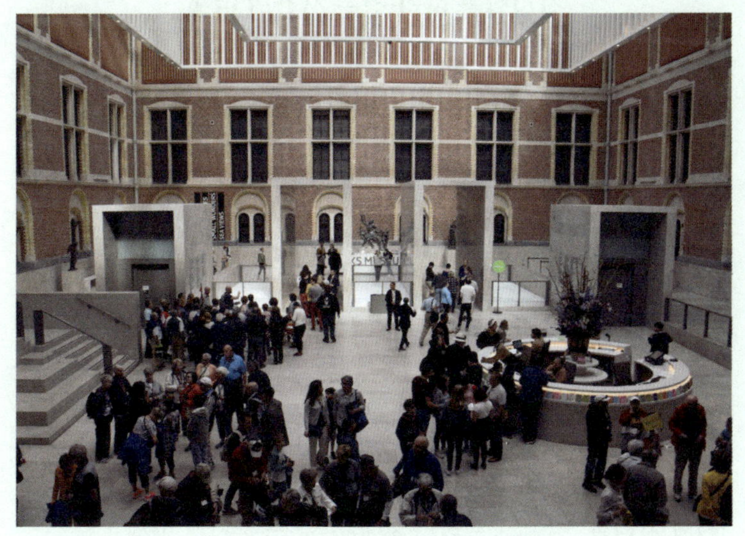

리노베이션을 통해 과거의 골조는 살리되 유리와 철재로 만든 현대적인 구조를 더했습니다. 막혀 있던 중앙 복도를 열고 천장을 유리로 만든 밝고 넓은 로비는 예전의 무거운 분위기 대신 탁 트인 공간으로 달라졌습니다. 전통과 현대가 조화를 이루며 모두에게 열린 미술관으로 다시 태어난 셈이지요.

미술관 뒤편 정원에는 또 하나의 전시실이 여러분을 기다립니다. 붉은 벽돌 건물과 조각상에 둘러싸인 이곳엔 튤립과 히아신스, 라벤더가 만개해 꽃의 나라다운 풍경을 선사하지요. 해가 움직임에 따라 외벽의 고딕 기둥과 아치 그림자가 정원 위로 길고 짧은 그림자를 드리우며 시시각각 표정을 바꿉니다. 건축과 자연이 함께 그려내는 시간의 기록 같아요. 예술과 일상의 경계가 흐려지는 정원에서 잠시 쉬어 가도 좋습니다.

전시실을 따라 걷는 시간의 여행

•••

암스테르담 국립미술관은 총 4개 층으로 이루어져 있습니다. 각 층은 시대별, 장르별로 작품들이 체계적으로 전시되어서 중세에서 근대, 일상 예술까지 네덜란드 예술의 흐름을 천천히 따라가게 됩니다. 이곳에는 8,000여 점의 작품이 전시되어 있어요.

가장 먼저 향해야 할 곳은 2층입니다. '황금시대'라 불리는 17세기 거장들 렘브란트와 페르메이르, 프란스 할스의 작품을 이곳에서 만날 수 있지요. 빛과 그림자, 찰나의 표정까지 포착한 정교한 회화가 눈길을 사로잡습니다. 특히 렘브란트의 대작 〈야경〉이 자리한 '명예의 갤러리Galerij der Ere'는 놓치지 마세요.

1층에서는 중세와 르네상스 시대의 종교적 주제를 다룬 회화와 조각을 만날 수 있습니다. 지하층에는 19세기 이후의 근대 미술과 공예품이 펼쳐지지요. 특히 아르누보 양식의 가구와 유리 공예는 예술이 우리 실생활에 어떻게 스며들었는지 잘 보여줍니다. 3층은 생활 예술의 공간이에요. 옛 무기와 갑옷, 인형의 집과 미니어처 등 예전 생활용품이 가득해 과거로 들어가는 느낌이지요.

암스테르담 국립미술관에서 꼭 만나야 할 그림들

•••

17세기는 네덜란드가 해상 무역과 과학, 인쇄술의 발전을 바탕으로 유럽의 강국으로 떠오르던 때예요. 당시엔 귀족이 아닌 중산층이 미술의 주요 후원자였기에, 그림의 주제 또한 일상적이고 인간적인 감정을 섬세하게 담아냈지요. 거창한 역사화 대신 집 안 풍경이나 창가로 스며드는 빛, 생생한 표정의 인물이 그림의 소재가 되었습니다. 그래서 이 시기의 그림을 보고 있으면 그들의 삶을 엿보는 기분이 들기도 해요.

꼭 봐야 할 작품으로는 우리를 17세기 네덜란드의 어느 오후로 초대하는 페르메이르의 〈델프트의 골목〉, 헨드릭 아베르캄프의 〈스케이트 타는 사람들이 있는 겨울 풍경〉이 있습니다. 여기에 금방이라도 깃털을 파닥이며 날아오를 듯 생생한 카렐 파브리티우스의 〈황금방울새〉도 빼놓을 수 없습니다.

그 밖에도 네덜란드인의 감성과 삶의 방식이 녹아 있는 그림을 만날 수 있어요. 프란스 할스의 〈웃고 있는 남자〉, 얀 스테인의 〈가족의 일상 풍경화〉 등 익살과 풍자가 담긴 정겨운 작품을 볼 수 있지요. 또한 델프트 자기와 동양에서 건너온 도자기들은 과거 네덜란드가 세계와 얼마나 활발히 교류했는지 잘 보여줍니다.

이제 그들의 그림 앞에 조용히 다가가 볼까요?

빛이 만든 오해

야경 (1642)
The Night Watch / De Nachtwacht
렘브란트 하르먼손 판 레인
Rembrant Hermanszoon van Rijn (1606~1669)
437 × 363cm, 캔버스에 유채

#민병대 #집단 초상화 #대형 캔버스 #어둠과 빛의 대비 #미술품 복원 #17세기 네덜란드 황금시대 #빛이 이끄는 시선 #밤의 착시 #왜 모든 사람이 똑같이 중요해 보이지 않을까? #왜 제목은 '야경'인데 실제로는 밤이 아닐까? #소녀는 군인도 아닌데 왜 등장할까?

어둠 속에서 움직이는 빛

두꺼운 벽으로 둘러싸인 전시실, 어두운 조명이 깔린 고요한 공간 한가운데 커다란 캔버스가 걸려 있습니다. 사람들의 발걸음은 저절로 느려지고 목소리는 속삭이듯 낮아지지요. 높이 3미터, 너비 4미터에 달하는 이 그림은 전시실을 가득 메우고도 남습니다. 작품 속 인물들이 실제 사람 크기와 비슷해 눈앞에 살아 있는 듯 강렬한 인상을 줍니다.

서양 미술사의 걸작이자 렘브란트가 남긴 작품 중 가장 큰 대형 회화입니다. 흔히 〈야경〉 혹은 〈야간 순찰〉로 알려졌지만 원래의 제목은 〈프란스 반닝 코크와 빌럼 반 라위텐뷔르흐의 민

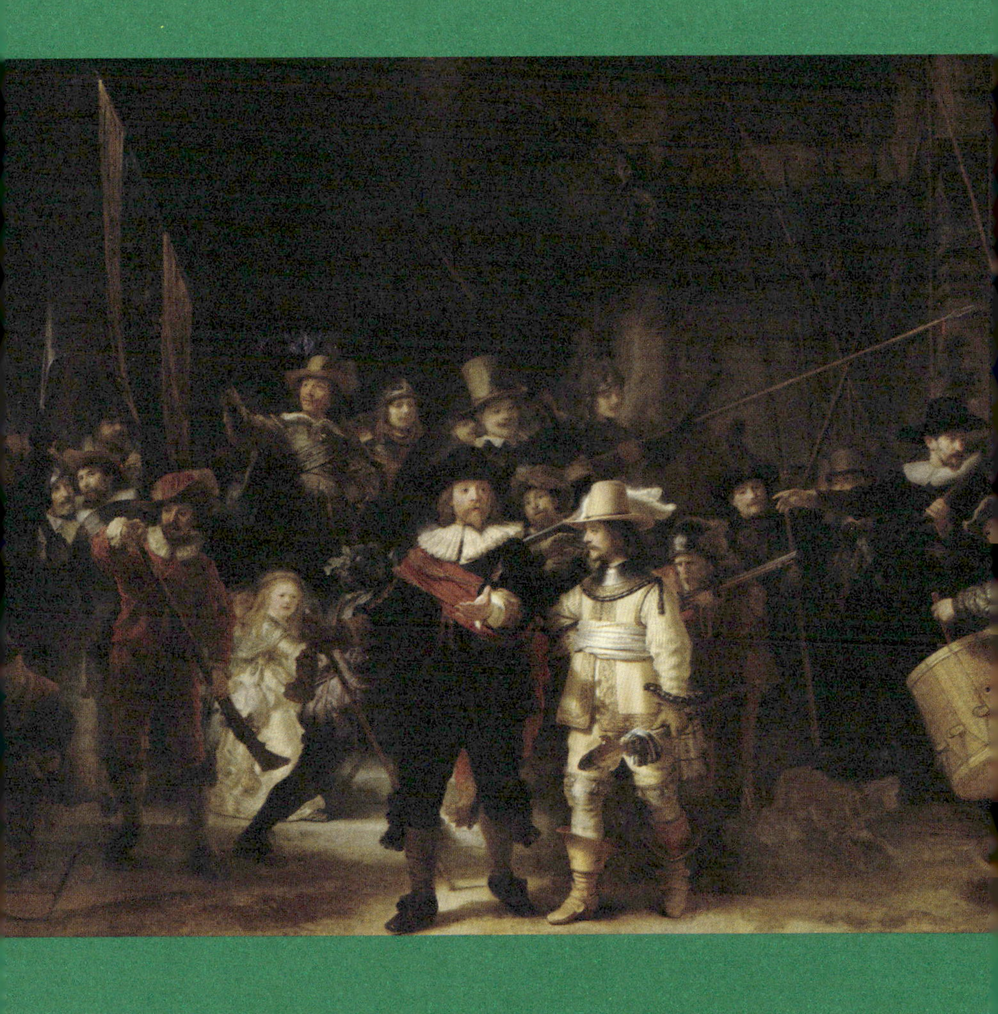

병대 대원들〉이지요. 17세기 암스테르담의 시민군이자 민병대였던 화승총병(불붙이는 옛날식 총을 쓰던 병사)들이 렘브란트에게 의뢰해 제작한 단체 초상화입니다. 렘브란트는 가만히 서 있는 초상화 대신 이야기가 살아 있는 그림을 그렸습니다.

밤이 아닌 낮, 빛이 만든 오해

〈야경〉이라는 제목을 들으면 누구나 어두운 밤을 떠올리게 마련이지요. 하지만 렘브란트가 그린 이 장면은 한낮의 햇빛 아래, 무기고를 나서며 훈련을 준비하던 민병대의 모습입니다. 대낮의 풍경이 어쩌다 밤처럼 보이게 된 걸까요?

원인은 그림 위에 내려앉은 두터운 세월의 먼지 때문이었습니다. 17세기에 그려진 이후 수백 년 동안 먼지, 공기, 빛에 노출되어 그림은 점점 어두워졌습니다. 당시에는 작품 보호 기술이 충분하지 않았어요. 미술관은 그림을 지키기 위해 표면에 바니시 *varnish*(그림 위에 바르는 투명한 보호막)를 여러 겹 덧칠했습니다. 결국 맑은 대낮의 풍경은 칠흑 같은 밤의 기록으로 뒤바뀌었고, 사람들은 이를 밤의 장면이라 믿게 되었습니다.

18세기에는 실제로 군대와 경찰이 야간 순찰을 하는 일이 흔했기 때문에 사람들은 이 그림을 보며 '야간 순찰'을 떠올린 겁니다. 〈야경〉이라는 잘못된 명칭이 널리 퍼지면서 제목으로 굳어졌고, 그림의 진짜 배경은 한동안 베일에 가려졌습니다. 그러다 20세기 초 본격적인 복원 작업이 시작되며 겹겹이 쌓인 바니시를 조심스럽게 걷어냈지요. 그제야 밤이 아닌 햇살 내리쬐는 한낮의 순간이었음이 밝혀졌어요. 오해로 붙여진 제목이지만 덕분에 작품은 더 풍성한 이야기를 담게 되었습니다.

단체 초상화의 혁명

렘브란트는 훈련하기 위해 무기고를 떠나는 병사들의 모습을 담았습니다. 당시에는 신분과 계급에 따라 인물들을 줄지어 배치하는 것이 관례였지만, 렘브란트는 이런 규칙을 따르지 않았습니다. 그는 각 인물의 개성을 살려 역동적인 장면으로 재구성했지요.

그림 중앙에서 검은 군복에 붉은 띠를 맨 대위와 노란 군복의 부관이 환한 빛을 받고 서 있습니다. 주목받는 주인공 같습니다. 이들 곁에는 또 다른 주인공처럼 묘사된 두 인물이 있습니다. 한 명은 붉은 옷을 입고 총을 든 병사이고, 다른 한 명은 그 옆에 흰 드레스를 입고 서 있는 어린 소녀입니다.

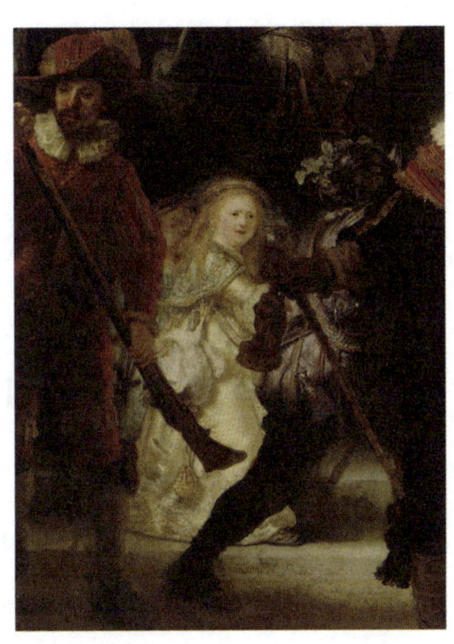

소녀의 드레스 끈에는 닭 발톱이 매달려 있는데, 이는 당시 민병대를 가

리키던 상징이었어요. 네덜란드어로 '발톱'을 뜻하는 '클라우Klauw'가 민병대의 상징이 된 배경에는 화승총병을 뜻하는 '클로브니르Klovnier'와 발음이 비슷하다는 언어적 연관성이 작용했습니다. 소녀는 현실의 인물이 아닌 병사들을 하나로 묶어주는 상징적 존재, 민병대의 '화승총병'을 상징하는 마스코트로 해석합니다. 렘브란트는 이 소녀에게도 강한 빛을 비추어 민병대의 정체성을 강조했습니다.

인물들은 제각기 다른 곳을 바라보며 분주히 움직입니다. 총을 점검하는 이가 있는가 하면 한쪽에서는 북을 울리고 말에 탄 병사는 주변을 살핍니다. 정면을 보는 이는 아무도 없습니다. 렘브란트는 여기에 사람들의 움직임뿐 아니라 시간이 흐르는 순간까지 담아냈어요. 자칫 산만해질 수 있는 구도를 잡아주는 건 커다란 깃발과 사선으로 곧게 뻗은 창들입니다. 덕분에 화면 전체가 흐트러짐 없이 완벽한 균형을 이룹니다.

그림 위쪽 중앙을 보면 둥근 명패 하나가 눈에 띕니다. 여기에는 17명의 민병대원 명단이 적혀 있지요. 이 작품이 미술사에서 단체 초상화의 혁신이라 불리는 이유입니다.

렘브란트의 빛 그리고 몰락의 서막

렘브란트는 빛을 연출의 수단으로 사용했습니다. 화면 오른쪽에서 쏟아지는 빛줄기는 인물들의 얼굴, 무기, 옷감의 질감까지 빛나게 만들었지요. 금속 갑옷의 반짝임, 붉은 옷의 주름, 북을 치는 사람의 손짓 그리고 어딘가를 향해 짖고 있는 개의 모습 하나 하나가 빛 속에서 살아납니다.

〈야경〉이 처음부터 모두에게 환영받았던 건 아닙니다. 화승총병 회관에 걸 목적으로 의뢰받았지만 완성된 그림을 본 민병대원들은 불만을 터뜨렸지요. 얼굴이 어두운 배경에 파묻히거나 형체를 알아보기 힘든 인물들이 있었기 때문입니다. 대원들은 전통적인 방식대로 모두가 점잖고 위엄 있게 그려지길 바랐으나 렘브란트는 극적인 이야기와 연출을 택했습니다. 결국 이들은 그림값을 제대로 치르지 않았고, 작품은 회관에 걸리지 못한 채 한동안 외면받는 처지가 되었습니다.

그 무렵 네덜란드는 스페인으로부터 독립하면서 민병대의 존재가 점점 불필요해졌습니다. 동시에 우아하고 장식적인 로코코풍으로 유행은 바뀌고 있었고요. 렘브란트의 사실적이고 극적인 회화는 대중의 취향과 어긋나기 시작했습니다. 설상가상 아내 사스키아가 병으로 사경을 헤맬 때라 그의 삶에는 점점 그늘이 드리워졌고 주머니 사정도 팍팍해졌어요. 〈야경〉은 렘브란트의 몰락을 알리는 첫 시작이 되었던 셈입니다.

1715년이 되어서야 이 작품은 암스테르담 시청 산하의 민병대 본부에 걸립니다. 공간이 좁아 양옆이 30센티미터 이상 잘려 나간 채 말이지요. 원본 그대로의 〈야경〉은 이제 볼 수 없게 되어버렸습니다. 그 후 오랫동안 잊혔던 작품은 1885년 암스테르담 국립미술관에 걸리면서 재조명받게 됩니다. 그렇게 렘브란트는 '빛의 마술사'로 불리며 전 세계인에게 사랑받는 화가가 된 거예요.

〈야경〉의 귀환

암스테르담 국립미술관은 2019년부터 〈야경〉에 대한 복원 작업을 시작했습니다. 처음 몇 년 동안은 작품을 정밀하게 조사하고 과학적으로 분석하는 시간이었고, 2024년 후반부터는 그림의 표면을 덮고 있던 바니시를 조심스럽게 벗겨내는 단계에 들어갔지요. 지금도 복원이 이어지고 있습니다. 언제쯤 완전히 끝날지는 아직 아무도 장담할 수 없어요.

중요한 것은 이 복원이 공개적으로 이루어진다는 점이에요. 투명한 유리 실험실 안에 설치된 세계적인 걸작을 관람하면서 동시에 다시 살아나는 과정을 눈앞에서 지켜볼 수 있습니다. 이는 보존과 과학적 연구를 동시에 진행하면서도 대중에게 작품을 지속적으로 공개하겠다는 미술관의 결정이었지요. 유리 뒤편에서 전문가들이 스캔과 조명, 레이저 장비를 이용해 작품을 실시간으로 분석하는 모습을 볼 수도 있습니다. 과거의 명작이 미래 세대를 위해 어떻게 보존되는지 확인할 수 있는 거죠.

〈야경〉에는 17세기 암스테르담 시민군의 위용, 렘브란트 특유의 빛 표현 그리고 복원 작업에 이르기까지 많은 이야기가 담겨 있습니다. 그래서일까요? 지금도 많은 사람들이 이 그림 앞에 멈춰 서서 저마다의 상상을 시작하지요. 그림이 우리에게 이야기를 건네는 것처럼요.

두 번 봐야 보이는 그림

위협받는 백조 (1650)
The Threatened Swan / De bedreigde zwaan
얀 아셀레인
Jan Asselijn (1610-1652)
171×144cm, 캔버스에 유채

#자연주의 #동물화 #백조 #날개를 펼친 자세 #네덜란드 공화국
#상징 #방어와 보호 본능 #왜 백조는 날개를 활짝 펼쳤을까?
#동물 그림이 역사 이야기가 될 수 있을까? #정치적 알레고리

날개로 말하는 용기

•••

좌우로 넓게 펼친 날개가 시선을 끄는 〈위협받는 백조〉. 무언가를 보고 놀란 듯 백조는 목을 앞으로 내밀고, 부리를 벌리고 있습니다. 그림의 왼쪽 아래 물가에 낮게 헤엄쳐 오는 개를 찾았나요? 둥지에 알이 있는 것을 보니 가까이 오지 말라고 경고하는 백조의 모습인 것 같습니다.

1650년 무렵 네덜란드 화가들은 자연을 관찰해 동물화를 즐겨 그렸습니다. 동물의 순간 동작을 커다란 화면에 옮기곤 했지요. 얀 아셀레인은 백조가 둥지를 지키려는 순간을 실물 크기로 실감 나게 담아냈습니다. 백조의 격렬한 움직임에 흩어지는 깃

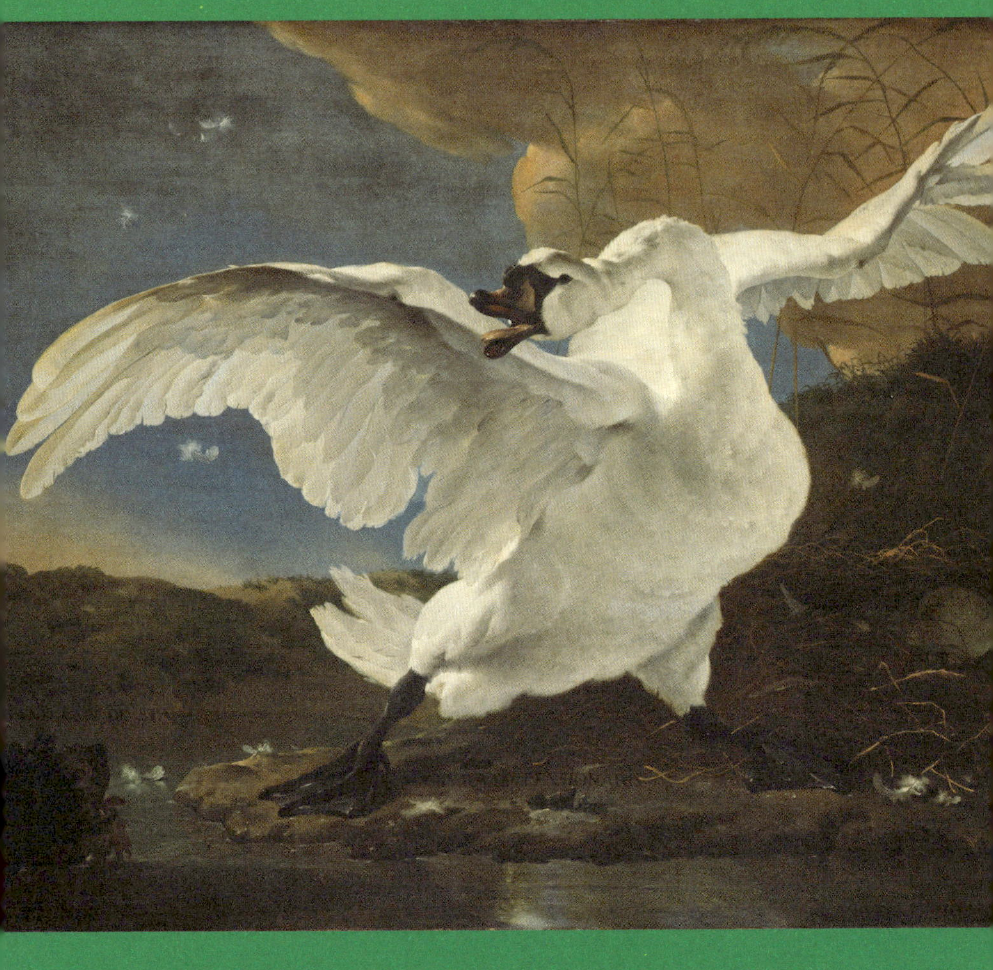

털, 먹구름과 역광이 만드는 긴장, 짙은 색의 갈대와 흰색의 백조 날개의 대비가 그림에 긴장감을 줍니다.

이 그림에는 재미있는 요소가 있습니다. 글씨가 새겨져 있어요. 개의 머리 위에 'DE VIAND VAN DE STAAT(국가의 적)'라고 적혀 있고, 백조의 두 다리 사이에는 국무총리와 비슷한 역할을 수행했던 17세기 네덜란드 공화국을 이끄는 최고 관리의 직함인 'DE RAAD-PENSIONARIS(최고 관리)'가 쓰여 있습니다. 그림의 오른쪽 둥지 안의 알처럼 보이는 흰 원형이 있고 그 안에 'HOLLAND(네덜란드)'가 적혀 있어요. 후대에 덧붙여진 이 글자들은 댓글처럼 그림에 새로운 상징과 의미를 더해주었습니다.

그림을 정치적으로 읽을 때 왼쪽 아래에서 다가오는 개는 당시 네덜란드를 위협하는 '국가의 적'이고 알은 지켜야 할 나라, 즉 네덜란드를 뜻하며 백조는 당시 최고 관리의 상징으로 보입니다. 그 시대에 도대체 무슨 일이 있었길래 이런 글씨가 붙었을까요?

자연화가 정치적 알레고리가 되기까지

아셀레인의 〈위협받는 백조〉가 나온 17세기 네덜란드는 해상무역으로 나라는 부강해졌지만 영국·프랑스 등과 전쟁이 잦았습니다. 특히 1672년 '재난의 해'에는 여러 나라가 동시에 네덜란드를 공격하면서 큰 위기에 빠졌지요. 이런 긴장된 분위기에서 사람들은 '나라를 지키는 지도자' 이미지를 원했고, 그 마음이 그림 위 글씨로 나타났다고 볼 수 있어요. 그러니까 하얀 백조는 나라를 지키는 당시의 최고 관료, 즉 요한 드 위트*Johan de Witt*를, 오른쪽의 알은 지켜야 할 나라를 뜻하며 왼쪽 아래에서 다가오는 개는 네덜란드와 맞섰던 외부의 적(영국 등)을 상징합니다. 이렇게 읽으면, 백조가 몸을 크게 펴서 알을 지키는 자세가 곧 요한 드 위트가 나라를 지키려는 장면으로 보이지요.

본래 이 그림은 자연의 한 장면을 생생히 포착한 '자연주의 동물화'였습니다. 하지만 훗날 그 위에 글자가 덧입혀지면서 작품은 정치적 상징물로 읽히기 시작했지요. 제작된 지 한참이 지나 더해진 역사적 맥락이 그림을 해석하는 방식을 완전히 바꿔 놓은 셈입니다.

한때는 자연화였던 〈위협받는 백조〉가 시대의 기억을 등에 업고 공익을 향한 시민의 태도를 상징하는 작품으로 자리 잡았습니다. 어떤가요? 그림에 숨겨진 과정을 알고 나니 실감 나는 백조의 모습을 그린 동물화가 조금은 다르게 보이지 않나요? 화가가 의도했던 자연의 모습과 그 위에 쌓인 후대의 뜻을 둘 다 읽을 수 있으니까요.

작품 감상 가이드 두 겹 읽기

•••

〈위협받는 백조〉를 볼 때, 이렇게 두 겹으로 읽어보세요. 날개의 각도, 깃털의 결, 물보라의 방향, 개와 둥지의 삼각 구도 등 눈앞에 보이는 자연의 장면에 집중합니다. 그런 다음에는 덧붙여진 글씨를 살펴보며 17세기 네덜란드의 상황을 상상해 보는 거죠. 그러면서 백조의 자세를 시민의 자세로 바꿔 해석해 보는 겁니다.

스스로 이런 질문을 던져보면 어떨까요? 시민으로서 우리가 지켜나가야 할 사회적 가치는 무엇인지, 그 가치는 왜 소중하며 어떻게 지킬 것인지에 대해서 말입니다. 사회 구성원으로서 우리를 앞으로 나아가게 하는 힘은 시민의 참여 의식에서 나옵니다. 활짝 펼친 백조의 날개가 그 이유를 잘 보여주지요. 문제의 크기와 상관없이 눈앞의 시련을 피하지 않고 당당히 마주 서는 것에서부터 모든 변화는 시작됩니다.

렘브란트의 〈야경〉에 나온 인물이 아닌 사람을 골라주세요.

①  ②  ③ 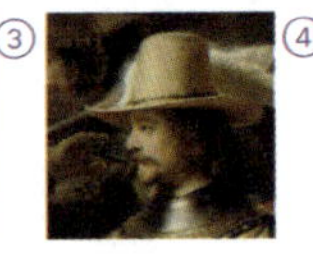 ④ 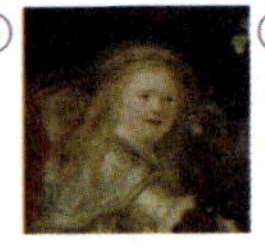 ⑤ 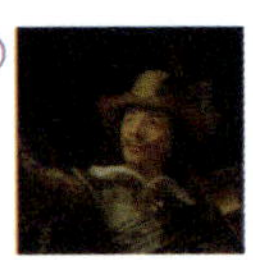

〈야경〉 작품 속에 서 있는 나 자신을 상상한다면, 어디에 서 있을까요?

① 맨 앞에서 눈에 띄는 자리
② 빛이 비껴간 공간에 조용해 보이는 자리
③ 소녀 옆자리
④ 전체 분위기가 보이는 뒤쪽 자리
⑤ 잘 보이지 않는 구석

〈야경〉을 실제로 보게 되면 제일 먼저 확인하고 싶은 것을 골라본다면?

① 빛이 강조하는 중심인물은 누구인지
② '야경'이라는 제목처럼 배경이 정말 어두운지
③ 어두운 부분에 그려진 사람들의 표정은 어떤지
④ 복원작업에 참여한 사람들의 움직임과 어떤 도구가 있는지
⑤ 왜 등장인물 모두가 잘 보이게 그리지 않았는지

〈위협받는 백조〉에서 백조의 모습은 우리의 어떤 상황과 제일 많이 닮았을까요?

① 친구 사이에서 억울한 오해를 받았을 때
② 사람들 앞에 서서 내 의견을 발표해야 할 때
③ 어른들이 내 설명을 끝까지 들어주지 않을 때
④ 장난이라고 하지만 계속 같은 놀림을 받을 때
⑤ 도와달라고 말하고 싶은데 약해 보일까 봐 참을 때

〈위협받는 백조〉의 다음 장면을 상상해 본다면?

① 아무 일도 일어나지 않고 오해였음이 드러난다
② 더 큰 싸움이 시작된다
③ 누군가 도와주러 온다
④ 백조가 날아올라 멀리 간다
⑤ 다른 존재가 등장해 분위기가 바뀐다

반 고흐 미술관
Van Gogh Museum

역사 속의 반 고흐 미술관

•••

암스테르담의 뮤지엄 광장*Museumplein*에는 국립박물관과 시립미술관, 세계적인 콘서트홀*Concertgebouw*이 모여 있습니다. 여행자와 현지인 모두가 즐겨 찾는 휴식처죠. 이곳에 자리한 반 고흐 미술관은 짧고 강렬한 생을 살다 간 빈센트 반 고흐의 고통과 열정이 담긴 색채를 오롯이 만날 수 있는 곳입니다. 이제 반 고흐 미술관으로 발걸음을 옮겨 보겠습니다.

고흐는 우리나라 사람들이 가장 좋아하는 화가 중 한 사람이에요. 고흐의 삶은 고통과 아픔이 많았지만 작품은 밝고 뜨거운 생명력을 지녔지요. 27세라는 늦은 나이에 화가의 길로 들어서 세상을 떠나기까지 고흐는 그 어떤 화가보다 치열하게 작품을 그렸습니다. 평생의 동반자였던 동생 테오와의 우애, 정신병

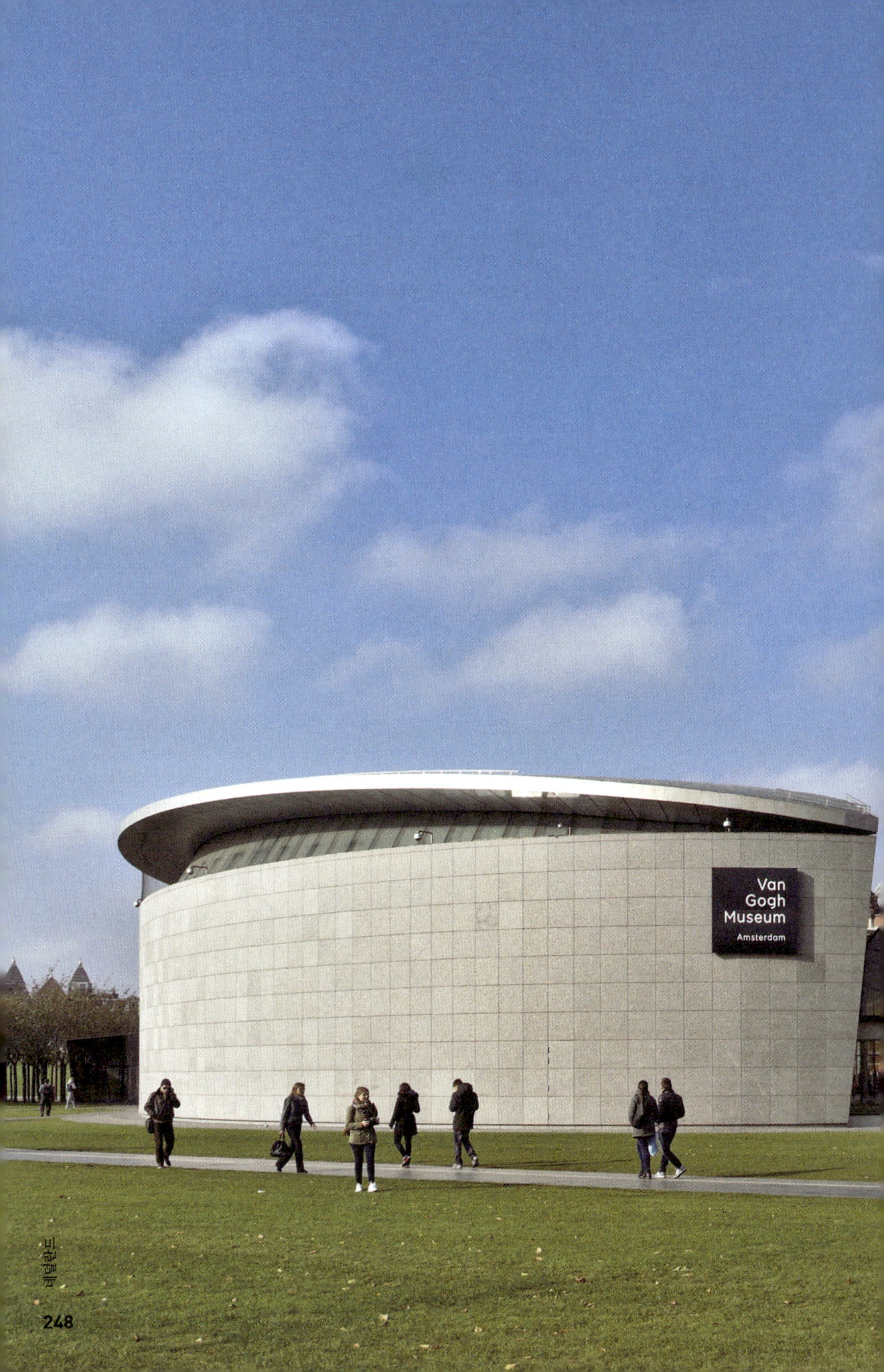
Van
Gogh
Museum
Amsterdam

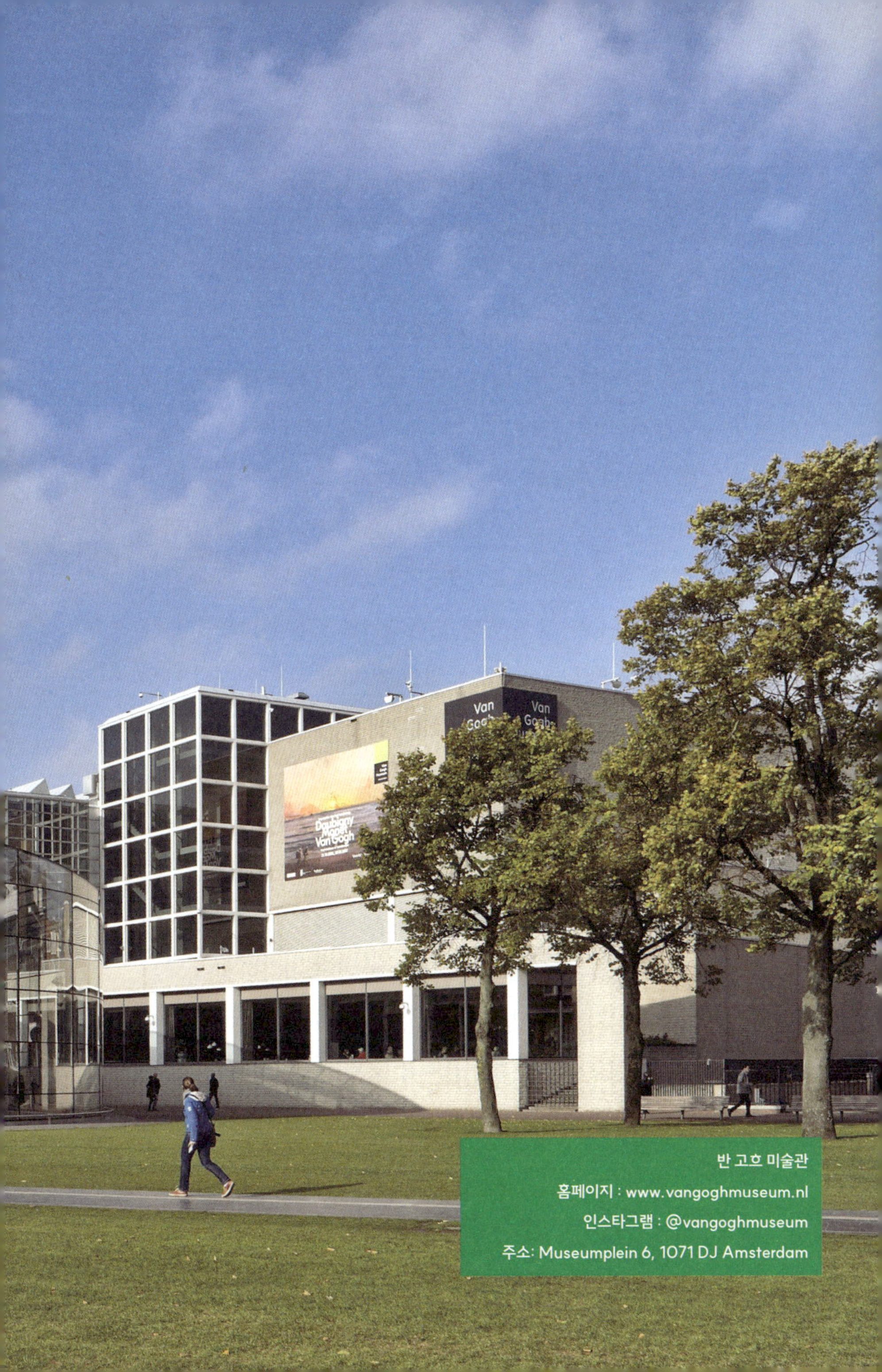

반 고흐 미술관

홈페이지 : www.vangoghmuseum.nl

인스타그램 : @vangoghmuseum

주소: Museumplein 6, 1071 DJ Amsterdam

원 입원 등 서른일곱 짧은 생에 담긴 고흐의 이야기는 예술적 경외를 넘어 큰 감동을 줍니다. 일상에서 고흐의 작품을 자주 만나게 되는 건 아마 고흐의 삶이 우리에게 강한 인상을 주었기 때문일 겁니다.

반 고흐 미술관은 어떻게 탄생했을까요? 고흐가 떠나고 6개월 뒤 동생 테오마저 세상을 떠나자 남겨진 작품과 편지는 아내 요한나가 물려받았습니다. 그녀는 편지들을 엮어 책을 내고 전시를 열며 고흐의 예술을 세상에 알리는 데 평생을 바쳤지요. 이후 테오의 아들 빈센트 빌럼은 유산이 흩어지는 것을 막기 위해 1962년 수백 점의 유화와 드로잉, 편지들을 국가에 기증했습니다. 네덜란드 정부는 그 소중한 뜻을 담아 1973년 미술관을 세웠습니다. 한 가족의 헌신적인 노력이 백 년의 시간을 지나 모두가 공유하는 예술의 전당을 만든 셈이지요.

두 건물로 이루어진 고흐의 풍경

반 고흐 미술관은 두 채의 건물이 나란히 어깨를 맞댄 형상입니다. 본관은 잿빛 콘크리트 외벽에 세로로 긴 유리창이 반복되는 직사각형 건물이지요. 그 옆 신관은 은빛 외벽과 부드러운 곡선 지붕이 어우러진 타원형 구조입니다. 정면에서 보면 각진 본관과 유려한 곡선의 신관이 조화를 이루며 세련된 분위기를 풍깁니다.

본관은 네덜란드 근대 건축의 거장 게리트 리트펠트의 설계로 1973년 문을 열었습니다. 콘크리트와 유리, 철제 프레임을 활용해 군더더기 없이 쓰임새에 집중한 아름다움을 구현했지요. 전면의 긴 수직창으로는 자연광이 풍부하게 들어오고 내부는 장식을 최소화해 오직 작품 감상에만 몰입할 수 있도록 설계되었습니다.

1999년 완공된 신관은 일본의 '메타볼리즘Metabolism' 건축을 이끈 구로카와 기쇼의 작품입니다. 그는 '건축도 생명체처럼 자라고 변해야 한다'라는 철학을 바탕으로 예술의 흐름이 건축의 부드러운 곡선을 따라 흐르도록 설계했지요. 타원형 평면 구조에 곡선 지붕을 얹은 이 건물은 유선형 금속 패널과 유리 벽으로 덮여 있어 미래지향적으로 보입니다. 신관의 내부는 자연광을 조절하는 천창 구조와 넓은 이동 동선을 통해 대규모 기획 전시나 특별전을 유연하게 활용할 수 있게 설계되어 있어요.

본관은 고흐의 삶을 연대순으로 짚어보며 작품을 만나는 상설 전시실이며 신관은 현대미술을 조명하는 특별 전시 공간입니다. 관람은 본관 1층 중앙 홀에서 시작되지요. 계단이나 엘리베이터로 이동해 1층 전시실에 들어서면 그의 치열했던 삶의 궤적을 따라 초기작부터 말년의 걸작까지 감상할 수 있습니다.

편지를 읽는 마음으로

미술관의 역할은 작품 전시지만 반 고흐 미술관에는 특별한 공간이 있습니다. 바로 고흐가 가족과 지인들에게 보낸 편지들이 있기 때문이죠. 고흐는 편지를 많이 썼습니다. 특히 테오에게 보낸 글 속에는 색채를 고민하던 순간의 망설임, 자신을 향한 실망, 그럼에도 놓지 않았던 희망이 고스란히 담겨 있지요. 유리 진열장 너머 써 내려간 글씨들은 고흐의 일기장을 훔쳐보는 것처럼 마음을 두드립니다. 잠시 걸음을 멈추고 솔직하게 고백하는 고흐의 목소리를 상상해 보세요. 이곳에서 그의 편지는 그림과 나란히 빛나는 작품이 되지요.

참고로 반 고흐 미술관은 사진 촬영을 금하고 있습니다. 미술관 웹사이트에서 오디오 가이드를 미리 준비해 보세요. 사진 대신 기억으로 남길 장면을 마음에 새겨두는 것도 좋겠지요.

관람을 마치고 나면 뮤지엄숍으로 이어지는 계단이 보입니다. 그림엽서, 노트, 컵, 인형, 아몬드꽃이 그려진 도자기 접시까지 미술관에서 느낀 여운이 담긴 기념품이 많이 있어요. 가볍게 챙겨 나온 엽서 한 장이 그림을 떠오르게 할지도 몰라요.

작품은 눈에, 편지는 마음에 남습니다. 반 고흐 미술관은 화가라는 명성 너머의 인간 고흐를 깊이 알아가는 공간입니다. 여러분은 그림과 글 사이를 거닐며 그의 치열했던 삶을 천천히 들여다보게 될 것입니다.

고흐의 방으로 초대합니다

아를의 방
The Bedroom / De slaapkamer
빈센트 반 고흐
Vincent Willem van Gogh (1853-1890)
72.4×91.3cm, 캔버스에 유채

#노란 집 #아를 #고갱을 기다리며 #예술공동체 #침실 #평면적 색감 #일본 목판화 영향 #휴식 #노랑 #해바라기 #이 방에 사는 사람은 어떤 마음일까? #이 그림은 왜 조용해지는 느낌이 들까? #색으로 휴식을 표현할 수 있을까?

색으로 말하는 방, 고흐가 선택한 색의 언어

1888년, 햇살이 내리쬐는 남프랑스의 아를에서 고흐는 자신의 안식처인 '노란 집'의 방을 그렸습니다. 〈고흐의 방〉으로도 잘 알려진 이 작품에서 고흐는 색을 통해 휴식을 표현하고 싶다고 했지요. 동생 테오에게 보낸 편지를 보면 화면을 채운 색 하나하나를 고흐가 얼마나 신중하게 골랐는지 느낄 수 있습니다.

"이번에는 그냥 내 방 이야기야. 이 그림에서는 색이 정말 중요한 역할을 해. 사물들을 최대한 단순하게, 조금 더 크게 느껴지도록 그려서 전체적으로는 쉬는 느낌, 잠드는 느낌을 전하고 싶었어. 이 그림을 보

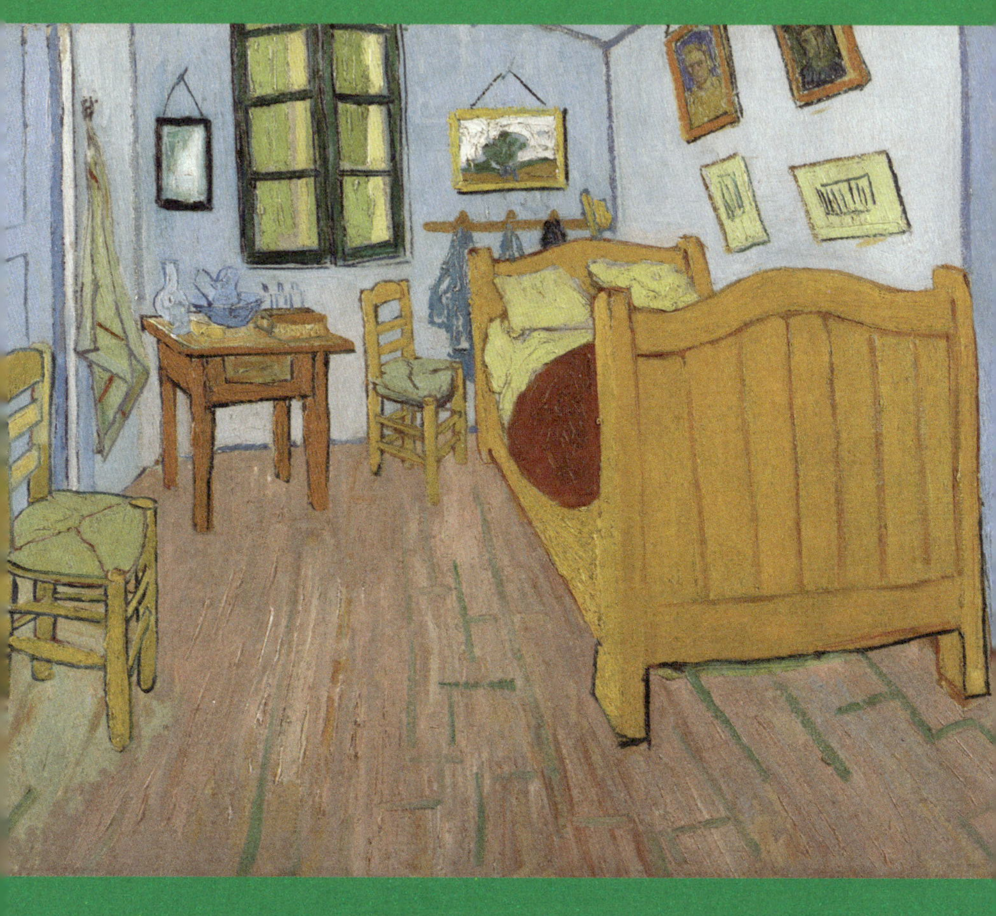

고 있으면 머리가 좀 쉬었으면 좋겠고, 정확히 말하면 상상력이 잠시 멈췄으면 했어.

벽은 연한 보라색이고, 바닥은 붉은 타일이야. 침대랑 의자는 버터 같은 노란색이고, 시트랑 베개는 아주 밝은 레몬 빛 초록색이야. 담요는 선홍색, 창문은 초록색. 화장대는 주황색, 세면기는 파란색, 문은 연보라색이야. 그게 전부야."

침대와 의자, 탁자와 옷걸이 등 가구 몇 점이 전부인 단출한 방입니다. 사실적으로 묘사하기보다 색채를 통해 방이 기억되길 고흐가 원했던 거죠. 어긋난 원근법과 기울어진 침대나 탁자는 그의 불안한 내면을 보여줍니다. 방은 현실보다 더 선명하고 명료합니다. 따뜻한 노란색 침대와 차분한 보라색 벽이 대조를 이루고, 빨강과 초록은 서로 충돌하며 생동감을 줍니다. 여기에 파란색 세면기와 창밖의 초록빛이 더해져 공간에 신선한 숨결을 불어 넣습니다.

마치 고흐의 방에 초대받은 것 같습니다. 침대의 방향과 가구의 배치, 열린 건지 닫힌 건지 알 수 없는 문까지 모든 요소는 그가 갈망하던 휴식의 공간을 그려내고 있지요. 고흐는 단순한 구도와 강렬한 색채를 빌려 정적이면서도 평화로운 분위기를 표현하려 애썼습니다. 화폭을 채워가며 지금 이 순간의 평안을 꿈꿨던 그의 간절한 마음이 전해지는 듯합니다.

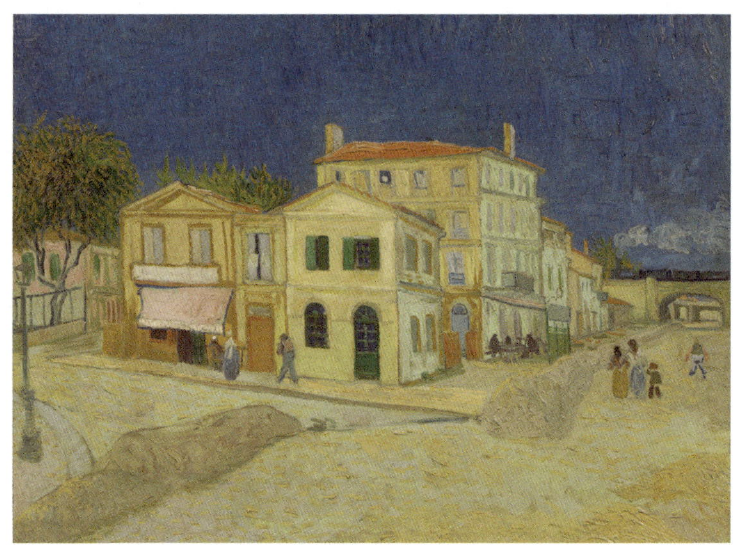

〈노란 집〉(1888), 반 고흐미술관 소장

평화로운 고요를 꿈꾸던 노란 집의 기억

〈아를의 방〉은 총 세 점이 존재합니다. 1888년 작품이 첫 번째이며 나머지 두 점은 고흐가 요양원에서 퇴원한 뒤인 1889년과 1890년에 각각 그려졌습니다. 현재는 시카고 미술관과 오르세 미술관이 나누어 소장하고 있지요. 세 작품은 구도의 틀은 같아도 색의 균형이나 붓질의 떨림에서 확연한 차이를 보입니다. 당시 고흐의 심신 상태가 투영된 결과일 테지요. 작품 속 벽에 걸린 그림이나 미묘한 색채 변화를 비교해 보는 것도 숨은그림찾기 하듯 색다른 재미가 될 것입니다.

〈아를의 방〉은 고흐가 아를의 '노란 집'에서 고갱을 초대하고

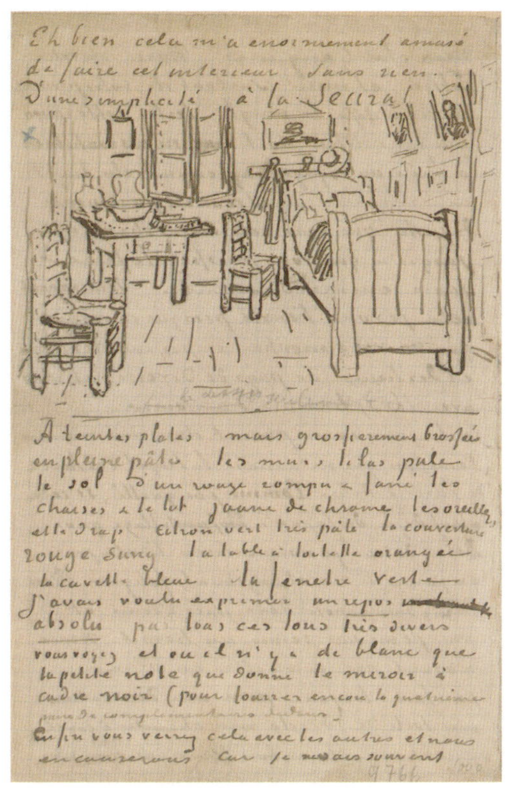

Eh bien cela m'a énormément amusé de faire cet intérieur sans rien. D'une simplicité à la Seurat.

A teintes plates mais grossièrement brossées en pleine pâte les murs lilas pâle le sol d'un rouge rompu et fané les chaises et le lit jaune de chrome les oreillers et le drap citron vert très pâle la couverture rouge sang la table à toilette orangée la cuvette bleue la fenêtre verte. J'avais voulu exprimer un repos absolu par tous ces tons très divers vous voyez et où il n'y a de blanc que la petite note que donne le miroir à cadre noir (pour fourrer encore la quatrième paire de complémentaires dedans).

Enfin vous verrez cela avec les autres et nous en causerons car je ne sais souvent

고갱에게 보낸 편지. 1888년 10월

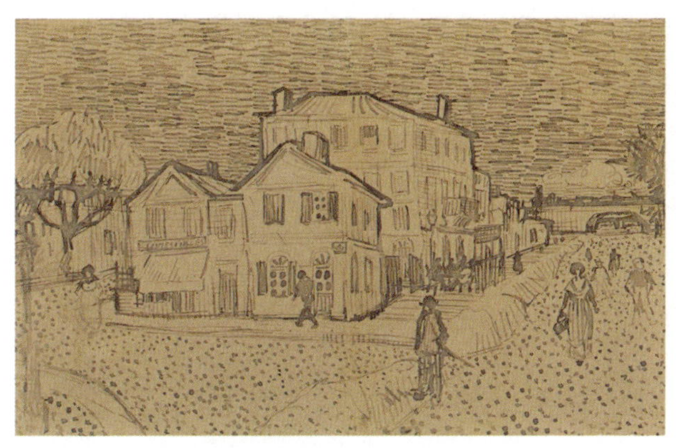

테오에게 보낸 편지. 1888년 9월

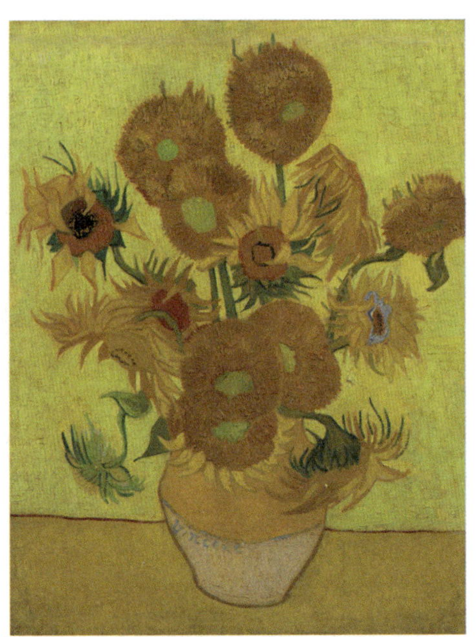

〈해바라기〉(1888), 반 고흐미술관 소장

머물 공간을 준비하면서 그린 그림이에요. 고갱을 맞이하기 위해 벽에 해바라기를 걸고, 노란빛으로 아틀리에를 채우려 했습니다. 고갱을 향한 '환영의 꽃다발'이었던 〈해바라기〉처럼 〈아를의 방〉에도 함께할 시간에 대한 기대가 담겨 있습니다. 비록 예술적 견해와 성격 차이로 그들의 동행은 오래가지 못했지만 말입니다.

아를, 태양을 좇던 화가의 시간

〈아를의 방〉과 같은 시기에 그려진 〈해바라기〉는 수십 가지의 노랑이 숨 쉬듯 섞이며 반짝이는 장면이 펼쳐집니다. 꽃병에 담긴 열다섯 송이의 꽃들은 갓 피어난 것부터 시들어가는 것까지 저마다의 생명력을 보여주지요. 레몬 빛에서 주황이 감도는 금색, 초록이 스민 황금빛까지 노랑의 변주는 다채롭습니다. 꽃병마저 노란색이지만, 서로 다른 농도와 질감이 겹치며 그림 특유의 온도를 만들어냅니다. 고흐는 물감을 두텁게 쌓아 올리고 날선 붓질을 여러 방향으로 교차시켜 캔버스 위에 입체적인 노랑의 산맥을 만들어냈습니다.

고흐에게 노란색은 어떤 의미였을까요? 태양을 좇아 떠난 아를에서 고흐는 해바라기와 침실을 생명력의 상징인 노란색으로 물들이며 자신의 존재를 보여주었습니다. 여러분은 이 노란색에서 무엇을 느끼나요?

〈해바라기〉 역시 〈아를의 방〉처럼 고흐가 여러 차례 반복해서 그린 연작입니다. 반 고흐 미술관에서 두 작품을 함께 감상하며 강렬한 생명력을 뿜어내는 고흐만의 색채를 느껴보세요. 가슴 시린 외로움이든 삶의 희망이든 고흐가 남긴 작품이 우리를 다정하게 맞이해 줄 겁니다.

절망과 희망 사이에서 핀 마지막 봄의 꽃

꽃피는 아몬드 나무 (1890)
Almond Blossoms
빈센트 반 고흐
Vincent Willem van Gogh (1853-1890)
73.3×92.4cm, 캔버스에 유채

#새 생명의 탄생 #축하와 축복 #희망 #아몬드꽃 #하늘 배경 #평면적 색면 #일본 판화 영향 #후기 인상주의 #이 나무는 왜 잎보다 꽃이 먼저 피었을까? #이 그림은 위에서 본 걸까, 아래에서 올려다본 걸까? #이 그림은 풍경일까, 축하 카드일까?

희망을 담은 꽃나무 가지 하나

•••

고흐의 예술 여정에는 언제나 곁을 지켜준 사람이 있습니다. 누구보다 깊이 그의 마음을 이해한 존재. 바로 동생 테오입니다. 테오는 파리에서 미술상으로 일하며 형을 경제적으로 뒷받침했고 예술가로서의 고흐를 끝까지 믿어주었습니다. 고흐에게 테오는 가족 그 이상이었죠.

"네 덕분에 여기까지 올 수 있었어. 너 없이는 지금처럼 해낼 수 없었을 거야."

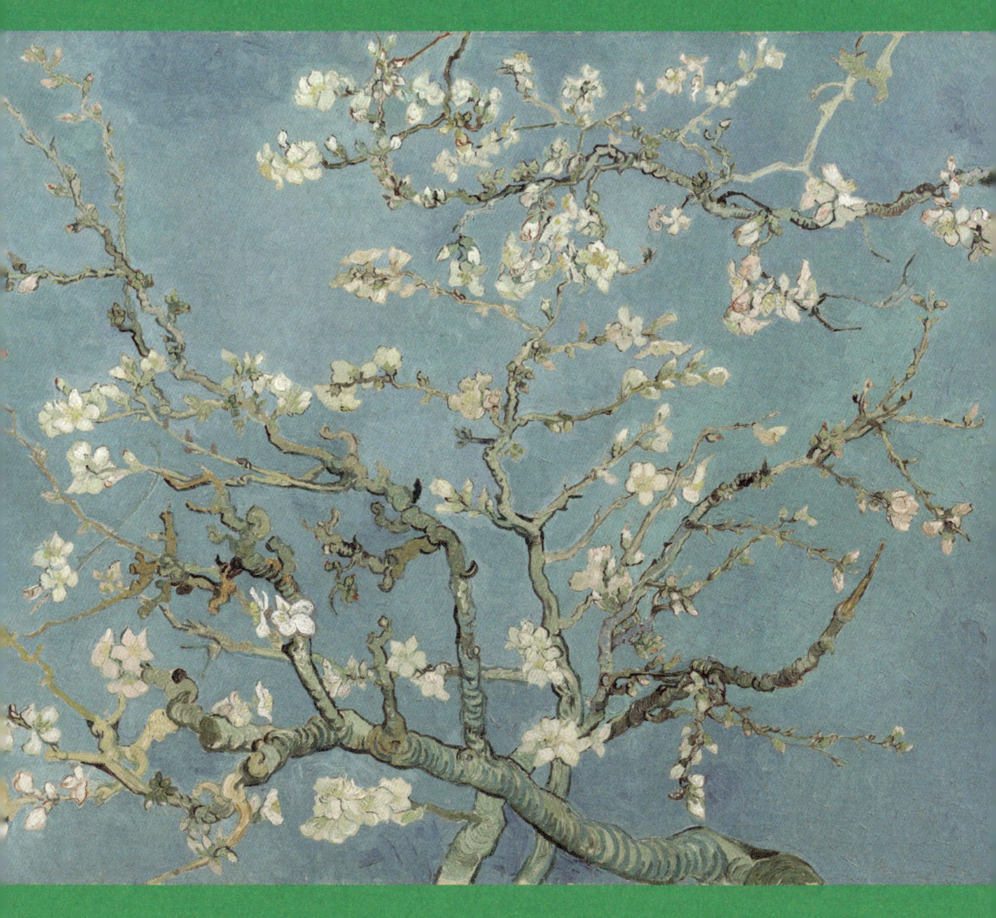

두 사람은 거의 매주 편지를 주고받았으며 현재까지 보존되어 전해지는 편지만 해도 650여 통에 달합니다. 이 편지들은 서로의 안부를 묻는 다정한 인사이자 내면의 기록이며 때로는 색채와 구도, 차기작의 계획까지 세밀하게 담긴 '작업 노트'이기도 했습니다. 고흐는 생활비에 대한 걱정부터 지독한 외로움과 투병 생활, 예술을 향한 굳은 다짐까지 감정을 솔직하게 털어놓았죠. 덕분에 우리는 그의 작품을 정확하게 이해할 수 있습니다.

1890년 추위가 아직 가시지 않은 겨울에 빈센트에게 기쁜 소식이 들려옵니다. 고흐에게 조카가 생긴 것이지요. 테오는 고흐에게 보낸 편지에 "전에 말했던 것처럼, 아이 이름은 형의 이름을 따서 지으려고 해."라고 적었습니다. 외로운 삶을 살아온 고흐에게 더없이 따뜻한 선물이었지요. 조카의 탄생을 기념하며 고흐는 테오에게 그림 한 점을 보냅니다. 자신의 귀를 자른 이후 생레미 요양원에 머물던 시기, 그는 여전히 불안하고 몸과 마음도 온전히 회복되지 않은 상태였지만 붓을 들어 희망을 그렸습니다. 바로 〈꽃 피는 아몬드 나무〉입니다. 조카의 소식을 듣고 고흐가 얼마나 기뻐했는지 알 수 있지요.

푸른 하늘에 걸어 둔 축복

•••

반 고흐 미술관의 마지막 여정인 〈꽃 피는 아몬드 나무〉를 살펴보겠습니다. 푸른 하늘을 배경으로 아몬드 나뭇가지가 시원하게 뻗어 있는 이 작품은 위에서 아래를 내려다보는 듯한 독특한 시점을 보여줍니다. 유화임에도 수채화처럼 맑은 배경과 강한 윤곽선으로 존재감을 드러낸 가지가 대조를 이루죠. 그 끝에는 희고 분홍빛 도는 꽃송이들이 피어 있습니다. 일본 목판화 '우키요에'의 영향을 받아 선은 또렷하게, 색은 평면적으로 절제하여 화면 전체가 평온하고 고요하게 느껴집니다. 하늘과 가지, 꽃과 선 사이에는 '정적'이 흐르고 있어요.

우키요에가 고흐에게 끼친 영향은 화면 구성에서 여실히 드러납니다. 고흐는 나뭇가지를 화면 앞으로 대담하게 끌어당기고 하늘은 깊이감 없이 평면적인 색면으로 채웠습니다. 먹선처럼 선명한 윤곽선과 리듬감 넘치는 꽃의 배치 역시 일본 판화 기법에서 가져온 특징이지요. 대상을 전면에 강조하며 평면성을 살린 이 화법은 당시 그가 일본 미술에 얼마나 깊이 빠져 있었는지를 잘 보여줍니다.

왜 아몬드 나무였을까?

벚꽃처럼 작고 단아한 아몬드꽃은 프랑스에서 봄을 알리며 가장 먼저 피는 꽃입니다. 추운 겨울을 이겨낸 끝에 피어난다는 점에서 특별하지요. 게다가 아몬드꽃의 꽃말은 '희망'입니다. 맑은 하늘색 배경 위로 흐드러진 꽃송이들을 보면 조카를 향한 고흐의 따뜻한 축복이 전해져요. 그의 붓끝에서 피어난 아몬드꽃은 새로운 생명과 시작, 그리고 회복과 사랑의 상징인 셈입니다.

고흐는 진심을 말로 전하는데 서툴렀지만 그림으로는 누구보다 깊은 마음을 표현했습니다. 선물을 받은 테오는 아이의 침대 머리맡에 이 그림을 걸어두었지요. 형이 그려준 그림이 아이의 세상을 희망으로 열어주고 새로운 생명의 빛이 되어주길 바랐을 거예요.

조카 빈센트에게 고흐가 전하고 싶었던 것은 추운 겨울을 견뎌내면 누구나 아름다운 나무가 될 수 있다는 '희망'이었을 겁니다. 연약한 꽃잎도 세상의 문을 제일 먼저 열 수 있다는 용기 말이죠. 고흐는 조카에게 삶이 고단할지라도 결국 꽃은 피어난다는 믿음을 그림에 담았습니다. 이 작품 앞에서 저절로 미소가 번져요. 그가 건넨 축복이 우리에게도 고스란히 전해지기 때문일 겁니다.

마지막 봄 남겨진 이야기

〈꽃 피는 아몬드 나무〉는 정신적으로 불안정했지만 고흐의 삶에서 가장 따뜻한 순간을 담아낸 그림입니다. 그림을 완성한 뒤 그는 동생 테오에게 이런 마음을 전했습니다.

> "내 작업은 정말 잘 진행되고 있단다. 마지막으로 꽃이 활짝 핀 나뭇가지를 그리고 있었지. 아마 너도 그 그림을 보면 내가 지금까지 그린 것 중 최고임을 알게 될 게다. 이제껏 그린 것 중에 가장 끈기 있게 작업한 것으로 차분하고 붓질도 더 안정되게 그렸거든. 하지만 그다음 날 바로 짐승처럼 발작을 일으켰다."

편지 속 고흐의 모습은 그림이 가장 잘 그려지는 절정의 순간과 몸과 마음이 무너져 내리는 위기의 순간이 서로 맞닿아 있음을 보여줍니다. 그의 삶은 이렇듯 빛과 어둠, 희망과 절망이 종이 한 장 차이로 공존하고 있었습니다. 〈꽃 피는 아몬드 나무〉는 그런 삶의 경계 위에서 자신이 할 수 있는 평화롭고 사랑스러운 마음을 담아낸 작품입니다.

하지만 그해 봄에 피어난 아몬드꽃은 고흐가 이 세상에서 마주한 마지막 봄의 꽃이 되었습니다. 결국 고흐는 스스로 생을 마감하며 영원한 휴식의 길을 선택합니다. 형을 세상 누구보다 아꼈던 테오 역시 얼마 지나지 않아 고흐의 뒤를 따라 세상을 떠나지요.

고흐는 이 세상에 없지만 테오의 아들이자 고흐의 조카, 빈센트 빌럼 반 고흐는 삼촌이 그린 예술 세계를 영원히 꽃피울 수 있도록 반 고흐 미술관 창립자가 됩니다. 덕분에 빈센트 반 고흐라는 이름은 시대를 넘어 세상을 환히 밝히는 별처럼 빛날 수 있었습니다. 예술에 파묻혀 살았던 반 고흐는 만발한 아몬드꽃처럼 우리 곁에 영원히 살아 숨 쉬고 있습니다.

예술과 나를 이어 보기

친구와 같이 지낼 작업실을 꾸민다면 여러분은 어떤 그림을 걸어 두고 싶나요?

① 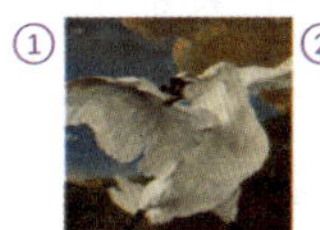 ② 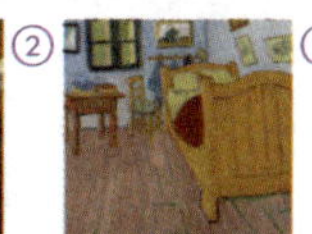 ③ 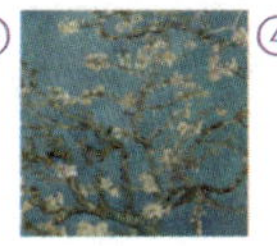 ④ 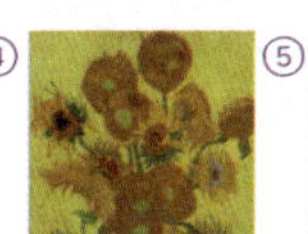 ⑤ 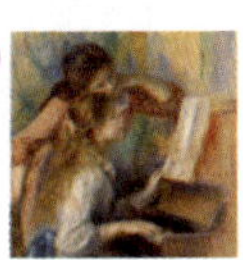

〈아를의 방〉에 초대받았어요. 이 방에서 하고 싶은 일을 골라주세요.

① 침대에 누워 아무것도 안 하기
② 창문을 열고 풍경을 쳐다보며 바람 느끼기
③ 내 얼굴을 보면서 자화상 그리기
④ 친구에게 편지 쓰기
⑤ 빨리 나가고 싶다

고흐가 SNS를 한다면 그의 피드에는 어떤 사진이 많을까요?

① 햇빛과 바람이 느껴지는 들판 풍경 사진
② 감정이 그대로 드러나는 거친 붓질의 자화상 사진
③ 그림을 그리고 있는 자기 손과 물감 사진
④ 밤하늘과 별을 담은 사진
⑤ 색 대비가 두드러진 해바라기, 의자, 파이프, 책 등 사물 사진

〈귀에 붕대를 감은 자화상〉을 보고 고흐에게 해주고 싶은 말을 골라주세요.

① 괜찮은 척 안 해도 돼요. 지금 모습도 충분히 멋있어요
② 이렇게 힘든데도 계속 그린 거면 진짜 대단한 거예요
③ 하고 싶은 말이 전해졌어요. 그림이 마음에 오래 남을 것 같아요
④ 아픔을 숨기지 않는 솔직한 모습에서 화가의 마음가짐이 느껴져요
⑤ 거친 붓질이 마음의 갈등을 생생하게 표현한 것 같아요

고흐에게 노란색처럼 마음을 채워주는 나만의 색은 어떤 색인가요?

마우리츠하위스 미술관

Mauritshuis

귀족의 저택에서 왕립 미술관으로

•••

암스테르담에서 기차로 45분 떨어진 헤이그 시내 중심가, 눈길을 끄는 고풍스러운 건물이 있습니다. 운하 옆에 자리한 이 건물은 17세기 초, 브라질 총독이자 네덜란드 귀족인 요한 마우리츠 판 나사우가 지었습니다. 그가 1636년부터 1644년까지 브라질에서 총독으로 있으면서 들여온 열대 목재가 만들어낸 이국적 감성이 건물 곳곳에 배어 있습니다.

이 귀족의 저택은 1641년 완공 당시 세련된 건축물로 꼽히며 명성을 떨쳤지만, 1704년 큰 화재가 발생해 내부가 거의 소실되었지요. 지금의 모습은 18세기 후반에 복원된 것입니다. 그 후 이곳은 귀족들의 화려한 사교장에서 정부 관료의 사무실, 미술 아카데미 강의실까지 시대에 따라 다양한 역할을 맡아왔어

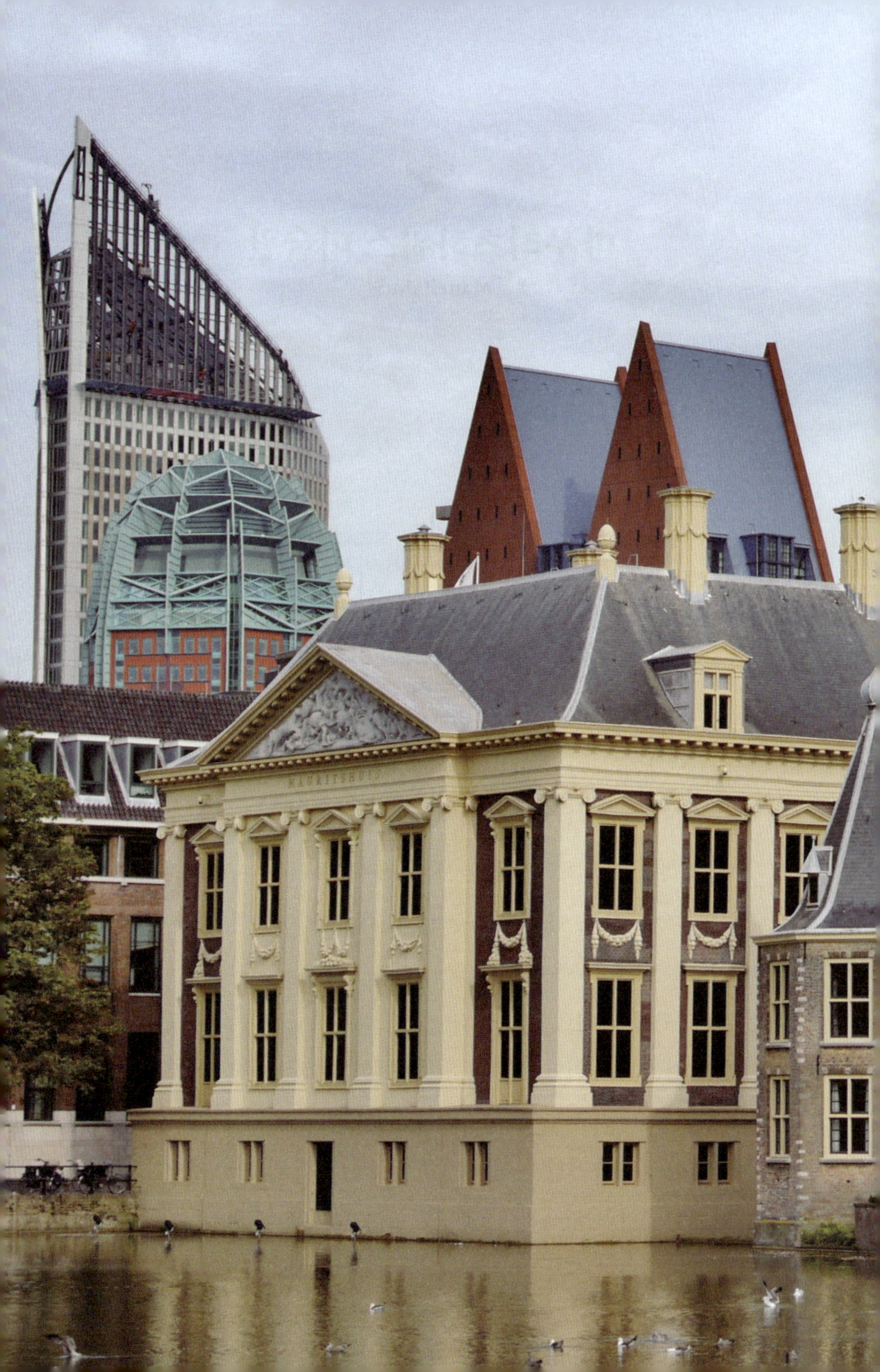

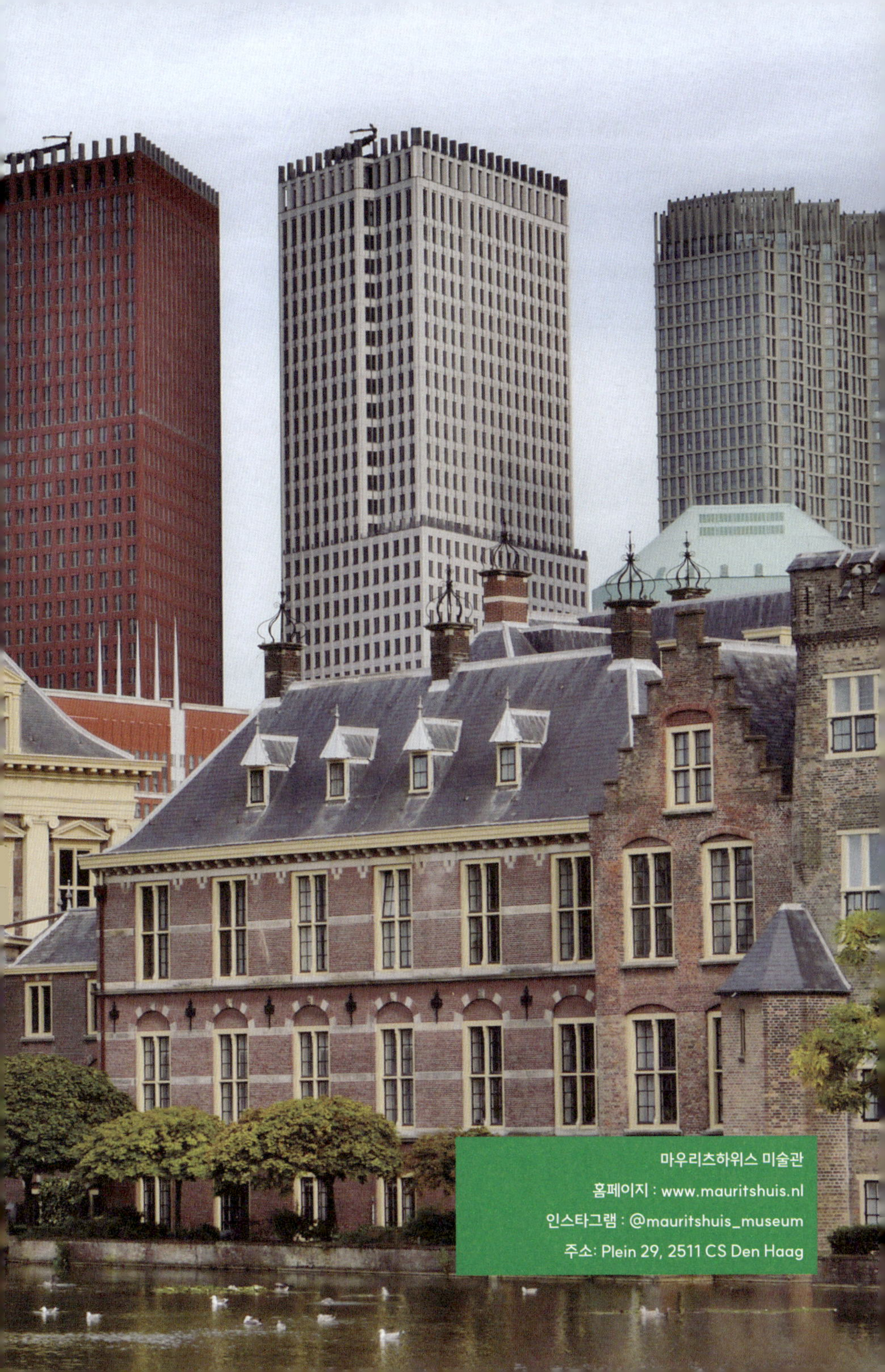

마우리츠하위스 미술관
홈페이지 : www.mauritshuis.nl
인스타그램 : @mauritshuis_museum
주소: Plein 29, 2511 CS Den Haag

요. 때로는 국가의 중요한 문서를 보관하는 장소로 쓰이기도 했지요. 그러다 1820년 네덜란드 정부가 건물을 매입하고, 1822년 1월 5일 국왕 윌럼 1세가 '왕립 회화 컬렉션'을 선보이기 시작했습니다. 이때부터 '마우리츠하위스*Mauritshuis*'라는 정식 명칭을 가진 미술관으로 문을 열게 되었지요.

지금 이곳은 세계에서 '가장 아름다운 작은 미술관' 중 하나로 꼽혀요. 규모는 아담해도 고풍스러운 방마다 17세기 네덜란드 황금시대를 수놓은 빛나는 작품들이 가득하기 때문이지요.

네덜란드 고전주의의 절제미

•••

싱겔흐라흐트 운하 위로 햇살과 함께 어우러진 미술관의 모습이 한 폭의 그림 같습니다. 미술관 전체가 물속 풍경처럼 잔잔하고 고요한 인상을 주지요.

마우리츠하위스는 17세기 네덜란드 고전주의 건축의 거장, 야콥 판 캄펜과 페터 포스텔이 함께 지은 곳입니다. 두 거장의 손길이 닿은 만큼 고전적인 비례미와 절제된 장식이 현대적인 감각, 그리고 주변 자연 풍경과 완벽한 조화를 이룹니다. 정면에는 고대 그리스에서 유래한 굵고 단순한 도리아식 기둥 네 개가 줄지어 서 있어요. 지붕을 덮어 살짝 돌출시킨 작은 현관 구조를 '포르티코'라고 부릅니다. 비바람을 막아줄 뿐 아니라 건물 정면에 입체감을 더해 외관을 단정하게 만들지요. 미술관에 들어설 때 우리를 기분 좋게 맞이해 주는 공간이기도 합니다.

건물은 좌우가 똑같이 나뉜 2층 구조이며 창문은 크고 넓어서 햇빛이 가득 들어옵니다. 삼각형 모양의 경사진 지붕은 건물 전체에 단정하고 안정적인 인상을 줍니다. 사방에서 햇빛이 들어오는 구조 덕분에 전시실 안은 늘 밝고 따뜻한 기운이 감돌지요. 회화 감상에 최적화된 설계로, 빛의 각도에 따라 그림이 조금씩 다르게 보이기도 합니다.

미술관 내부에 들어서면 먼저 눈에 들어오는 건 반짝이는 샹들리에예요. 고풍스러운 크리스털 샹들리에는 은은한 빛으로 벽과 천장을 감싸며 작품들을 더 돋보이게 합니다. 전시실 벽지는 짙은 색조의 고급 패브릭 소재로, 벨벳처럼 부드럽고 세련된 분위기를 만들어 줍니다. 그림이 걸려 있는 벽면은 화려한 응접실처럼 장식되어 있지요. 특히 2층 전시실의 천장은 높고 정교한 몰딩 장식이 새겨져 있어요. 전시실 사이를 이어주는 복도에는 고풍스러운 테이블과 의자가 놓여 있어 그림 감상 중 잠시 쉬어가기에도 좋습니다. 나무 계단은 반들반들하게 닳아 있어 오래된 저택에 초대받은 느낌이 들어요.

2012년부터 2014년까지 마우리츠하위스는 새로운 도약을 위한 변화를 겪습니다. 늘어나는 관람객을 더 나은 환경에서 맞기 위해 길 건너편의 건물을 별관으로 확장하며 미술관의 지평을 넓혔습니다. 이 건물은 1930년대에 세워진 '아르데코Art Deco' 양식으로 지어졌는데 세련된 직선과 대칭 구조를 강조한 스타일이 특징입니다. 영화 속에 자주 등장하는 우아한 호텔의 모습을 떠올리면 이해하기 쉬울 거예요.

과거와 현대의 두 건물은 지하 6미터 깊이에 새로 만든 로비를 통해 이어집니다. 천장을 유리로 설계해 햇살이 쏟아지는 이 지하 로비는 산뜻하게 관람객을 맞이합니다.

확장 공사로 미술관 규모는 이전보다 두 배 가까이 넓어졌습니다. 덕분에 카페와 뮤지엄숍은 물론, 도서관과 특별 전시실까지 갖춘 풍성한 복합 문화 공간으로 거듭났지요. 2014년 다시 문을 연 미술관 안으로 들어서면 한결 여유로워진 동선과 관람객을 향한 배려가 스며 있는 공간이 펼쳐집니다

작지만 강한 네덜란드 회화의 정수

마우리츠하위스는 17세기 네덜란드 황금시대의 대표 화가들의 걸작을 가까이서 볼 수 있는 곳입니다. 전시 규모는 크지 않지만, 소장품의 밀도는 매우 높아요. 가장 유명한 작품은 단연 요하네스 페르메이르의 〈진주 귀걸이를 한 소녀〉입니다. '북쪽의 모나리자'라고도 불릴 만큼 전 세계 관람객의 발걸음을 멈추게 하죠.

렘브란트의 걸작들도 빼놓을 수 없는데 〈니콜라스 툴프 박사의 해부학 강의〉처럼 그가 암스테르담에서 이름을 알리던 젊은 시절의 작품들과 그가 세상을 떠나기 불과 몇 달 전 그린 〈자화상〉 한 점도 이곳에 있습니다. 깊은 눈빛과 투박하면서도 힘 있는 붓 터치가 인상적이지요.

페르메이르의 스승으로 알려진 카렐 파브리티우스의 〈황금

방울새〉는 아담한 크기에도 존재감이 남다른 작품입니다. 17세기 네덜란드인들의 반려동물이었던 새를 소재로, 사실적인 묘사와 절제된 감각이 돋보이죠. 그밖에 파울루스 포터의 〈황소〉와 익살스러운 풍속화로 유명한 프란스 할스, 얀 스테인 등의 작품을 소장하고 있습니다.

미술관 관람 팁

마우리츠하위스는 북적이지 않아 작품 하나하나를 여유 있게 감상하기 좋습니다. 전시실은 층별로 나뉘어 있는데, 2층에서 시작해 1층으로 내려오며 관람하는 동선이 일반적입니다. 입장권은 온라인 사전 예약을 권장하며 18세 미만은 무료입니다. 한국어 지원하는 오디오 가이드를 이용할 수 있어요.

지하 카페에서는 운하를 바라보며 음료와 디저트를 즐길 수 있습니다. 뮤지엄숍에는 엽서와 책과 '진주 귀걸이'를 테마로 한 다채로운 상품들이 많습니다. 관람을 마친 뒤 잠시 머물며 작품의 여운을 갈무리하기에 좋은 공간입니다.

마우리츠하위스는 규모가 크진 않아도, 작품 하나하나가 건네는 이야기에 오롯이 집중할 수 있는 곳입니다. 이곳에서 어쩌면 여러분의 마음에 예술을 바라보는 새로운 시선이 열릴지도 모릅니다.

상상하게 만드는 침묵 속의 소녀

진주 귀걸이를 한 소녀 (1665)
Girl With A Pearl Earring / Meisje met de parel
요하네스 페르메이르
VJohannes Vermeer (1632-1675)
44.5×39cm, 캔버스에 유채

#정체불명의 소녀 #진주 귀걸이 #응시하는 시선 #울트라마린 블루
#카메라 옵스큐라 #17세기 네덜란드 #북유럽의 모나리자
#왜 이 그림은 사진처럼 생생하게 느껴질까?
#가장 먼저 눈에 들어오는 색은 무엇일까? #빛은 어디에서 올까?

베일에 싸인 화가 베일에 싸인 소녀

•••

정면도 측면도 아닌 묘한 각도로 고개를 돌린 소녀가 있습니다. 살짝 돌아선 어깨와 살짝 벌어진 입술. 이름도 신분도 베일에 싸인 이 소녀는 요하네스 페르메이르가 1665년경 완성한 〈진주 귀걸이를 한 소녀〉입니다.

〈진주 귀걸이를 한 소녀〉라는 제목에서 우리가 알 수 있는 건 오직 소녀의 얼굴과 귀에 걸린 커다란 진주 귀걸이뿐입니다. 소녀가 누구인지 알 수 없기에 시선은 더 오래 머물게 되지요. 화면 밖을 응시하는 소녀의 모호한 시선에서 보는 이의 감정을 비춰보게 합니다.

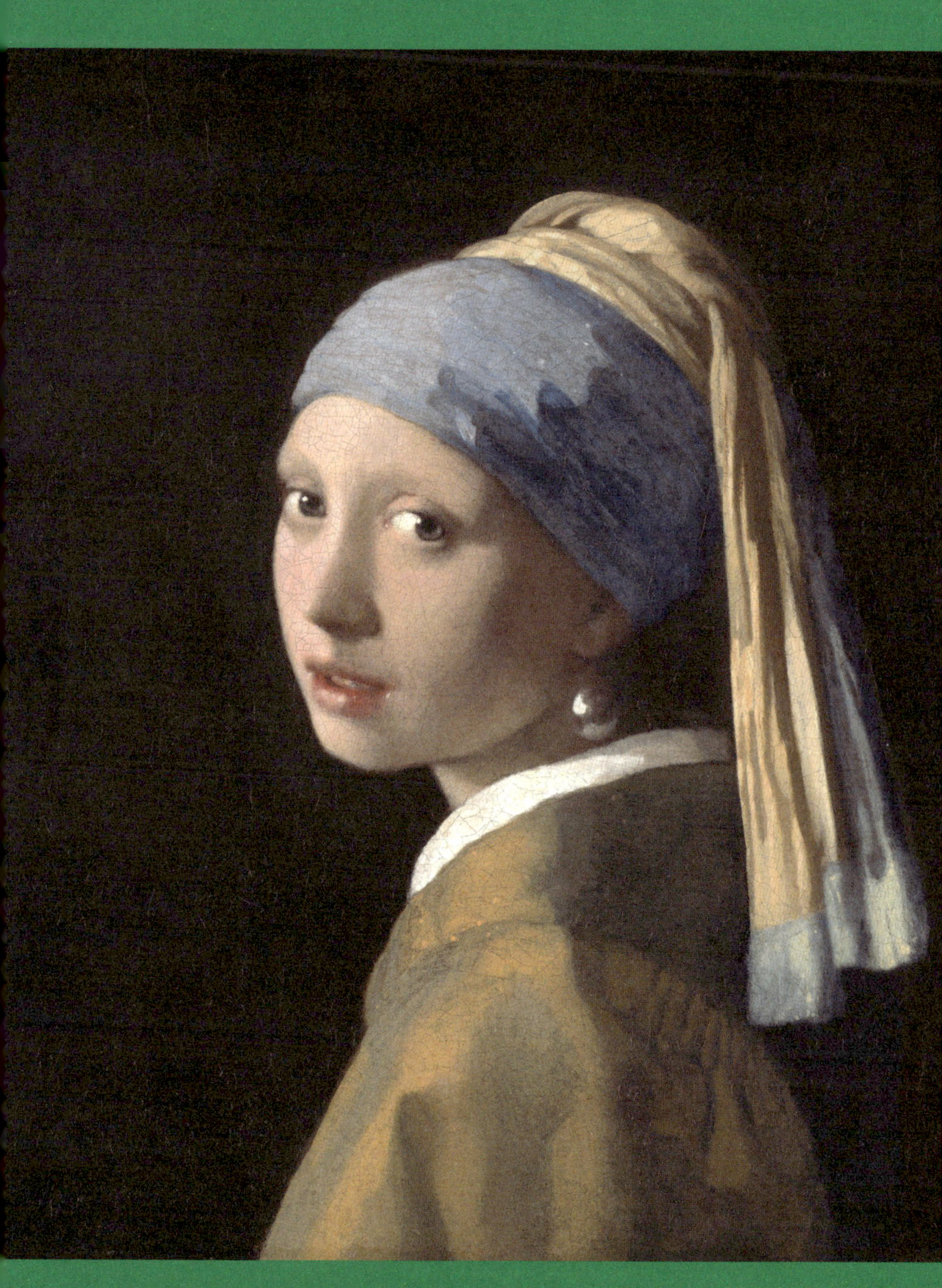

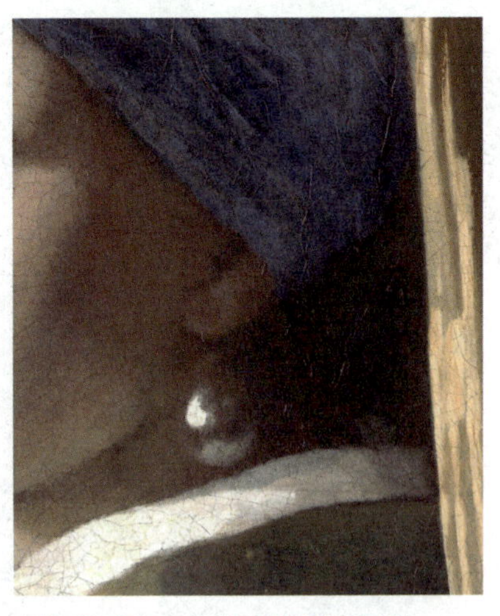

〈진주 귀걸이를 한 소녀〉 진주 귀걸이와 푸른 터번

요하네스 페르메이르는 미술사에서 가장 신비로운 화가로 꼽힙니다. 남겨진 기록이 거의 없어 미국의 소설가 트레이시 슈발리에는 화가와 그림의 모델 사이에 있었을지도 모를 이야기를 상상하여 『진주 귀걸이를 한 소녀』라는 작품과 같은 제목의 소설을 썼지요. 이 이야기가 배우 스칼렛 요한슨이 소녀로 연기한 영화로 만들어지며 작품은 더 널리 알려지게 되었죠.

페르메이르는 43세에 생을 마감하며 30점 남짓한 작품을 남겼습니다. 그럼에도 그가 사랑받는 건 일상의 정적을 빛으로 빚어내는 힘 덕분이지요.

금보다 귀한 파랑

17세기 네덜란드는 스페인 독립 후 해상무역의 번영을 발판 삼아 정치·경제·문화 전반에 걸쳐 황금기를 누립니다. 당시 유럽 예술은 바로크 양식이 주류였지만 네덜란드는 시민 계급이 새로운 후원자로 부상하며 종교화 대신 일상과 정물, 인물을 다룬 장르화가 발달했지요.

〈진주 귀걸이를 한 소녀〉는 귀족의 초상화가 아님에도 왕족 못지않은 품격이 느껴집니다. 특히 터번을 칠한 푸른빛은 청금석(라피스 라줄리)에서 얻은 '울트라마린 블루'로 '바다 너머에서 온 귀한 것'이라는 뜻이지요. 주로 성모 마리아를 그릴 때나 쓰이던 이 안료는 당시 금값보다 비쌀 만큼 귀했습니다. 이름 모를 소녀에게 이런 특별한 색을 사용했다는 사실은 화가가 모델이 되어준 소녀를 얼마나 소중히 여겼는지를 상상하게 됩니다.

소녀가 누구인지에 대해선 추측만 있을 뿐입니다. 페르메이르의 딸이라는 설도 있지만 명확한 증거는 없지요. 이 작품은 단 한 사람을 그린 초상화이면서 동시에 그 자리에 누구든 서게 만드는 상상의 거울이기도 합니다.

시선을 붙잡고 놓아주지 않는 신비로운 그림

•••

페르메이르는 〈진주 귀걸이를 한 소녀〉를 그리기 위해 '카메라 옵스큐라*camera obscura*'라는 광학 장치를 참고했을 가능성이 높습니다. 어두운 상자의 작은 구멍으로 들어온 빛이 반대편에 상을 맺는 사진의 원리와도 비슷한데, 덕분에 순간의 빛과 세밀한 구도를 더욱 정확하게 담아낼 수 있었지요. 빛의 각도, 터번의 주름, 진주의 반짝임이 그림에 잘 살아있는 이유입니다.

반면 소녀의 얼굴은 윤곽선이 뚜렷하지 않고 눈썹조차 흐릿합니다. 피부의 경계가 연기처럼 부드럽게 번져서 레오나르도 다빈치의 '스푸마토 기법'을 떠올리게 하지요. '북유럽의 모나리자'라 불리는 이유도 여기에 있답니다.

실제 작품 앞에 서면 우리의 눈동자는 소녀의 눈에서 시작해 입술로, 반짝이는 진주로 끊임없이 옮겨 다닌답니다. 이렇게 시선이 세 지점을 뱅글뱅글 맴도는 현상을 과학적으로는 '지속적 주의 고리Sustained Attentional Loop'라고 부릅니다. 이 독특한 시선의 흐름 덕분에 우리는 그림 속 소녀와 대화를 나누는 것처럼 몰입하게 되지요. 그러다 보면 어느덧 내가 그림을 바라보고 있는 것인지, 그림이 나를 붙잡고 놓아주지 않는 것인지 알 수 없는 기분에 빠집니다.

이 신비로운 물음에 정해진 정답은 없습니다. 미술관의 고요한 공기 속에서 소녀와 직접 눈을 맞추면 자신만의 답을 발견할 수 있을까요?

해부학을 예술로 바꾼 화가

니콜라스 툴프 박사의 해부학 수업 (1632)
The Anatomy Lesson of Dr. Nicolaes Tulp / De anatomische les van Dr. Nicolaes Tulp
렘브란트 하르먼손 판레인
Rembrandt Harmenszoon van Rijn (1606-1669)
216.5×169.5cm, 캔버스에 유채

#집단 초상화 #과학 혁명 시대 #의학과 예술 #사실주의
#해부학 교본 #공개된 해부실 #명암 대비(키아로스쿠로)
#왜 해부 장면을 그림으로 남겼을까? #이 사람들은 왜 모두 다른 방향을 보고 있을까? #당시 사람들은 과학을 어떻게 바라봤을까?

빛과 어둠을 그린 인생

렘브란트 하면 가장 먼저 떠오르는 건 아마도 '자화상'일 겁니다. 그는 평생 100여 점 넘는 자화상을 남기며 자신의 삶을 화폭에 자서전처럼 기록했지요. 그의 초기작 〈니콜라스 툴프 박사의 해부학 강의〉를 살펴보기 전, 자화상에 담긴 렘브란트의 인생 이야기를 먼저 들려드릴게요.

〈니콜라스 툴프 박사의 해부학 강의〉로 명성을 얻으며 입지를 다진 젊은 렘브란트는 명문가 딸인 사스키아와 결혼했습니다. 미술상의 조카이자 귀족 가문 출신인 그녀는 지적이고 밝은 성품을 가졌고, 렘브란트는 그런 아내를 깊이 사랑했지요. 이 결혼

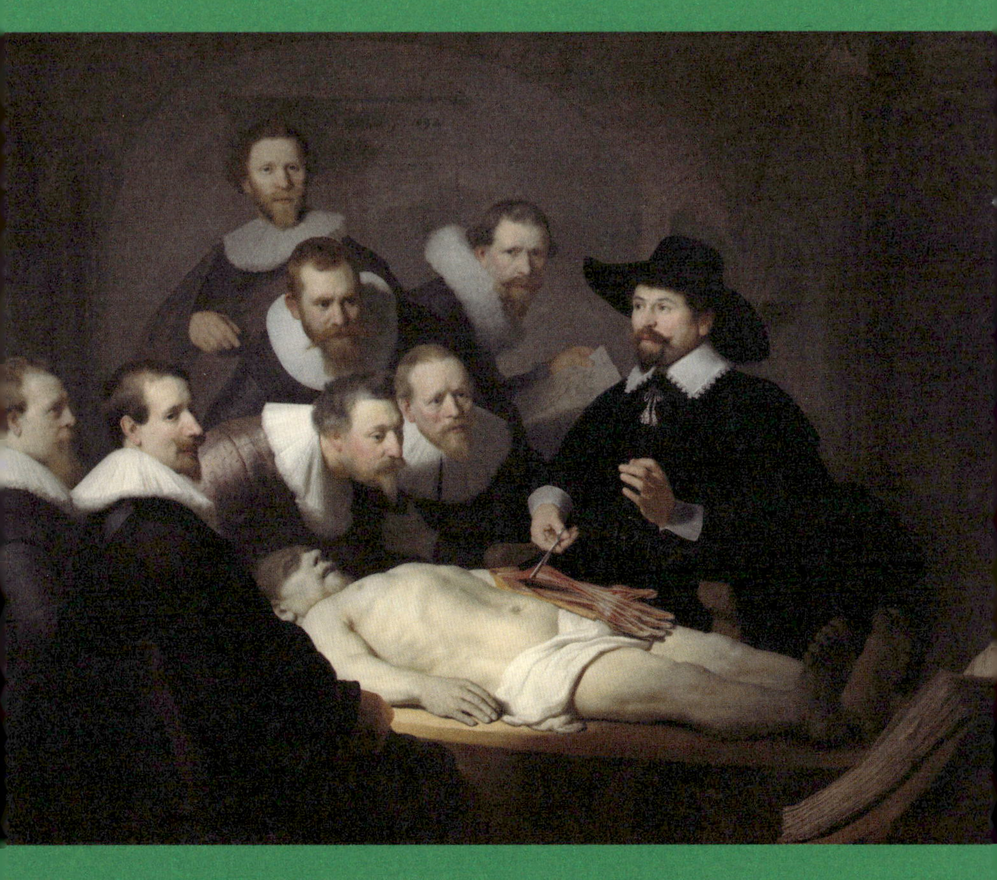

으로 귀족층 인맥까지 넓힌 그는 부와 명예를 동시에 거머쥐며 일생의 황금기를 맞이합니다. 호화로운 저택을 사고 값비싼 수집품을 즐길 만큼 초상화 주문이 끊이지 않던 화려한 시절이었어요.

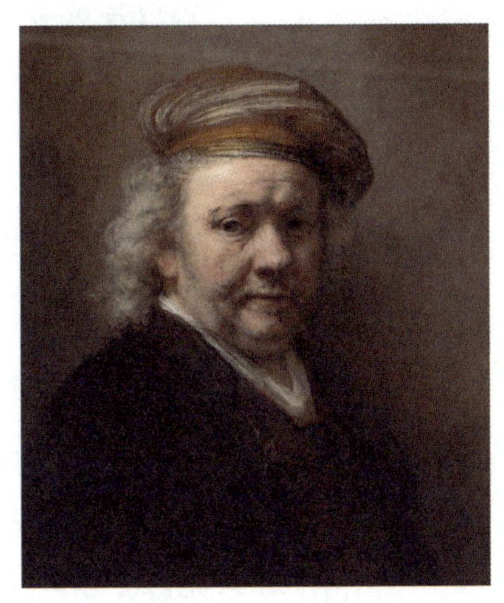
〈자화상〉(1669)

행복은 오래가지 않았습니다. 1642년, 영원한 뮤즈였던 아내 사스키아가 세상을 떠났지요. 그녀를 잃은 뒤 렘브란트의 그림은 눈에 띄게 어두워졌고 그의 내면도 고독으로 물들었습니다. 훗날 집안일을 돕던 헨드리키에와 함께하며 작품 활동을 이어갔지만 끝내 파산에 이르렀고, 엎친 데 덮친 격으로 유일한 혈육인 아들 티투스마저 1668년 전염병으로 먼저 보냈습니다. 집과 작품은 물론 아내의 묘비까지 처분해야 했던 그에게 아들의 죽음은 마지막 희망이 꺾이는 상실감을 주었지요.

1669년, 세상을 떠나기 불과 몇 달 전 그린 마우리츠하위스 미술관의 자화상에는 모든 것을 잃은 인간의 고요한 눈빛이 담겨 있습니다. 화려함도 젊음도 활기도 사라진 그 얼굴에는 담담한 체념과 굴곡진 삶의 흔적만이 남아 있지요.

과학을 예술로 바꾸다

이제 렘브란트를 일약 스타로 만든 〈니콜라스 툴프 박사의 해부학 강의〉를 살펴볼까요? 〈야경〉보다 10년 앞서 제작된 이 작품은 암스테르담 의사협회의 의뢰로 그려진 '단체 초상화'입니다. 과학과 의학이 급격히 발달하던 17세기 당시, 의사협회는 새해마다 해부학 강의 장면을 초상화로 남기는 전통이 있었습니다. 그림의 주인공인 툴프 박사는 당대 최고의 외과의사였어요. 이 그림에는 의사들의 전문 지식과 실력을 세상에 알려 협회의 위상을 높이려는 의도가 담겨 있습니다.

1632년 암스테르담에 정착한 렘브란트는 의사협회의 공개 해부 강의를 화폭에 담으며 인체의 움직임과 손가락 근육, 힘줄 하나까지 세심하게 묘사했습니다. 그림 한 켠에는 당대 해부학의 교과서로 통하던 베살리우스의 저서가 펼쳐져 있습니다. 근대 해부학의 기틀을 닦은 이 책을 그려 넣음으로써 과학과 예술을 하나로 잇고자 한 화가의 시선을 드러냈지요. 렘브란트가 따로 해부학을 공부했다는 기록은 없지만, 의사들과 교류하며 강의 현장을 직접 참관하거나 교재를 참고해 인체 구조를 면밀히 익혔던 것으로 보입니다.

렘브란트는 해부 테이블을 하나의 무대로 삼아 여덟 명의 인물을 연극의 한 장면처럼 배치했습니다. 화면 중심에서 툴프 박사가 시신의 왼쪽 팔 근육을 들어 올리며 설명하고, 주변 의사들은 저마다 다른 표정과 시선으로 몰입한 모습입니다.

이 작품은 단체 초상화의 형식을 빌려 새로운 시대를 향한 인간의 열망과 지적 호기심을 담아냈습니다. 이 모든 것은 극적인 명암 대비인 '키아로스쿠로' 기법으로 완성되었지요. 인물들에게 핀 조명처럼 쏟아지는 빛과 무대 배경처럼 깔린 어둠의 대비는 인물들을 살아 움직이는 것처럼 만들며 우리를 그림 속으로 끌어당깁니다. 죽음을 다루는 냉정한 현장마저 예술로 승화시킨 이 한 점의 그림으로 렘브란트는 스물여섯이라는 젊은 나이에 암스테르담 최고의 화가로 떠오릅니다.

렘브란트가 영화감독이었다면?

〈니콜라스 툴프 박사의 해부학 강의〉는 새로운 지식의 시대를 열어가는 의사들의 열정과 이를 예술로 승화시킨 렘브란트의 통찰이 어우러진 작품입니다. 과학과 예술, 삶과 죽음이 교차하는 이 그림은 렘브란트라는 연출가가 빚어낸 한 편의 연극과도 같지요. 그가 오늘날 태어났다면 아마 뛰어난 영화감독이나 무대 연출가가 되지 않았을까요? 그림 앞에 선 우리는 어느덧 관객이 되어 그 긴박한 순간을 함께 지켜보게 됩니다.

렘브란트를 스타로 만든 초기작과 그의 마지막 자화상을 함께 감상하니 어떤가요? 젊은 시절의 화려했던 빛과 어둠은 말년으로 갈수록 한층 깊고 절제된 빛으로 변해갑니다. 기교를 넘어 사람의 마음 가장 깊은 곳에 닿으려 했던 거장의 진심이 느껴집니다.

〈진주 귀걸이를 한 소녀〉에 터번을 칠한 '울트라마린 블루' 말고 다른 색으로 칠해 본다면 어떤 색이 어울릴까요?

〈진주 귀걸이를 한 소녀〉의 배경에 그려놓고 싶은 장소는 어디인가요?

① 모네의 지베르니 정원
② 고흐의 방
③ 모나리자와 같은 자연 풍경
④ 올랭피아의 침실
⑤ 오필리아의 호숫가

〈니콜라스 툴프 박사의 해부학 강의〉의 인물이 아닌 사람을 골라주세요.

① 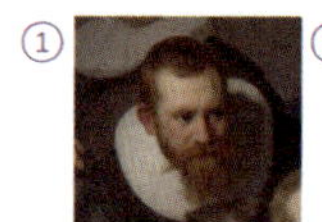
② 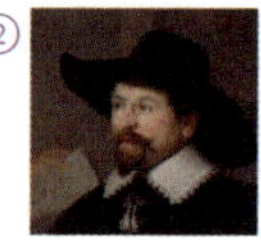
③ 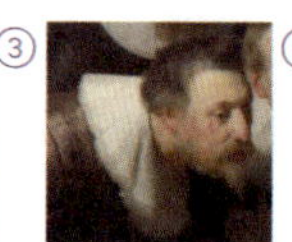
④ 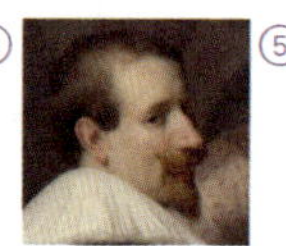
⑤ 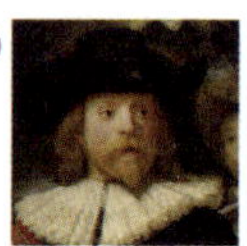

〈니콜라스 툴프 박사의 해부학 강의〉가 영화 장면이라면 장르는 무엇일까요?

① 법정 드라마 – 진실을 밝히는 긴장감이 느껴져서
② 범죄 스릴러 – 죽음의 원인을 추적하는 느낌이어서
③ 다큐멘터리 – 감정을 배제하고 사실에 집중하는 장면 같아서
④ 역사극 – 당시 시대와 직업의 무게가 느껴져서
⑤ 심리극 – 인물들의 표정과 시선이 의미심장해서

63세에 그린 〈자화상〉이 초기작 〈니콜라스 툴프 박사의 해부학 강의〉와 가장 다르게 느껴지는 점은 무엇일까요?

① 붓질이 더 거칠고 두껍다
② 극적인 구조 대신 정적인 응시가 보인다
③ 빛이 인물을 설명하는 게 아니라 인물을 감싸안는다
④ 기술적 완성도보다 삶의 흔적을 받아들인 것 같다
⑤ 이해가 필요한 그림에서 해석하게 만드는 그림으로 변했다

참고문헌

•••

『한낮의 미술관』, 강정모 / 행복한북클럽

『미술관을 빌려드립니다: 프랑스』, 이창용 / 더블북

『루브르 박물관(세계 미술관 기행 6)』, 알레산드라 프레골렌트 / 마로니에북스

『오르세 미술관(세계 미술관 기행 5)』, 시모나 바르탈레나 / 마로니에북스

『서양 미술사(= The Story of Art)』, E. H. 곰브리치 / 예경

『새로고침 서양미술사』, 이진숙 / 돌베개

『처음 만나는 7일의 미술 수업』, 김영숙 / 빅피시

『릴케의 로댕』, 라이너 마리아 릴케 / 미술문화

『반 고흐, 영혼의 편지』, 빈센트 빌럼 반 고흐 / 위즈덤하우스

그 외 각 미술관 홈페이지

루브르박물관 www.louvre.fr

오르세미술관 www.musee-orsay.fr

로댕미술관 www.musee-rodin.fr

오랑주리 미술관 www.musee-orangerie.fr

내셔널갤러리 www.nationalgallery.org.uk

테이트 브리튼 www.tate.org.uk/visit/tate-britain

코톨드 갤러리 courtauld.ac.uk/gallery

암스테르담 국립미술관 www.rijksmuseum.nl

반고흐미술관 www.vangoghmuseum.nl

마우리츠하위스 미술관 www.mauritshuis.nl

작품 / 사진 출처

•••

1부. 프랑스

- 루브르박물관 Image by matt_86 from Pixabay ©matt_86
- 루브르박물관 유리 피라미드 ©김상래
- 〈모나리자〉 Wikimedia Commons, Public Domain
- 〈아르놀피니 부부의 초상〉 Wikimedia Commons, Public Domain
- 〈우르비노 공작과 공작부인의 초상〉 By Piero della Francesca, Wikimedia Commons, CC BY-SA 4.0
- 〈밀로의 비너스〉 ©김상래
- 〈사모트라케의 니케〉 ©김상래
- 〈나폴레옹의 대관식〉 Wikimedia Commons, Public Domain
- 〈생베르나르 고개를 넘는 보나파르트〉 Wikimedia Commons, Public Domain
- 〈나폴레옹의 대관식〉 Wikimedia Commons, Public Domain
- 오르세미술관 By Suicasmo, Wikimedia Commons, CC BY-SA 4.0
- 오르세미술관 내부 Image by Guy Dugas from Pixabay ©guy_dugas
- 〈올랭피아〉 Wikimedia Commons, Public Domain
- 〈우르비노의 비너스〉 Wikimedia Commons, Public Domain
- 〈에밀 졸라의 초상〉 Wikimedia Commons, Public Domain
- 〈발레수업〉 Wikimedia Commons, Public Domain
- 〈14살의 작은 무용수〉 By Sukkoria, Wikimedia Commons, CC BY-SA 4.0
- 〈이삭 줍는 여인들〉 Wikimedia Commons, Public Domain
- 〈낮잠〉 Wikimedia Commons, Public Domain
- 〈낮잠〉 Wikimedia Commons, Public Domain
- 〈만종〉 Wikimedia Commons, Public Domain
- 로댕미술관 By Jean-Pierre Dalbéra, Wikimedia Commons, CC BY 2.0
- 로댕미술관 내부 ©김상래
- 〈성숙의 시대〉 ©김상래
- 〈지옥의 문〉 ©김상래
- 〈생각하는 사람〉 ©김상래
- 〈천국의 문〉 By Photo by CEphoto, Wikimedia Commons, CC BY-SA 3.0
- 〈칼레의 시민들〉 ©김상래
- 〈칼레의 시민들〉 ©김상래
- 〈청동시대〉 The Metropolitan Museum of Art, New York, Acc. no. 07.127. Public

Domain
- 〈발자크 기념상〉 ©김상래
- 오랑주리 미술관 By Traktorminze, Wikimedia Commons, CC BY-SA 3.0
- 〈버드나무가 있는 아침〉 Wikimedia Commons, Public Domain
- 〈두 그루의 버드나무〉 Wikimedia Commons, Public Domain
- 〈맑은 아침과 버드나무〉 Wikimedia Commons, Public Domain
- 〈나무의 반영〉 Wikimedia Commons, Public Domain
- 〈구름〉 Wikimedia Commons, Public Domain
- 〈초록빛 반영〉 Wikimedia Commons, Public Domain
- 〈아침〉 Wikimedia Commons, Public Domain
- 〈석양〉 Wikimedia Commons, Public Domain
- 〈피아노 치는 소녀들〉 By Siren-Com, Wikimedia Commons, CC BY-SA 3.0
- 〈폴 기욤의 초상〉 Wikimedia Commons, Public Domain
- 오르세미술관의 〈피아노 치는 소녀들〉 Wikimedia Commons, Public Domain
- 〈피아노 치는 이본과 크리스틴 르롤〉 Wikimedia Commons, Public Domain

2부. 영국

- 내셔널갤러리 By A 'must-see' for London Tourists by Anthony O'Neil, Wikimedia Commons, CC BY-SA 2.0
- 〈전함 테르메르〉 Wikimedia Commons, Public Domain
- 〈터너의 초상〉 Wikimedia Commons, Public Domain
- 〈비, 증기 그리고 속도 - 대서부 철도〉 Wikimedia Commons, Public Domain
- 〈밀짚모자를 쓴 자화상〉 Wikimedia Commons, Public Domain
- 〈마리 앙투아네트와 그녀의 아이들〉 Wikimedia Commons, Public Domain
- 〈도마뱀에 물린 소년〉 Wikimedia Commons, Public Domain
- 〈성녀 카타리나로서의 자화상〉 Wikimedia Commons, Public Domain
- 〈삼손과 데릴라〉 Wikimedia Commons, Public Domain
- 〈벨사살의 연회〉 Wikimedia Commons, Public Domain
- 테이트 브리튼 By Tony Hisgett from Birmingham, UK - Tate BritainUploaded by Magnus Manske, Wikimedia Commons, CC BY 2.0
- 로세티의 〈수태고지〉 Wikimedia Commons, Public Domain
- 프라 안젤리코의 〈수태고지〉Wikimedia Commons, Public Domain
- 다빈치의 〈수태고지〉By Justin Benttinen, Wikimedia Commons, CC BY-SA 4.0
- 〈초원에서 본 솔즈베리 대성당〉 Wikimedia Commons, Public Domain
- 〈구름 연구〉 Yale Center for British Art, Paul Mellon Collection, B1981.25.144.
- 〈구름 연구: 이른 아침, 햄프스테드에서 동쪽을 바라보며〉 Yale Center for British Art, Paul Mellon Collection, B1981.25.117.

- 〈흐린 하늘 연구〉 Yale Center for British Art, Paul Mellon Collection, B1981.25.124.
- 〈오필리아〉 Wikimedia Commons, Public Domain
- 〈노럼성 일출〉 Wikimedia Commons, Public Domain
- 〈노럼성, 트위드 강변〉 Wikimedia Commons, Public Domain
- 코톨드 갤러리 By Rafa Esteve, Wikimedia Commons, CC BY-SA 4.0
- 〈커다란 소나무가 있는 생트빅투아르산〉 Wikimedia Commons, Public Domain
- 〈폴리 베르제르의 바〉 Wikimedia Commons, Public Domain
- 〈귀에 붕대를 감은 자화상〉 Wikimedia Commons, Public Domain
- 〈회색 모자를 쓴 자화상〉 Wikimedia Commons, Public Domain
- 〈붓과 팔레트를 든 자화상〉 Wikimedia Commons, Public Domain
- 〈생레미에서 그린 자화상〉 Wikimedia Commons, Public Domain

3부. 네덜란드

- 암스테르담 국립미술관 By Vasyatka1, Wikimedia Commons, CC BY-SA 4.0
- 암스테르담 국립미술관 내부 By Vasyatka1, Wikimedia Commons, CC BY-SA 4.0
- 〈야경〉 Wikimedia Commons, Public Domain
- 〈위협받는 백조〉 Wikimedia Commons, Public Domain
- 반 고흐 미술관 By Sebastian Koppehel, Wikimedia Commons, CC BY 4.0
- 〈아를의 방〉 Wikimedia Commons, Public Domain
- 〈노란 집〉 Wikimedia Commons, Public Domain
- 고갱에게 보낸 편지에 그려진 스케치 Wikimedia Commons, Public Domain
- 테오에게 보낸 편지 Wikimedia Commons, Public Domain
- 〈해바라기〉 Wikimedia Commons, Public Domain
- 〈꽃 피는 아몬드 나무〉 Wikimedia Commons, Public Domain
- 마우리츠하위스 미술관 By Zairon, Wikimedia Commons, CC BY-SA 4.0
- 〈진주 귀걸이를 한 소녀〉 Wikimedia Commons, Public Domain
- 〈니콜라스 툴프 박사의 해부학 강의〉 Wikimedia Commons, Public Domain
- 〈자화상〉 Wikimedia Commons, Public Domain